中国建筑业统计年鉴

CHINA STATISTICAL YEARBOOK ON CONSTRUCTION

2001

国家统计局固定资产投资统计司　编

Compiled by the Department of Investment
and Construction Statistics of National Bureau of Statistics

中国统计出版社
China Statistics Press

(京)新登字 041 号

图书在版编目(CIP)数据

中国建筑业统计年鉴—2001/国家统计局固定资产投资统计司编
—北京:中国统计出版社,2002
ISBN 7－5037－3709－3

Ⅰ.中…
Ⅱ.国…
Ⅲ.建筑业－中国－2001－年鉴
Ⅳ.F426.9－54

中国版本图书馆 CIP 数据核字(2002)第 000802 号

中国建筑业统计年鉴－2001

作　　者/国家统计局固定资产投资统计司
责任编辑/陈悟朝
封面设计/北京大路策划公司
出版发行/中国统计出版社
通信地址/北京市西城区月坛南街 75 号　邮政编码/100826
办公地址/北京市丰台区西三环南路甲 6 号
电　　话/(010)63459084,63266600－22500(发行部)
印　　刷/科伦克三莱印务(北京)有限公司
经　　销/新华书店
开　　本/787×1092　1/16
字　　数/600 千字
印　　张/22.5
印　　数/1—1500 册
版　　别/2002 年 1 月第 1 版
版　　次/2002 年 1 月北京第 1 次印刷
书　　号/ISBN 7－5037－3709－3/F·1316
定　　价/105.00 元

目　　录

CONTENTS

一、综　　合

Chapter 1　General Survey

二、国有建筑业企业

Chapter 2　State－owned Construction Enterprises

三、集体、私营、联营和股份制建筑业企业

Chapter 3 Collective—owned Enterprises, Private Enterprises, Joint—owned Enterprises and Share Holding Enterprises

六、各行业、国务院有关部门建筑业企业

Chapter 6 Construction Enterprises of Sectors and Departments Concerned Under The State Council

一

综　合

1—1 主要经济指标完成情况

指标名称	单　位	2000年	1999年	2000年比1999年增减(%)
建筑业总产值	亿元	12497.6	11152.9	12.1
建筑业增加值	亿元	3341.1	3022.3	10.5
＃本年提取的固定资产折旧	亿元	211.5	203.7	3.8
应付工资	亿元	1530.5	1382.1	10.7
应付福利费	亿元	160.1	139.2	15
工程结算税金及附加	亿元	362.2	317	14.3
工程结算利润	亿元	943.6	853	10.6
房屋建筑施工面积	万平方米	160141.1	147262.5	8.7
房屋建筑竣工面积	万平方米	80714.9	73924.9	9.2
年末自有机械设备净值	亿元	1257.2	1162.8	8.1
年末自有机械设备总功率	万千瓦	9228.1	9077.8	1.7
实收资本	亿元	3219.8	2675.5	20.3
资产合计	亿元	14578.4	13144.3	10.9
＃流动资产	亿元	10587.5	9674.7	9.4
固定资产	亿元	2969.8	2659.5	11.7
负债合计	亿元	10345.2	9580.8	8.0
＃流动负债	亿元	9802.1	9079.5	8.0
长期负债	亿元	543.1	501.3	8.3
资产负债率	%	71%	72.9	—2.6
税金总额	亿元	387.2	339.6	14.0
利润总额	亿元	192.1	154.8	24.1
按建筑业总产值计算的劳动	元/人	59585	53328	11.7
按建筑业增加值计算的劳动	元/人	15929	14451	10.2
房屋建筑面积竣工率	%	50.4	50.2	0.4
工程质量优良品率	%	29	31.9	—9.1
技术装备率	元/人	6304	5756	9.5
动力装备率	千瓦/人	4.6	4.5	2.2
产值利税率	%	4.6	4.4	4.5
产值利润率	%	1.5	1.4	7.1
建筑业企业个数	个	47518	47234	0.6
计算劳动生产率的平均人数	万人	2097.42	2091.4	0.3

1—2 各地区建筑业总产值和竣工产值

单位:万元

地区	建筑业总产值	建筑工程产值	安装工程产值	房屋构筑物修理产值	非标准设备制造产值	竣工产值
全国总计	**124975961**	**108452657**	**13943775**	**1921038**	**658491**	**89782611**
北京	7274774	6467132	634278	166024	7340	4856379
天津	2380991	1970207	359748	23935	27102	1775902
河北	4921005	4268471	593771	33915	24848	3576650
山西	2393974	2114612	265088	10876	3399	1549670
内蒙古	1367309	1209661	123376	31360	2913	1071400
辽宁	5980933	4937818	870739	131194	41183	4552429
吉林	2391840	2013506	354839	19260	4235	1684137
黑龙江	3340903	2653232	573026	83453	31193	2731266
上海	6223565	5132511	853402	210959	26693	4097387
江苏	15388416	13501045	1595124	205184	87062	11354433
浙江	13837658	12136694	1471271	172738	56954	9257650
安徽	3028240	2621894	331987	62315	12044	2431927
福建	2711420	2394110	291124	17972	8214	1966945
江西	1164115	1027595	117123	13842	5555	793902
山东	8170949	6754439	1210484	132629	73397	5798720
河南	3573425	2943504	546347	47882	35691	2313902
湖北	4541767	4028261	385424	96528	31554	3105712
湖南	3544202	3134891	295490	79485	34336	2578303
广东	8919834	7879040	914646	108343	17806	6907137
广西	1509158	1321161	157836	16574	13587	1306531
海南	302139	275743	25307	1070	19	180722
重庆	3486579	3221028	218062	36746	10743	2211672
四川	7138102	6385595	636861	79720	35926	5188360
贵州	1090571	973016	110819	4336	2400	678342
云南	3092645	2777488	254206	50415	10537	2373181
西藏	168178	153121	10099	3626	1332	133085
陕西	2423046	2222068	174768	9957	16253	1619579
甘肃	1251202	1003973	220306	15579	11343	1023701
青海	447162	374755	62524	2506	7379	269145
宁夏	562352	482922	71276	6755	1399	427058
新疆	2349506	2073166	214425	45861	16055	1967384

1—3 各地区地方和中央建筑业总产值和竣工产值

单位:万元

地区	建筑业总产值	建筑工程产值	安装工程产值	房屋构筑物修理产值	非标准设备制造产值	竣工产值
全国总计	**124975961**	**108452657**	**13943775**	**1921038**	**658491**	**89782611**
一、地方所属单位	**102441002**	**90500132**	**9791801**	**1711366**	**437702**	**74476165**
北　京	5166580	4665501	345664	152094	3321	3464315
天　津	1445052	1263607	155795	17308	8341	1158175
河　北	3607071	3272401	288730	32542	13397	2495065
山　西	929473	789477	130831	8384	781	699785
内蒙古	1238141	1088152	117506	29862	2621	959165
辽　宁	4737533	4023649	606796	84188	22900	3753354
吉　林	1804350	1557720	231331	11422	3877	1382549
黑龙江	2789820	2375146	328803	70855	15016	2260813
上　海	5238857	4429422	597588	191685	20162	3461267
江　苏	14705524	13069951	1355816	200861	78895	10989527
浙　江	13481538	11899739	1353691	172738	55370	9080893
安　徽	2426933	2094987	265635	56457	9853	1885177
福　建	2203760	1980464	203109	15756	4431	1654478
江　西	878956	818556	43386	13768	3245	646308
山　东	6798517	5734944	877695	121998	63880	4541277
河　南	2446899	2122322	255607	46648	22322	1683762
湖　北	2911254	2558400	259521	77233	16099	2137833
湖　南	2884080	2620019	174383	77370	12308	2166126
广　东	8070410	7137698	821088	102050	9575	6256750
广　西	1293209	1174679	96812	16523	5196	1065880
海　南	270978	245304	24585	1070	19	169105
重　庆	3270940	3037442	188505	35411	9583	2121750
四　川	5875511	5321496	456722	73186	24106	4272709
贵　州	714170	657848	50916	3952	1454	417260
云　南	2708594	2475948	177646	47325	7674	2164509
西　藏	111323	96404	9962	3626	1332	96875
陕　西	1205275	1093874	100074	6118	5210	901769
甘　肃	974311	876521	75375	14166	8250	792887
青　海	300678	270014	25816	2347	2500	228521
宁　夏	545445	478294	59097	6655	1399	410152
新　疆	1405819	1270152	113317	17766	4585	1158131

1—3 续表　　　　单位:万元

地区	建筑业总产值	建筑工程产值	安装工程产值	房屋构筑物修理产值	非标准设备制造产值	竣工产值
二、中央所属单位	**22534960**	**17952525**	**4151974**	**209672**	**220789**	**15306446**
北京	2108194	1801630	288614	13930	4020	1392064
天津	935939	706599	203952	6627	18760	617728
河北	1313934	996069	305041	1373	11451	1081586
山西	1464501	1325135	134257	2492	2618	849885
内蒙古	129168	121509	5870	1498	292	112235
辽宁	1243400	914168	263943	47005	18283	799075
吉林	587490	455786	123508	7838	358	301588
黑龙江	551083	278086	244223	12598	16176	470453
上海	984708	703089	255814	19274	6531	636120
江苏	682892	431094	239308	4324	8167	364906
浙江	356120	236955	117581	——	1584	176756
安徽	601307	526906	66352	5858	2191	546750
福建	507660	413646	88015	2216	3782	312467
江西	285160	209039	73737	74	2310	147595
山东	1372432	1019496	332789	10630	9517	1257443
河南	1126525	821183	290740	1234	13369	630140
湖北	1630513	1469861	125902	19295	15455	967879
湖南	660122	514872	121107	2115	22028	412177
广东	849424	741342	93558	6293	8231	650387
广西	215949	146482	61024	51	8391	240651
海南	31160	30438	722	——	——	11618
重庆	215639	183586	29557	1335	1160	89922
四川	1262591	1064099	180140	6533	11820	915651
贵州	376401	315168	59903	383	946	261082
云南	384052	301539	76560	3090	2863	208672
西藏	56855	56717	138	——	——	36210
陕西	1217771	1128194	74694	3840	11044	717811
甘肃	276890	127452	144931	1414	3094	230814
青海	146485	104740	36707	158	4879	40623
宁夏	16907	4628	12179	100	——	16907
新疆	943687	803014	101108	28095	11470	809252

1—4 各地区单位工程个数和工程质量

地　区	单位工程施工个数（个）	#本年新开工个数	#投标承包个数	#本年新开工	单位工程竣工个数（个）	#优良品	工程质量优良品率（%）	投标承包个数占单位工程施工个数的比重（%）
全国总计	**774942**	**455875**	**330861**	**215743**	**534319**	**155172**	**29.0**	**42.7**
北　京	25705	15374	8758	5358	15849	4055	25.6	34.1
天　津	13169	8995	4843	3030	9488	3501	36.9	36.8
河　北	28854	19010	18107	11875	18058	7755	42.9	62.8
山　西	16577	9829	9850	5002	9409	4919	52.3	59.4
内蒙古	8725	6144	3258	2498	6392	3223	50.4	37.3
辽　宁	33745	25029	14149	9899	24655	6915	28.0	41.9
吉　林	12514	8806	7020	4711	8564	3062	35.8	56.1
黑龙江	13794	11512	5324	3831	11408	4279	37.5	38.6
上　海	25436	16745	10371	6728	14185	5516	38.9	40.8
江　苏	147372	52808	35758	25693	129179	19009	14.7	24.3
浙　江	57386	36718	29678	18870	35930	10249	28.5	51.7
安　徽	31186	20263	14624	9753	20435	5852	28.6	46.9
福　建	18490	10964	6661	4212	11867	3016	25.4	36.0
江　西	11510	6683	6144	3696	6968	2263	32.5	53.4
山　东	57599	41024	26665	18361	38424	13541	35.2	46.3
河　南	26974	17829	14773	9472	17223	7146	41.5	54.8
湖　北	30723	18162	13068	8254	18973	6643	35.0	42.5
湖　南	21473	12567	11416	7200	12847	4531	35.3	53.2
广　东	41120	22069	14262	8247	24180	7830	32.4	34.7
广　西	17479	9713	6715	3378	11219	2758	24.6	38.4
海　南	2017	1468	721	466	1399	265	18.9	35.7
重　庆	16693	10524	8002	5904	10566	2757	26.1	47.9
四　川	44282	28079	22474	14814	28908	10467	36.2	50.8
贵　州	8939	5532	4259	2646	5423	1214	22.4	47.6
云　南	20345	11464	8706	5464	14225	5035	35.4	42.8
西　藏	768	672	403	359	686	284	41.4	52.5
陕　西	13612	7461	9230	5001	7260	3153	43.4	67.8
甘　肃	7883	5127	4540	3112	5370	1631	30.4	57.6
青　海	2729	1941	1769	1200	1923	844	43.9	64.8
宁　夏	5233	4175	1926	1359	4255	663	15.6	36.8
新　疆	12610	9188	7387	5350	9051	2796	30.9	58.6

1—5 各地区地方和中央单位工程个数和工程质量

地　区	单位工程施工个数（个）	#本年新开工个数	#投标承包个数	#本年新开工	单位工程竣工个数（个）	#优良品	工程质量优良品率（%）	投标承包个数占单位工程施工个数的比重（%）
全国总计	**774942**	**455875**	**330861**	**215743**	**534319**	**155172**	**29.0**	**42.7**
一、地方所属单位	**595596**	**393119**	**272268**	**183217**	**397970**	**120799**	**30.4**	**45.7**
北　京	20198	12093	5489	3504	13082	2647	20.2	27.2
天　津	9396	6289	3162	2015	7043	1710	24.3	33.7
河　北	22648	15308	14081	9338	14787	6084	41.1	62.2
山　西	8567	5719	4013	2671	5412	1877	34.7	46.8
内蒙古	7559	5604	3025	2307	5630	2647	47.0	40.0
辽　宁	26724	20273	10562	7951	19999	4836	24.2	39.5
吉　林	8898	6795	4059	3111	7119	1986	27.9	45.6
黑龙江	12232	10309	4628	3238	10152	3551	35.0	37.8
上　海	21386	14165	8826	5760	11551	3278	28.4	41.3
江　苏	69433	50850	34115	24837	52474	18419	35.1	49.1
浙　江	56623	36344	29290	18673	35591	10014	28.1	51.7
安　徽	26741	17409	11419	7719	18322	4448	24.3	42.7
福　建	16380	9872	5656	3719	10614	2310	21.8	34.5
江　西	9942	5830	4867	3063	6017	1565	26.0	49.0
山　东	47898	33267	23846	16782	30398	9886	32.5	49.8
河　南	22021	14622	11222	7179	14304	4761	33.3	51.0
湖　北	23567	14667	8494	5615	15460	4726	30.6	36.0
湖　南	18204	10802	9542	6054	10947	3469	31.7	52.4
广　东	38700	20601	13264	7821	22695	7041	31.0	34.3
广　西	15402	8864	6119	3089	9957	1991	20.0	39.7
海　南	1962	1445	677	444	1380	253	18.3	34.5
重　庆	15896	9976	7736	5732	10032	2680	26.7	48.7
四　川	36469	23929	17702	12466	24619	8565	34.8	48.5
贵　州	7538	4811	3572	2307	4785	920	19.2	47.4
云　南	18421	10413	7971	4961	12863	4582	35.6	43.3
西　藏	735	654	391	353	664	273	41.1	53.2
陕　西	8703	5114	5629	3319	5107	1633	32.0	64.7
甘　肃	6701	4519	4170	2902	4572	1410	30.8	62.2
青　海	2352	1699	1506	1056	1653	658	39.8	64.0
宁　夏	4953	3927	1906	1356	3987	649	16.3	38.5
新　疆	9347	6949	5329	3875	6754	1930	28.6	57.0

1—5 续表

地　　区	单位工程施工个数（个）	＃本年新开工个数	＃投标承包个数	＃本年新开工	单位工程竣工个数（个）	＃优良品	工程质量优良品率（%）	投标承包个数占单位工程施工个数的比重（%）
二、中央所属单位	**179346**	**62756**	**58593**	**32526**	**136349**	**34373**	**25.2**	**32.7**
北　　京	5507	3281	3269	1854	2767	1408	50.9	59.4
天　　津	3773	2706	1681	1015	2445	1791	73.3	44.6
河　　北	6206	3702	4026	2537	3271	1671	51.1	64.9
山　　西	8010	4110	5837	2331	3997	3042	76.1	72.9
内 蒙 古	1166	540	233	191	762	576	75.6	20.0
辽　　宁	7021	4756	3587	1948	4656	2079	44.7	51.1
吉　　林	3616	2011	2961	1600	1445	1076	74.5	81.9
黑 龙 江	1562	1203	696	593	1256	728	58.0	44.6
上　　海	4050	2580	1545	968	2634	2238	85.0	38.1
江　　苏	77939	1958	1643	856	76705	590	0.8	2.1
浙　　江	763	374	388	197	339	235	69.3	50.9
安　　徽	4445	2854	3205	2034	2113	1404	66.4	72.1
福　　建	2110	1092	1005	493	1253	706	56.3	47.6
江　　西	1568	853	1277	633	951	698	73.4	81.4
山　　东	9701	7757	2819	1579	8026	3655	45.5	29.1
河　　南	4953	3207	3551	2293	2919	2385	81.7	71.7
湖　　北	7156	3495	4574	2639	3513	1917	54.6	63.9
湖　　南	3269	1765	1874	1146	1900	1062	55.9	57.3
广　　东	2420	1468	998	426	1485	789	53.1	41.2
广　　西	2077	849	596	289	1262	767	60.8	28.7
海　　南	55	23	44	22	19	12	63.2	80.0
重　　庆	797	548	266	172	534	77	14.4	33.4
四　　川	7813	4150	4772	2348	4289	1902	44.3	61.1
贵　　州	1401	721	687	339	638	294	46.1	49.0
云　　南	1924	1051	735	503	1362	453	33.3	38.2
西　　藏	33	18	126	22	11	50.0	36.4	
陕　　西	4909	2347	3601	1682	2153	1520	70.6	73.4
甘　　肃	1182	608	370	210	798	221	27.7	31.3
青　　海	377	242	263	144	270	186	68.9	69.8
宁　　夏	280	248	203	268	14	5.2	7.1	
新　　疆	3263	2239	2058	1475	2297	866	37.7	63.1

1—6 各地区房屋建筑面积和工程质量

地区	房屋建筑施工面积(万平方米)	#本年新开工面积	#投标承包面积	#本年新开工	房屋建筑竣工面积(万平方米)	#优良品	房屋建筑面积优良品率(%)	投标承包面积占房屋建筑施工面积的比重(%)
全国总计	**160141.1**	**86948.5**	**108535.5**	**63515.4**	**80714.9**	**35843.5**	**44.4**	**67.8**
北京	7246.8	3121.1	5859.3	2638.6	2808.7	1553.9	55.3	80.9
天津	2254.0	1037.4	1470.1	844.4	1056.4	406.8	38.5	65.2
河北	6260.1	3577.0	5091.2	3001.8	3481.4	1806.8	51.9	81.3
山西	2008.4	976.5	1425.7	752.6	946.7	425.1	44.9	71.0
内蒙古	1804.9	1166.5	970.9	693.2	1119.5	543.2	48.5	53.8
辽宁	6334.9	4116.9	4925.5	3191.4	3547.9	1563.5	44.1	77.8
吉林	2209.5	1427.9	1594.2	1128.5	1439.7	592.0	41.1	72.1
黑龙江	2962.6	2008.7	2152.6	1439.7	1886.9	799.1	42.3	72.7
上海	4625.8	2125.3	3598.0	1702.8	1710.0	860.1	50.3	77.8
江苏	21190.2	13309.3	14981.6	9670.4	12237.6	6251.8	51.1	70.7
浙江	16570.1	9517.4	12404.4	7524.5	7145.3	3491.9	48.9	74.9
安徽	4631.3	2595.4	2801.0	1744.1	2595.3	868.0	33.4	60.5
福建	4085.4	1937.2	2303.9	1174.2	1729.0	465.9	26.9	56.4
江西	2572.3	1287.3	1528.9	852.9	1359.8	464.5	34.2	59.4
山东	11392.2	6947.2	8042.4	5109.8	5924.2	2558.9	43.2	70.6
河南	5308.3	2775.5	3915.5	2206.7	2629.3	1191.0	45.3	73.8
湖北	6255.5	3060.7	3929.7	2038.7	3149.1	1002.8	31.8	62.8
湖南	5088.1	2596.0	3242.4	1728.9	2603.3	1175.6	45.2	63.7
广东	15168.7	6371.2	7110.2	3387.3	6029.7	2757.2	45.7	46.9
广西	2327.5	1021.9	1325.2	710.7	1188.7	415.8	35.0	56.9
海南	359.4	171.4	255.6	131.0	167.5	67.5	40.3	71.1
重庆	6088.5	3292.1	3647.1	2312.1	3083.7	1084.0	35.2	59.9
四川	10592.0	5989.4	7111.6	4618.4	5839.3	2418.7	41.4	67.1
贵州	1792.5	814.3	1223.4	605.8	824.0	253.2	30.7	68.3
云南	3479.2	1596.5	1984.4	1043.8	2189.7	1025.0	46.8	57.0
西藏	87.0	69.9	44.1	35.9	81.1	29.6	36.6	50.7
陕西	2396.5	1102.8	1857.6	949.6	1087.2	549.1	50.5	77.5
甘肃	1905.4	963.3	1385.3	745.5	1058.8	417.6	39.4	72.7
青海	339.4	184.9	279.0	159.0	192.9	102.3	53.0	82.2
宁夏	563.1	339.3	407.7	263.2	340.7	138.5	40.7	72.4
新疆	2241.5	1448.3	1666.9	1110.0	1261.4	564.1	44.7	74.4

1—7 各地区地方和中央房屋建筑面积和工程质量

地区	房屋建筑施工面积(万平方米)	#本年新开工面积	#投标承包面积	#本年新开工	房屋建筑竣工面积(万平方米)	#优良品	房屋建筑面积优良品率(%)	投标承包面积占房屋建筑施工面积的比重(%)
全国总计	**160141.1**	**86948.5**	**108535.5**	**63515.4**	**80714.9**	**35843.5**	**44.4**	**67.8**
一、地方所属单位	**149505.8**	**82652.2**	**100431.5**	**60019.3**	**77046.3**	**33612.7**	**43.6**	**67.2**
北京	5481.4	2431.7	4464.6	2058.2	2167.4	1118.2	51.6	81.4
天津	1939.2	897.6	1208.4	716.8	945.7	342.1	36.2	62.3
河北	5883.4	3420.2	4831.6	2874.3	3332.7	1702.3	51.1	82.1
山西	1689.0	860.0	1238.2	688.4	855.8	380.7	44.5	73.3
内蒙古	1701.7	1112.1	918.3	657.5	1092.7	529.7	48.5	54.0
辽宁	5887.2	3873.7	4551.6	2991.7	3382.2	1477.7	43.7	77.3
吉林	2047.9	1338.5	1499.7	1070.8	1362.8	564.3	41.4	73.2
黑龙江	2780.7	1879.4	2019.9	1342.6	1769.0	724.3	40.9	72.6
上海	4374.9	2019.5	3378.1	1615.3	1627.1	821.4	50.5	77.2
江苏	20964.8	13212.7	14762.2	9575.1	12172.6	6225.8	51.1	70.4
浙江	16507.9	9487.2	12352.3	7494.5	7125.7	3479.1	48.8	74.8
安徽	4370.8	2506.2	2673.1	1677.5	2472.8	797.8	32.3	61.2
福建	3583.0	1807.8	1997.4	1080.9	1623.6	425.2	26.2	55.7
江西	2462.0	1228.9	1426.5	804.0	1312.8	431.7	32.9	57.9
山东	10699.3	6700.8	7410.7	4896.0	5695.4	2380.4	41.8	69.3
河南	4884.6	2607.0	3539.6	2044.6	2533.3	1116.1	44.1	72.5
湖北	4919.1	2655.2	2734.3	1669.8	2878.4	791.3	27.5	55.6
湖南	4837.8	2479.8	3075.8	1659.4	2504.8	1106.4	44.2	63.6
广东	14244.8	6046.2	6559.3	3170.2	5690.6	2519.6	44.3	46.0
广西	2279.5	1004.2	1308.4	701.2	1167.6	403.1	34.5	57.4
海南	338.8	162.3	238.2	121.9	159.5	62.1	39.0	70.3
重庆	6022.7	3258.0	3590.8	2284.3	3056.3	1075.8	35.2	59.6
四川	10151.9	5796.8	6796.6	4456.6	5692.7	2353.7	41.3	66.9
贵州	1434.6	692.4	925.4	507.0	686.3	183.2	26.7	64.5
云南	3358.6	1534.5	1888.1	989.3	2125.3	991.2	46.6	56.2
西藏	83.7	68.4	43.6	35.4	78.5	29.3	37.3	52.1
陕西	2110.6	993.7	1657.6	848.4	982.2	487.7	49.7	78.5
甘肃	1764.1	905.3	1309.4	699.8	1026.5	406.9	39.6	74.2
青海	323.5	178.7	265.3	153.1	184.7	97.6	52.8	82.0
宁夏	562.8	339.0	407.6	263.2	340.3	138.5	40.7	72.4
新疆	1815.5	1154.5	1358.9	871.7	1001.3	449.6	44.9	74.8

1—7 续表

地　　区	房屋建筑施工面积(万平方米)	#本年新开工面积	#投标承包面积	#本年新开工	房屋建筑竣工面积(万平方米)	#优良品	房屋建筑面积优良品率(%)	投标承包面积占房屋建筑施工面积的比重(%)
二、中央所属单位	**10635.3**	**4296.3**	**8104.0**	**3496.1**	**3668.6**	**2230.8**	**60.8**	**76.2**
北　京	1765.3	689.4	1394.7	580.4	641.2	435.7	67.9	79.0
天　津	314.8	139.8	261.6	127.6	110.7	64.7	58.4	83.1
河　北	376.7	156.8	259.6	127.6	148.8	104.5	70.3	68.9
山　西	319.4	116.5	187.5	64.2	91.0	44.4	48.8	58.7
内蒙古	103.2	54.4	52.6	35.7	26.9	13.5	50.4	50.9
辽　宁	447.7	243.1	373.8	199.7	165.7	85.8	51.8	83.5
吉　林	161.6	89.3	94.5	57.7	76.9	27.7	36.0	58.5
黑龙江	181.9	129.3	132.7	97.1	117.9	74.8	63.4	73.0
上　海	251.0	105.8	219.9	87.6	82.9	38.7	46.7	87.6
江　苏	225.3	96.6	219.3	95.2	64.9	25.9	39.9	97.3
浙　江	62.2	30.3	52.2	30.0	19.7	12.8	65.0	83.8
安　徽	260.5	89.2	127.9	66.6	122.5	70.2	57.3	49.1
福　建	502.3	129.4	306.5	93.3	105.5	40.7	38.6	61.0
江　西	110.3	58.5	102.4	48.9	47.0	32.8	69.8	92.8
山　东	692.9	246.4	631.7	213.8	228.7	178.5	78.0	91.2
河　南	423.7	168.5	375.9	162.2	96.1	74.9	78.0	88.7
湖　北	1336.4	405.5	1195.4	368.9	270.7	211.6	78.2	89.4
湖　南	250.3	116.2	166.7	69.5	98.5	69.2	70.2	66.6
广　东	923.9	325.1	550.9	217.1	339.1	237.5	70.1	59.6
广　西	47.9	17.7	16.9	9.5	21.1	12.6	59.8	35.2
海　南	20.6	9.1	17.4	9.1	8.0	5.4	66.5	84.2
重　庆	65.8	34.1	56.3	27.8	27.4	8.2	29.9	85.5
四　川	440.1	192.6	315.1	161.8	146.6	65.1	44.4	71.6
贵　州	357.9	121.9	298.0	98.8	137.7	70.0	50.8	83.3
云　南	120.6	62.0	96.4	54.4	64.4	33.8	52.5	79.9
西　藏	3.3	1.5	0.5	0.5	2.6	0.3	12.8	15.0
陕　西	285.9	109.1	200.0	101.2	105.0	61.4	58.5	70.0
甘　肃	141.2	58.0	75.8	45.7	32.3	10.7	33.1	53.7
青　海	16.0	6.2	13.7	5.9	8.2	4.7	57.4	85.9
宁　夏	0.3	0.2	0.1	——	0.3	0.1	27.1	29.4
新　疆	426.0	293.8	308.0	238.3	260.1	114.5	44.0	72.3

1—8 各地区按主要用途分的房屋建筑竣工面积

单位:万平方米

地　　区	合　计	厂　房	住　宅	办　公用　房	商业、居民服务业用房	文化教育用房	医疗用房	科　研用　房	其　他用　房
全国总计	**80714.9**	**7362.9**	**49668.0**	**6934.3**	**7131.1**	**4346.7**	**844.0**	**253.6**	**4174.2**
北　　京	2808.7	171.8	1840.1	274.3	169.9	118.2	17.9	17.5	198.9
天　　津	1056.4	111.0	658.8	40.3	58.4	43.8	7.3	2.6	134.2
河　　北	3481.4	246.6	2261.0	327.0	265.2	169.3	34.7	5.9	171.8
山　　西	946.7	72.6	626.2	102.0	49.3	45.9	8.4	0.8	41.6
内 蒙 古	1119.5	42.7	743.6	120.7	111.3	53.2	5.3	0.2	42.5
辽　　宁	3547.9	236.3	2512.3	194.5	336.0	126.3	19.1	18.4	105.1
吉　　林	1439.7	78.3	1103.5	45.1	97.5	38.9	8.7	1.0	66.7
黑 龙 江	1886.9	105.1	1317.3	113.2	163.1	95.8	17.4	13.9	60.9
上　　海	1710.0	280.0	904.4	161.2	121.9	135.9	20.0	4.3	82.2
江　　苏	12237.6	1292.8	7070.1	1032.1	1276.4	676.2	142.7	61.3	686.0
浙　　江	7145.3	1201.5	3615.9	662.4	632.7	528.2	96.9	22.3	385.4
安　　徽	2595.3	272.0	1448.0	273.3	278.8	174.4	37.2	5.9	105.9
福　　建	1729.0	181.3	995.8	163.5	200.1	98.8	12.1	2.8	74.7
江　　西	1359.8	69.9	861.6	124.8	141.6	84.4	21.8	1.7	54.0
山　　东	5924.2	582.2	3682.3	471.5	529.8	286.5	73.1	11.4	287.3
河　　南	2629.3	211.8	1639.0	283.4	161.6	181.3	33.5	8.4	110.2
湖　　北	3149.1	182.8	2010.6	309.3	217.5	137.4	30.4	15.4	245.7
湖　　南	2603.3	133.0	1585.4	264.0	230.7	149.7	36.6	7.9	196.0
广　　东	6029.7	832.6	3678.2	411.4	489.3	295.5	35.1	12.7	274.9
广　　西	1188.7	88.6	706.5	136.2	84.4	98.8	15.8	2.2	56.3
海　　南	167.5	6.9	108.0	7.7	15.6	7.3	3.9	0.2	17.8
重　　庆	3083.7	171.9	2133.2	246.1	292.6	115.8	25.1	2.4	96.7
四　　川	5839.3	418.6	3729.0	467.8	604.4	270.0	57.6	16.1	275.7
贵　　州	824.0	53.0	522.4	66.7	70.2	56.0	6.6	——	49.1
云　　南	2189.7	129.7	1273.0	262.7	202.2	127.9	30.2	5.1	158.9
西　　藏	81.1	4.0	27.5	16.0	12.6	5.7	1.5	0.1	13.6
陕　　西	1087.2	46.3	742.6	107.7	76.9	66.1	10.0	3.9	33.7
甘　　肃	1058.8	58.3	686.7	87.5	99.6	49.7	9.2	1.6	66.2
青　　海	192.9	3.8	126.8	17.0	20.9	10.7	4.3	2.4	7.1
宁　　夏	340.7	22.0	206.9	35.0	33.9	19.5	5.0	1.8	16.6
新　　疆	1261.4	55.6	851.5	109.6	86.8	79.9	16.6	3.0	58.4

1—9 各地区地方和中央按主要用途分的房屋建筑竣工面积

单位：万平方米

地　区	合计	厂房	住宅	办公用房	商业、居民服务业用房	文化教育用房	医疗用房	科研用房	其他用房
全国总计	**80714.9**	**7362.9**	**49668.0**	**6934.3**	**7131.1**	**4346.7**	**844.0**	**253.6**	**4174.2**
一、地方所属单位	**77046.3**	**6818.7**	**47702.7**	**6570.0**	**6796.0**	**4192.3**	**808.7**	**238.6**	**3919.4**
北　京	2167.4	123.4	1459.4	205.8	101.3	84.6	11.4	11.9	169.7
天　津	945.7	84.8	613.7	33.1	39.1	41.2	7.3	2.3	124.1
河　北	3332.7	222.4	2182.0	316.2	250.4	165.9	33.7	5.9	156.1
山　西	855.8	52.8	582.2	88.5	45.8	43.8	8.2	0.8	33.7
内蒙古	1092.7	37.7	728.8	117.6	110.3	52.1	5.3	0.2	40.6
辽　宁	3382.2	203.2	2409.3	186.7	325.1	123.5	16.7	18.4	99.3
吉　林	1362.8	63.3	1058.9	42.9	85.4	38.3	8.7	1.0	64.3
黑龙江	1769.0	87.4	1244.8	100.5	160.5	92.3	15.9	13.9	53.7
上　海	1627.1	241.7	878.5	154.6	120.3	133.4	19.8	4.2	74.6
江　苏	12172.6	1272.9	7054.4	1029.3	1270.1	674.9	138.8	61.3	671.0
浙　江	7125.7	1200.7	3606.8	660.1	626.6	527.7	96.9	22.3	384.6
安　徽	2472.8	252.4	1383.4	271.3	269.4	161.1	33.6	5.4	96.2
福　建	1623.6	159.8	950.8	147.3	187.8	95.1	10.6	2.8	69.4
江　西	1312.8	65.0	835.8	121.3	131.8	84.4	21.8	1.7	50.9
山　东	5695.4	544.5	3613.5	428.8	501.0	266.9	70.3	11.4	259.0
河　南	2533.3	198.7	1585.8	279.8	154.8	174.5	31.8	8.1	99.7
湖　北	2878.4	140.0	1872.3	273.2	196.2	122.5	26.8	12.5	234.8
湖　南	2504.8	117.2	1532.5	252.8	227.2	145.2	36.6	7.8	185.5
广　东	5690.6	811.6	3473.0	360.4	445.9	290.6	34.6	12.7	261.7
广　西	1167.6	82.0	697.6	133.0	84.4	98.6	15.4	2.2	54.5
海　南	159.5	5.6	103.0	7.7	15.6	7.1	3.9	0.2	16.4
重　庆	3056.3	167.2	2115.1	244.5	291.8	114.8	25.1	2.4	95.4
四　川	5692.7	382.7	3666.3	454.4	603.2	263.8	57.2	11.6	253.4
贵　州	686.3	21.9	456.2	63.4	43.4	54.1	6.4	——	40.9
云　南	2125.3	125.4	1230.3	255.0	196.9	126.6	30.2	5.1	155.8
西　藏	78.5	3.0	26.7	16.0	12.5	5.2	1.5	0.1	13.4
陕　西	982.2	34.9	668.9	100.8	73.0	61.0	8.9	3.9	30.7
甘　肃	1026.5	54.0	663.6	87.3	98.7	47.6	9.0	1.6	64.7
青　海	184.7	3.3	120.2	16.4	20.3	10.7	4.3	2.4	7.1
宁　夏	340.3	21.9	206.8	35.0	33.8	19.5	5.0	1.8	16.6
新　疆	1001.3	37.1	682.4	86.5	73.4	65.3	12.8	2.3	41.6

1—9续表 单位:万平方米

地　　区	合计	厂房	住宅	办公用房	商业、居民服务业用房	文化教育用房	医疗用房	科研用房	其他用房
二、中央所属单位	**3668.6**	**544.2**	**1965.4**	**364.3**	**335.1**	**154.4**	**35.3**	**15.1**	**254.8**
北　京	641.2	48.4	380.7	68.5	68.6	33.7	6.5	5.7	29.2
天　津	110.7	26.1	45.2	7.3	19.3	2.5	——	0.3	10.1
河　北	148.8	24.1	79.0	10.8	14.8	3.3	1.0	——	15.7
山　西	91.0	19.7	44.0	13.5	3.6	2.1	0.2	——	8.0
内蒙古	26.9	5.0	14.8	3.1	1.0	1.1	——	——	1.8
辽　宁	165.7	33.1	103.0	7.8	10.9	2.8	2.3	——	5.7
吉　林	76.9	15.0	44.6	2.2	12.1	0.6	——	——	2.4
黑龙江	117.9	17.8	72.6	12.8	2.6	3.5	1.5	——	7.2
上　海	82.9	38.3	25.9	6.6	1.6	2.5	0.2	0.1	7.7
江　苏	64.9	19.9	15.7	2.9	6.3	1.3	3.9	——	15.1
浙　江	19.7	0.8	9.1	2.3	6.2	0.5	——	——	0.8
安　徽	122.5	19.6	64.6	2.1	9.3	13.2	3.6	0.5	9.7
福　建	105.5	21.5	45.0	16.2	12.3	3.7	1.5	——	5.3
江　西	47.0	4.9	25.8	3.4	9.8	——	——	——	3.1
山　东	228.7	37.8	68.8	42.7	28.8	19.5	2.8	——	28.3
河　南	96.1	13.0	53.2	3.6	6.8	6.8	1.7	0.2	10.6
湖　北	270.7	42.8	138.4	36.0	21.3	14.9	3.5	2.9	10.8
湖　南	98.5	15.8	52.9	11.2	3.5	4.4	——	0.1	10.5
广　东	339.1	21.0	205.2	51.0	43.4	4.9	0.5	——	13.2
广　西	21.1	6.5	8.9	3.3	——	0.2	0.4	——	1.8
海　南	8.0	1.4	5.0	——	——	0.3	——	——	1.4
重　庆	27.4	4.7	18.1	1.6	0.8	1.0	——	——	1.3
四　川	146.6	35.9	62.7	13.4	1.2	6.2	0.4	4.5	22.3
贵　州	137.7	31.1	66.2	3.3	26.8	2.0	0.1	——	8.2
云　南	64.4	4.4	42.7	7.7	5.3	1.3	——	——	3.1
西　藏	2.6	1.0	0.8	——	0.1	0.5	——	——	0.2
陕　西	105.0	11.4	73.7	6.9	3.9	5.1	1.1	——	3.0
甘　肃	32.3	4.3	23.1	0.2	0.9	2.1	0.2	——	1.5
青　海	8.2	0.5	6.5	0.6	0.6	——	——	——	——
宁　夏	0.3	0.1	0.1	0.1	——	——	——	——	——
新　疆	260.1	18.5	169.1	23.1	13.4	14.6	3.8	0.7	16.9

1—10 各地区各种用途的房屋建筑竣工面积占全部的比重

单位:%

地区	厂房	住宅	办公用房	商业、居民服务业用房	文化教育用房	医疗用房	科研用房	其他用房
全国总计	**9.1**	**61.5**	**8.6**	**8.8**	**5.4**	**1.0**	**0.3**	**5.2**
北京	6.1	65.5	9.8	6.1	4.2	0.6	0.6	7.1
天津	10.5	62.4	3.8	5.5	4.1	0.7	0.2	12.7
河北	7.1	64.9	9.4	7.6	4.9	1.0	0.2	4.9
山西	7.7	66.1	10.8	5.2	4.8	0.9	0.1	4.4
内蒙古	3.8	66.4	10.8	9.9	4.8	0.5	——	3.8
辽宁	6.7	70.8	5.5	9.5	3.6	0.5	0.5	3.0
吉林	5.4	76.6	3.1	6.8	2.7	0.6	0.1	4.6
黑龙江	5.6	69.8	6.0	8.6	5.1	0.9	0.7	3.2
上海	16.4	52.9	9.4	7.1	7.9	1.2	0.3	4.8
江苏	10.6	57.8	8.4	10.4	5.5	1.2	0.5	5.6
浙江	16.8	50.6	9.3	8.9	7.4	1.4	0.3	5.4
安徽	10.5	55.8	10.5	10.7	6.7	1.4	0.2	4.1
福建	10.5	57.6	9.5	11.6	5.7	0.7	0.2	4.3
江西	5.1	63.4	9.2	10.4	6.2	1.6	0.1	4.0
山东	9.8	62.2	8.0	8.9	4.8	1.2	0.2	4.8
河南	8.1	62.3	10.8	6.1	6.9	1.3	0.3	4.2
湖北	5.8	63.8	9.8	6.9	4.4	1.0	0.5	7.8
湖南	5.1	60.9	10.1	8.9	5.7	1.4	0.3	7.5
广东	13.8	61.0	6.8	8.1	4.9	0.6	0.2	4.6
广西	7.4	59.4	11.5	7.1	8.3	1.3	0.2	4.7
海南	4.1	64.5	4.6	9.3	4.4	2.4	0.1	10.7
重庆	5.6	69.2	8.0	9.5	3.8	0.8	0.1	3.1
四川	7.2	63.9	8.0	10.4	4.6	1.0	0.3	4.7
贵州	6.4	63.4	8.1	8.5	6.8	0.8	——	6.0
云南	5.9	58.1	12.0	9.2	5.8	1.4	0.2	7.3
西藏	4.9	34.0	19.8	15.6	7.0	1.8	0.2	16.8
陕西	4.3	68.3	9.9	7.1	6.1	0.9	0.4	3.1
甘肃	5.5	64.9	8.3	9.4	4.7	0.9	0.2	6.3
青海	1.9	65.7	8.8	10.8	5.5	2.2	1.3	3.7
宁夏	6.4	60.7	10.3	9.9	5.7	1.5	0.5	4.9
新疆	4.4	67.5	8.7	6.9	6.3	1.3	0.2	4.6

1—11 各地区地方和中央各种用途的房屋建筑竣工面积占全部的比重

单位:%

地区	厂房	住宅	办公用房	商业、居民服务业用房	文化教育用房	医疗用房	科研用房	其他用房
全国总计	**9.1**	**61.5**	**8.6**	**8.8**	**5.4**	**1.0**	**0.3**	**5.2**
一、地方所属单位	**8.9**	**61.9**	**8.5**	**8.8**	**5.4**	**1.0**	**0.3**	**5.1**
北京	5.7	67.3	9.5	4.7	3.9	0.5	0.5	7.8
天津	9.0	64.9	3.5	4.1	4.4	0.8	0.2	13.1
河北	6.7	65.5	9.5	7.5	5.0	1.0	0.2	4.7
山西	6.2	68.0	10.3	5.3	5.1	1.0	0.1	3.9
内蒙古	3.4	66.7	10.8	10.1	4.8	0.5	——	3.7
辽宁	6.0	71.2	5.5	9.6	3.7	0.5	0.5	2.9
吉林	4.6	77.7	3.1	6.3	2.8	0.6	0.1	4.7
黑龙江	4.9	70.4	5.7	9.1	5.2	0.9	0.8	3.0
上海	14.9	54.0	9.5	7.4	8.2	1.2	0.3	4.6
江苏	10.5	58.0	8.5	10.4	5.5	1.1	0.5	5.5
浙江	16.9	50.6	9.3	8.8	7.4	1.4	0.3	5.4
安徽	10.2	55.9	11.0	10.9	6.5	1.4	0.2	3.9
福建	9.8	58.6	9.1	11.6	5.9	0.7	0.2	4.3
江西	5.0	63.7	9.2	10.0	6.4	1.7	0.1	3.9
山东	9.6	63.4	7.5	8.8	4.7	1.2	0.2	4.5
河南	7.8	62.6	11.0	6.1	6.9	1.3	0.3	3.9
湖北	4.9	65.0	9.5	6.8	4.3	0.9	0.4	8.2
湖南	4.7	61.2	10.1	9.1	5.8	1.5	0.3	7.4
广东	14.3	61.0	6.3	7.8	5.1	0.6	0.2	4.6
广西	7.0	59.7	11.4	7.2	8.4	1.3	0.2	4.7
海南	3.5	64.6	4.8	9.8	4.4	2.5	0.1	10.3
重庆	5.5	69.2	8.0	9.5	3.8	0.8	0.1	3.1
四川	6.7	64.4	8.0	10.6	4.6	1.0	0.2	4.5
贵州	3.2	66.5	9.2	6.3	7.9	0.9	——	6.0
云南	5.9	57.9	12.0	9.3	6.0	1.4	0.2	7.3
西藏	3.9	34.1	20.4	15.9	6.6	1.9	0.2	17.1
陕西	3.6	68.1	10.3	7.4	6.2	0.9	0.4	3.1
甘肃	5.3	64.6	8.5	9.6	4.6	0.9	0.2	6.3
青海	1.8	65.1	8.9	11.0	5.8	2.3	1.3	3.8
宁夏	6.4	60.8	10.3	9.9	5.7	1.5	0.5	4.9
新疆	3.7	68.1	8.6	7.3	6.5	1.3	0.2	4.1

1—11 续表

单位:%

地　区	厂房	住宅	办公用房	商业、居民服务业用房	文化教育用房	医疗用房	科研用房	其他用房
二、中央所属单位	**14.8**	**53.6**	**9.9**	**9.1**	**4.2**	**1.0**	**0.4**	**6.9**
北　京	7.5	59.4	10.7	10.7	5.3	1.0	0.9	4.6
天　津	23.6	40.8	6.6	17.4	2.3	——	0.3	9.1
河　北	16.2	53.1	7.3	9.9	2.2	0.7	——	10.5
山　西	21.7	48.4	14.8	3.9	2.3	0.2	——	8.7
内蒙古	18.7	55.0	11.6	3.7	4.0	0.1	——	6.9
辽　宁	20.0	62.2	4.7	6.6	1.7	1.4	——	3.5
吉　林	19.5	58.0	2.8	15.7	0.8	——	——	3.1
黑龙江	15.1	61.5	10.8	2.2	3.0	1.3	——	6.1
上　海	46.2	31.3	8.0	1.9	3.0	0.3	0.1	9.2
江　苏	30.6	24.2	4.4	9.6	2.0	6.0	——	23.2
浙　江	4.1	46.3	11.7	31.3	2.5	——	——	4.0
安　徽	16.0	52.7	1.7	7.6	10.8	2.9	0.4	7.9
福　建	20.4	42.7	15.4	11.7	3.5	1.4	——	5.0
江　西	10.5	54.9	7.3	20.8	——	——	——	6.5
山　东	16.5	30.1	18.7	12.6	8.5	1.2	——	12.4
河　南	13.6	55.4	3.8	7.1	7.1	1.8	0.3	11.0
湖　北	15.8	51.1	13.3	7.9	5.5	1.3	1.1	4.0
湖　南	16.0	53.7	11.4	3.6	4.5	——	0.1	10.7
广　东	6.2	60.5	15.0	12.8	1.4	0.1	——	3.9
广　西	30.9	42.2	15.5	——	0.9	1.8	——	8.6
海　南	17.2	62.2	——	——	3.2	——	——	17.4
重　庆	17.2	66.0	5.9	2.9	3.5	——	——	4.6
四　川	24.5	42.7	9.2	0.8	4.2	0.3	3.1	15.2
贵　州	22.6	48.0	2.4	19.4	1.4	0.1	——	6.0
云　南	6.7	66.2	12.0	8.2	2.0	——	——	4.9
西　藏	37.4	30.9	——	4.5	17.7	——	——	9.5
陕　西	10.8	70.2	6.6	3.7	4.9	1.1	——	2.8
甘　肃	13.4	71.4	0.6	2.9	6.5	0.7	——	4.7
青　海	5.6	79.7	7.7	6.9	——	——	——	——
宁　夏	19.7	36.7	23.6	14.1	——	——	——	5.9
新　疆	7.1	65.0	8.9	5.2	5.6	1.5	0.3	6.5

1—12 各地区机械设备装备情况

地　　区	自有机械设备年末总台数(台)	自有机械设备年末总功率(万千瓦)	#施工机械功率	自有机械设备净值(万元)	技术装备率(万/人)	动力装备率(千瓦/人)
全国总计	**6259885**	**9228.1**	**7100.1**	**12572317**	**6304**	**4.6**
北　京	162403	337.9	248.9	440441	7781	6.0
天　津	75479	157.1	121.0	217637	10715	7.7
河　北	380673	603.9	457.2	571565	6525	6.9
山　西	94885	215.3	156.1	288115	7717	5.8
内蒙古	81281	146.1	118.4	151299	5884	5.7
辽　宁	270080	610.9	441.3	696543	7312	6.4
吉　林	79990	196.1	124.1	217253	7502	6.8
黑龙江	141843	329.2	252.7	481241	10598	7.2
上　海	121659	204.9	159.1	373523	10641	5.8
江　苏	654644	754.2	644.3	1263097	5553	3.3
浙　江	526365	613.1	491.9	1192280	6971	3.6
安　徽	237663	250.4	197.4	326270	4582	3.5
福　建	138423	195.3	156.4	312640	7601	4.7
江　西	90371	105.4	80.0	115922	3894	3.5
山　东	436301	602.3	458.2	713993	4182	3.5
河　南	265583	348.5	250.6	422476	5301	4.4
湖　北	311971	403.9	316.8	609725	7290	4.8
湖　南	279125	379.2	309.7	434056	5452	4.8
广　东	572652	790.6	606.1	1021416	7663	5.9
广　西	145627	200.7	145.1	226517	6797	6.0
海　南	13895	44.7	32.0	35961	6492	8.1
重　庆	162218	221.8	183.5	370938	5070	3.0
四　川	380174	490.8	406.1	743150	4547	3.0
贵　州	54179	88.0	58.0	115612	5184	3.9
云　南	197083	282.3	208.7	419312	7093	4.8
西　藏	5381	14.2	5.2	14509	7049	6.9
陕　西	122126	199.2	146.4	248027	6279	5.0
甘　肃	109448	144.5	107.1	152897	4684	4.4
青　海	32291	49.9	36.1	80795	9157	5.7
宁　夏	38138	66.3	54.0	90780	10845	7.9
新　疆	77934	181.5	127.9	224326	8576	6.9

1—13 各地区地方和中央机械设备装备情况

地　　区	自有机械设备年末总台数(台)	自有机械设备年末总功率（万千瓦）	＃施工机械功率	自有机械设备净值（万元）	技术装备率（万/人）	动力装备率（千瓦/人）
全国总计	**6259885**	**9228.1**	**7100.1**	**12572317**	**6304**	**4.6**
一、地方所属单位	**5667993**	**7428.4**	**5815.0**	**10047152**	**5673**	**4.2**
北　京	123675	234.0	171.2	285752	7055	5.8
天　津	53949	82.6	59.9	106810	8962	6.9
河　北	347713	430.1	359.5	404870	5323	5.7
山　西	70120	114.0	85.1	142280	6294	5.0
内蒙古	75402	131.1	108.6	133810	5764	5.6
辽　宁	231011	491.6	359.8	546714	6927	6.2
吉　林	63490	140.2	99.8	173677	7463	6.0
黑龙江	125027	259.9	201.4	379529	9442	6.5
上　海	95796	132.9	100.7	275862	9746	4.7
江　苏	623666	705.1	609.7	1179574	5347	3.2
浙　江	517100	596.3	482.2	1151311	6838	3.5
安　徽	221749	209.3	165.4	262475	4080	3.3
福　建	129238	167.8	134.1	262667	7022	4.5
江　西	80380	78.7	60.5	78583	2988	3.0
山　东	406170	506.7	395.8	580309	3668	3.2
河　南	234483	265.3	194.2	303802	4303	3.8
湖　北	266586	270.3	213.2	324840	4852	4.0
湖　南	253189	301.3	252.0	361626	4992	4.2
广　东	548744	724.7	556.9	918905	7262	5.7
广　西	136887	176.3	122.4	193013	6290	5.7
海　南	13240	39.1	27.6	32081	6207	7.6
重　庆	157083	206.2	170.6	343596	4922	3.0
四　川	342903	383.4	324.6	596540	4019	2.6
贵　州	41968	61.9	43.4	79155	4416	3.5
云　南	183844	245.8	184.5	362959	6669	4.5
西　藏	4050	11.0	4.1	12314	6832	6.1
陕　西	102216	125.7	88.1	158448	5440	4.3
甘　肃	96211	115.5	85.0	116498	4099	4.1
青　海	25252	36.8	25.7	47301	6638	5.2
宁　夏	37649	64.9	52.8	88889	10952	8.0
新　疆	59202	120.1	76.3	142959	10728	9.0

1—13 续表

地　区	自有机械设备年末总台数(台)	自有机械设备年末总功率(万千瓦)	♯施工机械功率	自有机械设备净值(万元)	技术装备率(元/人)	动力装备率(千瓦/人)
二、中央所属单位	**591892**	**1799.7**	**1285.1**	**2525166**	**11313**	**8.1**
北　京	38728	103.9	77.7	154689	9608	6.5
天　津	21530	74.5	61.1	110827	13203	8.9
河　北	32960	173.8	97.7	166695	14444	15.1
山　西	24765	101.3	71.0	145835	9902	6.9
内蒙古	5879	15.0	9.8	17488	7001	6.0
辽　宁	39069	119.3	81.5	149830	9176	7.3
吉　林	16500	55.9	24.3	43576	7663	9.8
黑龙江	16816	69.3	51.3	101712	19500	13.3
上　海	25863	72.0	58.4	97661	14370	10.6
江　苏	30978	49.1	34.7	83523	12183	7.2
浙　江	9265	16.8	9.6	40968	15361	6.3
安　徽	15914	41.1	31.9	63795	9286	6.0
福　建	9185	27.5	22.3	49973	13415	7.4
江　西	9991	26.7	19.5	37339	10754	7.7
山　东	30131	95.7	62.4	133684	10669	7.6
河　南	31100	83.2	56.4	118673	13049	9.2
湖　北	45385	133.6	103.6	284885	17066	8.0
湖　南	25936	77.9	57.7	72430	10088	10.8
广　东	23908	65.9	49.2	102511	15168	9.8
广　西	8740	24.4	22.7	33504	12680	9.2
海　南	655	5.6	4.4	3880	10453	15.1
重　庆	5135	15.5	12.9	27342	8163	4.6
四　川	37271	107.4	81.6	146610	9768	7.2
贵　州	12211	26.1	14.6	36457	8328	6.0
云　南	13239	36.6	24.2	56353	12023	7.8
西　藏	1331	3.2	1.0	2196	8576	12.4
陕　西	19910	73.5	58.3	89579	8636	7.1
甘　肃	13237	28.9	22.0	36398	8623	6.9
青　海	7039	13.1	10.4	33494	19725	7.7
宁　夏	489	1.5	1.2	1890	7431	5.7
新　疆	18732	61.4	51.6	81367	6342	4.8

1—14 各地区建筑业增加值及其构成

单位：万元

地　　区	建筑业增加值合计	本年提取固定资产折旧	应付工资总额	应付福利费总额
全国总计	**33410864**	**2115372**	**15305078**	**1601086**
北　京	1861648	106035	655229	70724
天　津	596888	50044	207262	23523
河　北	1255840	86576	534436	53857
山　西	659211	58103	220158	26084
内蒙古	415530	26407	190639	18575
辽　宁	1650483	119917	728033	82335
吉　林	648043	35175	300099	35920
黑龙江	901381	60530	406934	49490
上　海	1381463	89102	527494	48674
江　苏	3700633	185686	2021994	209895
浙　江	3521692	160285	1872010	178218
安　徽	837832	55405	378617	41654
福　建	710129	40054	332306	30291
江　西	324209	20974	155313	12097
山　东	2269464	130273	1058100	118806
河　南	1006563	69338	442596	41572
湖　北	1346062	104970	503319	75082
湖　南	965511	76829	460292	40304
广　东	2509568	153625	1118034	112809
广　西	495053	31954	229932	20832
海　南	68036	5499	29284	1669
重　庆	912266	51989	472329	45923
四　川	2073881	132150	1011213	108090
贵　州	313945	21783	143147	16080
云　南	819742	68374	341017	33176
西　藏	45811	3985	17337	341
陕　西	591203	52182	237832	25068
甘　肃	402912	22648	192475	19039
青　海	162240	18088	58949	9183
宁　夏	173888	12008	78863	6726
新　疆	789737	65383	379833	45052

1—14 续表 单位:万元

地　　区	工程结算税金及附加	工程结算利润	管理费用中的税金	管理费用中的劳动、待业保险费
全国总计	**3621939**	**9435591**	**249631**	**1082167**
北　　京	212745	735915	9408	71593
天　　津	63567	204510	4875	43106
河　　北	146970	378117	10323	45562
山　　西	74423	224092	19768	36583
内 蒙 古	39732	120373	4427	15378
辽　　宁	179924	473531	9173	57570
吉　　林	67769	182656	3133	23290
黑 龙 江	99106	258668	4686	21968
上　　海	152349	494629	6217	62998
江　　苏	360462	836943	18346	67307
浙　　江	405436	835703	15949	54090
安　　徽	89526	231345	8423	32862
福　　建	111754	171928	4411	19385
江　　西	35527	85242	3182	11874
山　　东	216534	668690	20496	56565
河　　南	109387	284569	8075	51026
湖　　北	143592	447772	14881	56446
湖　　南	101064	250639	8026	28358
广　　东	319280	717487	20481	67852
广　　西	49198	135523	5806	21808
海　　南	9892	19905	1003	784
重　　庆	97086	219181	6474	19285
四　　川	203632	532362	13795	72639
贵　　州	34593	84291	2560	11490
云　　南	92418	241519	9870	33370
西　　藏	4536	18004	884	723
陕　　西	64599	173361	5805	32356
甘　　肃	44034	103871	3908	16938
青　　海	13311	51717	1189	9804
宁　　夏	14879	55809	1393	4209
新　　疆	64614	197243	2665	34946

1-15 各地区地方和中央建筑业增加值及其构成

单位:万元

地区	建筑业增加值合计	本年提取固定资产折旧	应付工资总额	应付福利费总额
全国总计	**33410864**	**2115372**	**15305078**	**1601086**
一、地方所属单位	**26684883**	**1472830**	**12871725**	**1285223**
北京	1326823	64285	466697	49208
天津	302515	21326	106889	10790
河北	916083	50250	416588	36689
山西	278766	19545	109261	11148
内蒙古	368073	22661	178128	16573
辽宁	1257132	83010	580375	63366
吉林	480646	22852	233477	27603
黑龙江	742503	47758	336301	40048
上海	1045599	53627	418917	33847
江苏	3489674	169075	1940902	199182
浙江	3385157	150518	1824112	172319
安徽	667215	39437	326071	33321
福建	594401	30079	287863	24740
江西	233318	11291	124771	7829
山东	1877530	94134	907134	102160
河南	706369	40291	340159	27506
湖北	822701	51354	341426	53811
湖南	744183	48682	379626	30855
广东	2250690	130965	1028030	98610
广西	412815	24952	205551	16738
海南	61025	4916	26739	1557
重庆	840939	46404	443280	42666
四川	1652293	87245	856982	89782
贵州	198199	11800	96807	9486
云南	708616	55226	296842	28048
西藏	35512	1501	12422	333
陕西	331815	25545	150666	15155
甘肃	292313	14797	143958	11778
青海	95236	7455	41755	5399
宁夏	166755	11701	76209	6598
新疆	399990	30146	173789	18077

1—15 续表 1　　单位:万元

地　　区	建筑业增加值合计	本年提取固定资产折旧	应付工资总额	应付福利费总额
二、中央所属单位	**6725981**	**642542**	**2433353**	**315863**
北　　京	534826	41750	188532	21516
天　　津	294373	28718	100374	12733
河　　北	339756	36325	117848	17168
山　　西	380445	38558	110897	14935
内 蒙 古	47456	3746	12512	2002
辽　　宁	393351	36906	147658	18968
吉　　林	167397	12323	66622	8317
黑 龙 江	158878	12772	70633	9441
上　　海	335864	35475	108577	14827
江　　苏	210959	16612	81093	10713
浙　　江	136535	9767	47898	5899
安　　徽	170617	15968	52546	8334
福　　建	115729	9974	44443	5551
江　　西	90891	9683	30543	4268
山　　东	391934	36139	150966	16646
河　　南	300194	29047	102437	14065
湖　　北	523361	53616	161893	21271
湖　　南	221328	28147	80666	9449
广　　东	258879	22660	90005	14199
广　　西	82238	7002	24380	4094
海　　南	7010	583	2546	112
重　　庆	71327	5585	29049	3256
四　　川	421588	44904	154231	18308
贵　　州	115746	9983	46340	6594
云　　南	111127	13148	44175	5128
西　　藏	10299	2485	4915	9
陕　　西	259388	26637	87166	9912
甘　　肃	110600	7851	48517	7262
青　　海	67004	10632	17194	3784
宁　　夏	7133	308	2654	128
新　　疆	389746	35237	206044	26975

单位:万元

地　区	工程结算税金及附加	工程结算利润	管理费用中的税金	管理费用中的劳动、待业保险费
全国总计	**3621939**	**9435591**	**249631**	**1082167**
一、地方所属单位	**2981984**	**7218795**	**205038**	**649288**
北　京	146657	543247	7642	49088
天　津	34582	101340	3621	23966
河　北	112512	265322	8721	26002
山　西	31190	85972	4780	16868
内蒙古	36298	103180	4005	7228
辽　宁	142430	350408	7426	30116
吉　林	51022	126236	2726	16731
黑龙江	89073	208848	4428	16047
上　海	126422	381284	5431	26071
江　苏	339060	774079	17775	49602
浙　江	395358	779669	15669	47512
安　徽	71868	170092	7514	18913
福　建	95988	137778	3896	14057
江　西	27994	53269	2944	5221
山　东	180539	537069	17370	39124
河　南	79138	185823	7377	26074
湖　北	93425	251862	10903	19920
湖　南	84471	182515	7204	10830
广　东	282366	636740	18697	55282
广　西	42061	103188	3872	16452
海　南	8489	17619	958	748
重　庆	92274	196396	6342	13577
四　川	169193	399069	11916	38107
贵　州	23312	49752	1970	5072
云　南	81056	212042	9220	26181
西　藏	4470	15202	862	722
陕　西	34936	88312	3921	13279
甘　肃	36706	70751	3657	10666
青　海	8080	27102	925	4518
宁　夏	14317	52337	1389	4204
新　疆	46696	112292	1879	17110

1—15 续表 3　　　　单位:万元

地　　区	工程结算税金及附加	工程结算利润	管理费用中的税金	管理费用中的劳动、待业保险费
二、中央所属单位	**639955**	**2216796**	**44593**	**432879**
北　　京	66088	192668	1766	22505
天　　津	28985	103170	1254	19140
河　　北	34458	112795	1602	19560
山　　西	43233	138119	14989	19715
内 蒙 古	3433	17192	421	8150
辽　　宁	37495	123122	1747	27454
吉　　林	16748	56420	408	6559
黑 龙 江	10033	49820	259	5920
上　　海	25927	113345	786	36927
江　　苏	21403	62864	571	17704
浙　　江	10079	56034	279	6578
安　　徽	17658	61253	909	13948
福　　建	15766	34150	516	5328
江　　西	7534	31973	238	6654
山　　东	35995	131621	3126	17441
河　　南	30249	98746	698	24952
湖　　北	50167	195910	3978	36527
湖　　南	16593	68124	822	17528
广　　东	36915	80746	1784	12570
广　　西	7136	32335	1933	5356
海　　南	1403	2286	45	36
重　　庆	4812	22785	131	5709
四　　川	34440	133294	1879	34531
贵　　州	11281	34538	591	6419
云　　南	11361	29477	650	7188
西　　藏	65	2801	222	
陕　　西	29663	85048	1884	19077
甘　　肃	7327	33120	251	6272
青　　海	5230	24615	264	5285
宁　　夏	561	347245		
新　　疆	17918	84951	786	17836

1—16 各地区建筑业劳动生产率

地区	建筑业企业个数（个）	计算劳动生产率的平均人数（万人）	按总产值计算的劳动生产率（元/人）	按增加值计算的劳动生产率（元/人）	人均竣工产值（元/人）	人均施工面积（平方米/人）	人均竣工面积（平方米/人）
全国总计	**47518**	**2097.42**	**59585**	**15929**	**45020**	**80.3**	**40.5**
北京	1697	82.54	88132	22553	85798	128.0	49.6
天津	446	27.42	86819	21765	87430	111.0	52.0
河北	1730	96.08	51217	13070	40832	71.5	39.7
山西	792	39.18	61099	16824	41508	53.8	25.4
内蒙古	916	34.88	39198	11913	41668	70.2	43.5
辽宁	2381	109.58	54580	15062	47792	66.5	37.2
吉林	752	39.05	61248	16594	58157	76.3	49.7
黑龙江	1652	64.43	51855	13991	60146	65.2	41.6
上海	1481	56.68	109809	24375	116731	131.8	48.7
江苏	3930	220.37	69831	16793	49918	93.2	53.8
浙江	3592	165.90	83410	21228	54124	96.9	41.8
安徽	1565	71.38	42424	11738	34154	65.0	36.4
福建	1692	41.62	65143	17061	47821	99.3	42.0
江西	1005	28.84	40358	11240	26667	86.4	45.7
山东	4190	181.31	45066	12517	33967	66.7	34.7
河南	1885	78.85	45321	12766	29033	66.6	33.0
湖北	1959	82.74	54889	16268	37133	74.8	37.7
湖南	1754	76.04	46609	12697	32385	63.9	32.7
广东	2773	126.56	70478	19829	51820	113.8	45.2
广西	1078	32.34	46667	15308	39203	69.8	35.7
海南	239	5.73	52704	11868	32624	64.9	30.2
重庆	1737	70.94	49148	12859	30230	83.2	42.1
四川	3290	158.09	45152	13118	31743	64.8	35.7
贵州	620	21.94	49713	14311	30417	80.4	36.9
云南	1402	52.78	58592	15531	40146	58.9	37.0
西藏	141	2.68	62795	17105	64654	42.3	39.4
陕西	848	40.61	59672	14559	41000	60.7	27.5
甘肃	504	34.44	36335	11701	31364	58.4	32.4
青海	270	10.57	42300	15348	30502	38.5	21.9
宁夏	508	12.51	44936	13895	51018	67.3	40.7
新疆	689	31.33	74999	25209	75216	85.7	48.2

1—17 各地区地方和中央建筑业劳动生产率

地 区	建筑业企业个数(个)	计算劳动生产率的平均人数(万人)	按总产值计算的劳动生产率(元/人)	按增加值计算的劳动生产率(元/人)	人均竣工产值(元/人)	人均施工面积(平方米/人)	人均竣工面积(平方米/人)
全国总计	**47518**	**2097.42**	**59585**	**15929**	**45020**	**80.3**	**40.5**
一、地方所属单位	**45802**	**1866.73**	**54877**	**14295**	**42051**	**84.4**	**43.5**
北 京	1490	62.80	82266	21127	85535	135.3	53.5
天 津	389	18.84	76721	16061	97178	162.7	79.3
河 北	1646	82.42	43765	11115	32806	77.4	43.8
山 西	749	24.03	38682	11602	30954	74.7	37.9
内 蒙 古	896	32.78	37766	11227	41317	73.3	47.1
辽 宁	2214	93.39	50730	13462	47554	74.6	42.9
吉 林	711	32.63	55302	14731	59409	88.0	58.6
黑 龙 江	1565	57.79	48278	12849	56247	69.2	44.0
上 海	1429	48.46	108099	21575	122284	154.6	57.5
江 苏	3886	212.93	69063	16389	49815	95.0	55.2
浙 江	3582	162.86	82778	20785	53931	98.0	42.3
安 徽	1516	64.74	37486	10306	29303	67.9	38.4
福 建	1617	37.15	59327	16002	44230	95.8	43.4
江 西	980	25.54	34411	9134	24575	93.6	49.9
山 东	4125	166.92	40728	11248	28708	67.6	36.0
河 南	1811	69.36	35280	10185	23848	69.2	35.9
湖 北	1894	67.42	43181	12203	31934	73.5	43.0
湖 南	1702	68.97	41815	10790	29904	66.8	34.6
广 东	2680	119.66	67447	18810	49448	112.6	45.0
广 西	1045	29.80	43397	13853	34736	74.3	38.1
海 南	222	5.36	50586	11392	32719	65.6	30.9
重 庆	1701	67.53	48436	12453	30392	86.3	43.8
四 川	3217	143.32	40995	11529	28784	68.4	38.4
贵 州	581	17.37	41109	11409	23279	80.0	38.3
云 南	1362	48.66	55661	14562	39769	61.7	39.0
西 藏	138	2.33	47725	15224	53748	46.4	43.5
陕 西	808	29.87	40349	11108	30958	72.5	33.7
甘 肃	474	29.96	32521	9757	27901	62.1	36.1
青 海	252	8.93	33656	10660	32070	45.4	25.9
宁 夏	495	12.22	44648	13650	50534	69.3	41.9
新 疆	625	22.69	61957	17628	86906	136.2	75.1

1—17 续表

地　　区	建筑业企业个数（个）	计算劳动生产率的平均人数（万人）	按总产值计算的劳动生产率（元/人）	按增加值计算的劳动生产率（元/人）	人均竣工产值（元/人）	人均施工面积（平方米/人）	人均竣工面积（平方米/人）
二、中央所属单位	**1716**	**230.69**	**97685**	**29156**	**68577**	**47.6**	**16.4**
北　　京	207	19.74	106794	27092	86460	109.6	39.8
天　　津	57	8.59	108962	34271	73591	37.5	13.2
河　　北	84	13.66	96161	24865	93722	32.6	12.9
山　　西	43	15.15	96644	25106	57708	21.7	6.2
内 蒙 古	20	2.10	61582	22625	44934	41.3	10.8
辽　　宁	167	16.19	76784	24291	48940	27.4	10.1
吉　　林	41	6.42	91448	26057	53036	28.4	13.5
黑 龙 江	87	6.64	82982	23924	90192	34.9	22.6
上　　海	52	8.21	119902	40896	93601	36.9	12.2
江　　苏	44	7.44	91827	28367	53227	32.9	9.5
浙　　江	10	3.04	117330	44984	66273	23.3	7.4
安　　徽	49	6.64	90577	25701	79587	37.9	17.8
福　　建	75	4.48	113411	25854	83879	134.8	28.3
江　　西	25	3.30	86370	27529	42510	31.8	13.5
山　　东	65	14.39	95395	27242	100355	55.3	18.3
河　　南	74	9.49	118697	31630	69290	46.6	10.6
湖　　北	65	15.32	106403	34153	57980	80.1	16.2
湖　　南	52	7.07	93377	31308	57408	34.9	13.7
广　　东	93	6.91	122991	37484	96235	136.7	50.2
广　　西	33	2.54	85026	32380	91080	18.1	8.0
海　　南	17	0.38	82896	18649	31297	55.6	21.7
重　　庆	36	3.41	63246	20920	26848	19.7	8.2
四　　川	73	14.77	85501	28549	61008	29.3	9.8
贵　　州	39	4.56	82459	25357	59642	81.8	31.5
云　　南	40	4.12	93203	26969	44521	25.7	13.8
西　　藏	3	0.35	164511	29800	141445	12.8	10.1
陕　　西	40	10.74	113437	24162	69198	27.6	10.1
甘　　肃	30	4.48	61860	24709	54679	33.5	7.7
青　　海	18	1.64	89473	40926	23924	9.4	4.8
宁　　夏	13	0.30	56754	23943	66458	1.3	1.3
新　　疆	64	8.64	109261	45125	63074	33.2	20.3

1—18 各地区实收资本及资产构成

单位:万元

地　区	实收资本	资产合计	#流动资产小计	#存货	#在建工程	长期投资
全国总计	**32198390**	**145783686**	**105875191**	**32805041**	**20578414**	**5529437**
北　京	1769608	10864580	8588492	2413283	981848	684330
天　津	613554	3097218	2295084	394162	195485	100091
河　北	1329124	5153808	3526259	765735	358610	112594
山　西	576789	3221292	2286910	417699	214285	43250
内蒙古	398049	1525185	1049511	235668	110947	23254
辽　宁	1734487	6984803	4996428	1016230	480811	126682
吉　林	539108	2524158	1694338	260136	99723	33866
黑龙江	1012418	4192237	3066497	606323	199810	78337
上　海	1800932	8891230	6572247	1809681	1202748	1115630
江　苏	2967062	14802564	11765264	5116109	3827356	345645
浙　江	2586413	10495810	7732474	2896130	2096786	393695
安　徽	863365	3284878	2340979	637361	355531	46332
福　建	1024266	4434975	3418347	1446500	1132462	131275
江　西	335582	1643130	1188840	492095	372092	31951
山　东	1656050	8599834	6416062	1799610	960742	161715
河　南	904498	3545043	2332404	656442	350186	49277
湖　北	1231879	5351458	3371595	817089	419661	203936
湖　南	1001654	3544822	2307984	742216	439356	93851
广　东	2544258	16980457	13521496	5126156	3646078	781279
广　西	1118279	3302364	2031262	775394	580003	329579
海　南	101285	428187	298973	88397	58776	10789
重　庆	952745	2796456	1860896	749431	483750	50104
四　川	1888966	6536346	4337135	1349164	792202	215339
贵　州	244181	1455461	1082253	291296	198123	38272
云　南	921067	3350287	2187775	657216	421410	101804
西　藏	67267	194577	89937	19983	1658	12208
陕　西	474225	2559749	1813274	465775	233624	42633
甘　肃	288976	1409940	985832	220940	113742	18089
青　海	144094	616421	388568	78582	35181	17498
宁　夏	215464	740174	472911	143633	74912	25004
新　疆	892746	3256241	1855164	316605	140519	111127

单位:万元

地区	固定资产小计	固定资产原价	#生产经营用	固定资产折旧	#本年折旧	无形及递延资产小计	#无形资产
全国总计	**29697772**	**42047138**	**31920059**	**13734676**	**2115372**	**2281582**	**1789879**
北京	1244720	1888611	1309412	664101	106035	86965	55784
天津	614399	963467	781943	420439	50044	40089	34038
河北	1325602	1851496	1439034	600625	86576	108141	85826
山西	749035	1067312	742011	351222	58103	72811	64448
内蒙古	408576	548207	432535	165559	26407	30403	28216
辽宁	1625679	2472995	1922374	879491	119917	158800	132735
吉林	689900	929868	643242	262234	35175	31906	22730
黑龙江	988901	1360373	1164789	381039	60530	32696	17981
上海	836065	1417175	1110873	619781	89102	223216	166705
江苏	2413073	3420416	2621559	1116176	185686	138893	112472
浙江	2078445	2818670	2328265	815600	160285	146254	113560
安徽	783277	1135214	839738	355178	55405	45972	37250
福建	718135	961133	711739	267980	40054	52942	36902
江西	368647	495830	310773	151234	20974	23575	18824
山东	1696440	2495879	1846795	867874	130273	192249	166410
河南	978804	1341591	970769	418292	69338	116978	107824
湖北	1530781	2138379	1623345	702336	104970	108968	85158
湖南	1028691	1410061	1075846	436223	76829	43736	34028
广东	2211040	3194328	2299883	1095154	153625	254341	179730
广西	858624	1058134	842209	227741	31954	29554	24644
海南	105708	131678	99260	37372	5499	4593	2512
重庆	780746	1035589	812041	285948	51989	52192	45183
四川	1699108	2423408	1857351	779280	132150	143065	119181
贵州	297271	424441	305273	132435	21783	8800	5290
云南	975191	1297872	1011111	379953	68374	37496	29182
西藏	88112	74517	43899	48804	3985	1300	796
陕西	617881	904620	678139	314351	52182	23395	15275
甘肃	362554	490311	341280	152089	22648	21613	19065
青海	179948	256050	192594	79948	18088	6711	3826
宁夏	227053	276823	206679	69754	12008	8866	7700
新疆	1215366	1762691	1355297	656466	65383	35063	16603

1—19 各地区地方和中央实收资本及资产构成

单位:万元

地区	实收资本	资产合计	#流动资产小计	#存货	#在建工程	长期投资
全国总计	**32198390**	**145783686**	**105875191**	**32805041**	**20578414**	**5529437**
一、地方所属单位	**27249874**	**117767029**	**86675405**	**29310903**	**18998227**	**4562860**
北京	1298622	7729313	6255220	1956365	725068	445130
天津	376013	1905843	1497454	286451	144737	65277
河北	1081432	3706448	2510246	567378	284761	77144
山西	290212	1516066	1090195	241190	121352	14798
内蒙古	360209	1371072	936226	207313	99021	22644
辽宁	1393135	5395636	3841218	791340	369301	101221
吉林	427450	1911344	1265183	163480	61315	28484
黑龙江	856943	3449289	2505274	523445	177781	73902
上海	1583106	7670057	5710508	1664894	1121104	1011256
江苏	2839130	13900600	11117502	4972515	3793715	302614
浙江	2538277	10152844	7492311	2858245	2073652	380332
安徽	751680	2637691	1885331	566022	323740	40022
福建	936902	3867714	3017824	1387436	1101990	116973
江西	280817	1330110	998743	458818	360820	19320
山东	1405897	7291122	5456726	1662118	902657	139784
河南	736600	2445800	1523545	529246	308915	35609
湖北	1010198	3146672	2001605	594739	309181	121517
湖南	884634	2763363	1768847	563839	409292	88895
广东	2348387	15703046	12612133	4925435	3515088	728221
广西	1069080	3016402	1841137	741170	569326	317751
海南	88186	384837	267723	81914	57125	7699
重庆	889517	2547854	1696620	717928	465652	47444
四川	1616173	5096188	3380134	1187105	722214	166879
贵州	166862	952840	716595	239854	178565	18100
云南	818268	2852564	1890934	600608	389547	96579
西藏	56075	128198	53464	11881	1658	10448
陕西	303484	1488065	1060289	313758	167922	14936
甘肃	224039	1001918	694921	163889	88808	9916
青海	105048	387327	240779	55395	26357	4326
宁夏	205510	701804	447299	137088	74600	21798
新疆	307988	1315004	899419	140045	52961	33840

地　　区	实收资本	资产合计	#流动资产小计	#存 货	#在建工程	长期投资
二、中央所属单位	**4948516**	**28016656**	**19199786**	**3494138**	**1580188**	**966577**
北　京	470985	3135268	2333273	456918	256780	239200
天　津	237541	1191375	797630	107711	50748	34814
河　北	247692	1447361	1016013	198357	73849	35450
山　西	286578	1705226	1196715	176508	92933	28452
内蒙古	37840	154114	113284	28355	11926	609
辽　宁	341352	1589167	1155210	224891	111510	25461
吉　林	111658	612814	429155	96656	38407	5382
黑龙江	155475	742948	561223	82879	22029	4435
上　海	217826	1221173	861739	144787	81644	104374
江　苏	127931	901964	647763	143594	33641	43031
浙　江	48137	342966	240163	37884	23133	13363
安　徽	111685	647186	455648	71339	31792	6310
福　建	87364	567262	400523	59065	30472	14302
江　西	54765	313020	190096	33277	11272	12631
山　东	250153	1308712	959335	137492	58084	21931
河　南	167898	1099244	808858	127196	41271	13669
湖　北	221682	2204786	1369990	222350	110480	82419
湖　南	117021	781459	539136	178377	30064	4956
广　东	195871	1277410	909363	200720	130990	53058
广　西	49198	285962	190124	34224	10677	11828
海　南	13099	43350	31251	6482	1651	3090
重　庆	63227	248602	164277	31503	18098	2660
四　川	272793	1440158	957001	162059	69988	48460
贵　州	77319	502620	365658	51443	19558	20172
云　南	102800	497724	296841	56609	31864	5225
西　藏	11192	66379	36474	8102	——	1760
陕　西	170741	1071684	752985	152018	65702	27697
甘　肃	64937	408022	290912	57051	24934	8173
青　海	39045	229094	147790	23188	8824	13172
宁　夏	9954	38370	25612	6545	312	3206
新　疆	584758	1941237	955745	176560	87558	77288

1—19 续表 2　　　　单位：万元

地　　区	固定资产小计	固定资产原价	＃生产经营用	固定资产折旧	＃本年折旧	无形及递延资产小计	＃无形资产
全国总计	**29697772**	**42047138**	**31920059**	**13734676**	**2115372**	**2281582**	**1789879**
一、地方所属单位	**22745656**	**31003460**	**23335195**	**9262421**	**1472830**	**1975229**	**1572276**
北　京	781980	1163861	812426	392816	64285	71208	46024
天　津	286370	409503	318774	127347	21326	25129	21574
河　北	958094	1227112	944526	330304	50250	93992	77298
山　西	351979	482416	334916	138536	19545	21306	15292
内蒙古	370155	489313	378082	143027	22661	30194	28212
辽　宁	1248840	1814083	1422416	594731	83010	142803	118974
吉　林	535762	698276	474119	179528	22852	27604	18653
黑龙江	815855	1101012	925065	292736	47758	28784	17476
上　海	626602	976474	731642	383424	53627	194152	148520
江　苏	2226889	3124447	2413643	1001058	169075	128027	107883
浙　江	1998158	2688580	2222696	764712	150518	143301	111779
安　徽	632965	896039	664746	263074	39437	28367	20066
福　建	617333	801138	589081	206968	30079	46621	35894
江　西	272187	346252	202005	94959	11291	17846	13595
山　东	1401530	1996142	1433213	654940	94134	171909	150342
河　南	731109	942740	664313	248161	40291	106507	99898
湖　北	884737	1138180	833381	329537	51354	89491	71472
湖　南	817329	1076926	807894	306917	48682	37483	29279
广　东	1936599	2731746	1940730	893091	130965	242464	171696
广　西	787278	947912	749825	186309	24952	23778	19370
海　南	98562	120989	89708	33528	4916	4352	2428
重　庆	703992	925912	723263	250206	46404	51310	44713
四　川	1322682	1818904	1395325	543217	87245	129634	108279
贵　州	199332	259036	189216	62999	11800	7788	5075
云　南	789384	1043721	798115	304854	55226	35701	28945
西　藏	61395	70132	39514	24672	1501	934	796
陕　西	359704	497801	343852	157255	25545	19198	12118
甘　肃	259111	339814	250473	100509	14797	20323	19033
青　海	114644	154016	110146	43137	7455	5843	3824
宁　夏	217520	264440	194850	66744	11701	8847	7697
新　疆	337580	456545	337239	143122	30146	20334	16072

地　区	固定资产小计	固定资产原价	#生产经营用	固定资产折旧	#本年折旧	无形及递延资产小计	#无形资产
二、中央所属单位	**6952116**	**11043678**	**8584864**	**4472255**	**642542**	**306353**	**217604**
北　京	462740	724750	496985	271284	41750	15758	9760
天　津	328029	553964	463170	293092	28718	14960	12465
河　北	367508	624384	494508	270320	36325	14150	8528
山　西	397055	584896	407095	212686	38558	51505	49156
内蒙古	38421	58894	54453	22533	3746	209	4
辽　宁	376838	658912	499958	284760	36906	15997	13760
吉　林	154138	231593	169122	82706	12323	4302	4077
黑龙江	173046	259361	239725	88302	12772	3912	505
上　海	209463	440701	379231	236357	35475	29064	18185
江　苏	186184	295969	207916	115117	16612	10867	4589
浙　江	80287	130089	105569	50888	9767	2952	1781
安　徽	150312	239175	174992	92104	15968	17605	17184
福　建	100802	159995	122658	61012	9974	6321	1008
江　西	96460	149578	108768	56274	9683	5729	5229
山　东	294910	499736	413582	212934	36139	20340	16068
河　南	247696	398852	306456	170131	29047	10470	7926
湖　北	646044	1000198	789964	372798	53616	19477	13686
湖　南	211362	333134	267952	129306	28147	6253	4749
广　东	274441	462582	359153	202063	22660	11877	8034
广　西	71347	110222	92384	41432	7002	5775	5274
海　南	7146	10690	9552	3844	583	242	84
重　庆	76754	109678	88777	35742	5585	881	470
四　川	376426	604505	462027	236063	44904	13431	10902
贵　州	97939	165405	116056	69436	9983	1012	215
云　南	185807	254151	212996	75099	13148	1795	237
西　藏	26718	4385	4385	24132	2485	366	——
陕　西	258177	406819	334286	157096	26637	4197	3157
甘　肃	103444	150497	90807	51581	7851	1290	32
青　海	65304	102034	82448	36810	10632	868	2
宁　夏	9533	12384	11829	3010	308	19	4
新　疆	877786	1306146	1018058	513343	35237	14729	531

1—20　各地区负债及所有者权益

单位:万元

地　区	负　债 合　计	流动负 债小计	长期负 债小计	所有者权 益合计	#实收资本
全国总计	**103452169**	**98021479**	**5430601**	**42331517**	**32198390**
北　京	8275634	7822187	453447	2588946	1769608
天　津	2330873	2233007	97867	766344	613554
河　北	3476509	3292312	184197	1677299	1329124
山　西	2308090	2197935	110155	913202	576789
内蒙古	1024632	949278	75354	500553	398049
辽　宁	4821262	4587496	233766	2163542	1734487
吉　林	1879194	1834014	45180	644964	539108
黑龙江	3057886	2911151	146735	1134350	1012418
上　海	6149911	5904181	245730	2741319	1800932
江　苏	11043612	10745031	298581	3758952	2967062
浙　江	7021060	6747932	273127	3474750	2586413
安　徽	2350220	2117092	233127	934658	863365
福　建	3187347	3079742	107605	1247629	1024266
江　西	1218914	1134162	84752	424216	335582
山　东	6367070	5993606	373464	2232765	1656050
河　南	2367022	2256184	110838	1178021	904498
湖　北	3700227	3321484	378743	1651232	1231879
湖　南	2283775	2061169	222606	1261047	1001654
广　东	13059461	12435896	623565	3920996	2544258
广　西	2005013	1858956	146056	1297351	1118279
海　南	263251	242078	21173	164936	101285
重　庆	1679214	1534492	144722	1117243	952745
四　川	4085484	3851394	234090	2450862	1888966
贵　州	1117353	1064061	53292	338108	244181
云　南	2241027	2082622	158405	1109260	921067
西　藏	73656	69002	4654	120921	67267
陕　西	1993902	1872506	121396	565847	474225
甘　肃	1033728	978318	55411	376212	288976
青　海	449641	428525	21116	166780	144094
宁　夏	518839	474474	44276	221336	215464
新　疆	2068364	1941192	127172	1187877	892746

1—21 各地区地方和中央负债及所有者权益

单位:万元

地　区	负　债合　计	流动负债小计	长期负债小计	所有者权益合计	#实收资本
全国总计	**103452169**	**98021479**	**5430601**	**42331517**	**32198390**
一、地方所属单位	**82408463**	**78106990**	**4301384**	**35358566**	**27249874**
北　京	5830024	5555475	274549	1899288	1298622
天　津	1507846	1469065	38781	397996	376013
河　北	2342102	2222228	119874	1364346	1081432
山　西	1183715	1121208	62506	332351	290212
内蒙古	910992	840130	70862	460079	360209
辽　宁	3642068	3459927	182140	1753568	1393135
吉　林	1391989	1356218	35770	519356	427450
黑龙江	2480672	2368287	112385	968617	856943
上　海	5227053	5017049	210004	2443004	1583106
江　苏	10331232	10063340	267892	3569368	2839130
浙　江	6771849	6511032	260816	3380995	2538277
安　徽	1840348	1630295	210053	797343	751680
福　建	2742233	2649630	92603	1125481	936902
江　西	982220	902968	79253	347890	280817
山　东	5334565	5024251	310314	1956557	1405897
河　南	1498944	1401432	97512	946856	736600
湖　北	1908098	1714008	194089	1238575	1010198
湖　南	1662001	1498114	163887	1101362	884634
广　东	12093166	11526957	566209	3609880	2348387
广　西	1790464	1664382	126082	1225938	1069080
海　南	235773	218341	17432	149064	88186
重　庆	1492447	1355063	137384	1055407	889517
四　川	2999464	2801202	198261	2096724	1616173
贵　州	723885	668142	55743	228955	166862
云　南	1862732	1721837	140895	989831	818268
西　藏	46043	41735	4309	82155	56075
陕　西	1126019	1030295	95724	362046	303484
甘　肃	714916	675502	39414	287002	224039
青　海	262186	244952	17234	125140	105048
宁　夏	494193	450982	43122	207611	205510
新　疆	979224	902941	76283	335780	307988

1—21续表 单位:万元

地区	负债合计	流动负债小计	长期负债小计	所有者权益合计	#实收资本
二、中央所属单位	**21043706**	**19914488**	**1129217**	**6972950**	**4948516**
北京	2445609	2266712	178898	689658	470985
天津	823027	763941	59085	368348	237541
河北	1134408	1070084	64323	312953	247692
山西	1124375	1076726	47649	580851	286578
内蒙古	113640	109148	4492	40474	37840
辽宁	1179194	1127568	51626	409973	341352
吉林	487205	477796	9409	125609	111658
黑龙江	577214	542864	34350	165733	155475
上海	922858	887132	35726	298315	217826
江苏	712380	681690	30689	189584	127931
浙江	249210	236900	12310	93755	48137
安徽	509872	486798	23074	137314	111685
福建	445114	430112	15002	122148	87364
江西	236693	231194	5499	76327	54765
山东	1032505	969354	63150	276208	250153
河南	868078	854752	13326	231165	167898
湖北	1792129	1607475	184654	412657	221682
湖南	621774	563054	58720	159685	117021
广东	966295	908939	57356	311115	195871
广西	214548	194574	19974	71414	49198
海南	27478	23737	3741	15872	13099
重庆	186766	179429	7337	61836	63227
四川	1086020	1050191	35829	354137	272793
贵州	393468	395920	—2452	109153	77319
云南	378295	360786	17509	119429	102800
西藏	27613	27267	346	38766	11192
陕西	867883	842211	25672	203801	170741
甘肃	318812	302815	15997	89210	64937
青海	187455	183573	3882	41640	39045
宁夏	24646	23493	1153	13724	9954
新疆	1089141	1038252	50889	852097	584758

1—22　各地区工程结算收入及工程结算利润

单位:万元

地　区	工程结算收入	工程结算成本	工程结算税金及附加	工程结算利润	管理费用	＃税　金	＃财产保险费	＃劳动、待业保险费
全国总计	**110030241**	**96972710**	**3621939**	**9435591**	**7382291**	**249631**	**53025**	**1082167**
北　京	7068086	6119426	212745	735915	608811	9408	2807	71593
天　津	2299769	2031691	63567	204510	184317	4875	2140	43106
河　北	4541030	4015944	146970	378117	285859	10323	2030	45562
山　西	2330894	2032379	74423	224092	217080	19768	893	36583
内蒙古	1237682	1077578	39732	120373	99462	4427	546	15378
辽　宁	5724446	5070991	179924	473531	399491	9173	1960	57570
吉　林	2325394	2074969	67769	182656	159953	3133	529	23290
黑龙江	3262959	2905185	99106	258668	223395	4686	1510	21968
上　海	5818487	5171509	152349	494629	407482	6217	2087	62998
江　苏	10590583	9393178	360462	836943	634725	18346	3295	67307
浙　江	11172646	9931506	405436	835703	508522	15949	5718	54090
安　徽	2653369	2332498	89526	231345	186766	8423	1060	32862
福　建	2674632	2390950	111754	171928	147099	4411	519	19385
江　西	1001869	881100	35527	85242	71456	3182	476	11874
山　东	6845430	5960206	216534	668690	460724	20496	4228	56565
河　南	3198761	2804806	109387	284569	246947	8075	1217	51026
湖　北	4167516	3576152	143592	447772	338148	14881	3627	56446
湖　南	3050616	2698914	101064	250639	194240	8026	1684	28358
广　东	9010960	7974193	319280	717487	560552	20481	2617	67852
广　西	1409287	1224567	49198	135523	116186	5806	663	21808
海　南	263784	233988	9892	19905	14978	1003	63	784
重　庆	2726719	2410452	97086	219181	149277	6474	761	19285
四　川	5914320	5178325	203632	532362	388154	13795	6011	72639
贵　州	1018439	899555	34593	84291	66617	2560	1868	11490
云　南	2885006	2551070	92418	241519	170884	9870	1096	33370
西　藏	108808	86269	4536	18004	9848	884	26	723
陕　西	2137636	1899675	64599	173361	150090	5805	882	32356
甘　肃	1141262	993357	44034	103871	81397	3908	1004	16938
青　海	419853	354825	13311	51717	42881	1189	468	9804
宁　夏	515986	445298	14879	55809	37298	1393	150	4209
新　疆	2514010	2252154	64614	197243	219652	2665	1087	34946

1—23 各地区地方和中央工程结算收入及工程结算利润

单位:万元

地区	工程结算收入	工程结算成本	工程结算税金及附加	工程结算利润	管理费用	#税金	#财产保险费	#劳动、待业保险费
全国总计	**110030241**	**96972710**	**3621939**	**9435591**	**7382291**	**249631**	**53025**	**1082167**
一、地方所属单位	**87450653**	**77249873**	**2981984**	**7218795**	**5326305**	**205038**	**38833**	**649288**
北京	4769682	4079778	146657	543247	445968	7642	2314	49088
天津	1353004	1217081	34582	101340	96986	3621	376	23966
河北	3265809	2887976	112512	265322	191175	8721	1028	26002
山西	896899	779736	31190	85972	84825	4780	641	16868
内蒙古	1121894	982415	36298	103180	79697	4005	438	7228
辽宁	4404689	3911850	142430	350408	280756	7426	1389	30116
吉林	1756262	1579004	51022	126236	107659	2726	273	16731
黑龙江	2675254	2377334	89073	208848	180832	4428	987	16047
上海	4896907	4389201	126422	381284	296030	5431	1649	26071
江苏	9878934	8765796	339060	774079	570515	17775	2691	49602
浙江	10831774	9656748	395358	779669	471743	15669	5513	47512
安徽	2068577	1826618	71868	170092	132261	7514	834	18913
福建	2153905	1920139	95988	137778	115120	3896	395	14057
江西	759051	677788	27994	53269	43744	2944	434	5221
山东	5550754	4833146	180539	537069	351628	17370	3526	39124
河南	2057513	1792552	79138	185823	145596	7377	787	26074
湖北	2524562	2179274	93425	251862	177492	10903	1518	19920
湖南	2443988	2177002	84471	182515	126287	7204	1026	10830
广东	8088362	7169257	282366	636740	485830	18697	2335	55282
广西	1195182	1049932	42061	103188	88395	3872	592	16452
海南	234396	208289	8489	17619	12886	958	53	748
重庆	2521588	2232918	92274	196396	128876	6342	748	13577
四川	4713690	4145429	169193	399069	261420	11916	5329	38107
贵州	658793	585728	23312	49752	33985	1970	284	5072
云南	2514616	2221518	81056	212042	139310	9220	914	26181
西藏	95284	75611	4470	15202	8356	862	25	722
陕西	1047996	924747	34936	88312	69220	3921	516	13279
甘肃	859035	751578	36706	70751	49480	3657	892	10666
青海	276559	241376	8080	27102	20932	925	357	4518
宁夏	497316	430662	14317	52337	34350	1389	146	4204
新疆	1338378	1179390	46696	112292	94951	1879	824	17110

单位:万元

地区	工程结算收入	工程结算成本	工程结算税金及附加	工程结算利润	管理费用	#税金	#财产保险费	#劳动、待业保险费
二、中央所属单位	**22579588**	**19722837**	**639955**	**2216796**	**2055986**	**44593**	**14191**	**432879**
北京	2298404	2039648	66088	192668	162843	1766	494	22505
天津	946765	814610	28985	103170	87331	1254	1764	19140
河北	1275221	1127968	34458	112795	94684	1602	1003	19560
山西	1433995	1252643	43233	138119	132255	14989	252	19715
内蒙古	115789	95164	3433	17192	19765	421	108	8150
辽宁	1319758	1159140	37495	123122	118735	1747	571	27454
吉林	569132	495964	16748	56420	52294	408	256	6559
黑龙江	587705	527852	10033	49820	42562	259	523	5920
上海	921580	782308	25927	113345	111452	786	438	36927
江苏	711649	627382	21403	62864	64210	571	604	17704
浙江	340872	274759	10079	56034	36779	279	205	6578
安徽	584792	505880	17658	61253	54505	909	226	13948
福建	520728	470812	15766	34150	31979	516	124	5328
江西	242818	203312	7534	31973	27712	238	43	6654
山东	1294676	1127060	35995	131621	109096	3126	702	17441
河南	1141248	1012253	30249	98746	101352	698	430	24952
湖北	1642954	1396878	50167	195910	160656	3978	2109	36527
湖南	606628	521911	16593	68124	67953	822	658	17528
广东	922598	804936	36915	80746	74722	1784	282	12570
广西	214106	174634	7136	32335	27791	1933	72	5356
海南	29388	25699	1403	2286	2092	45	9	36
重庆	205131	177534	4812	22785	20401	131	13	5709
四川	1200630	1032896	34440	133294	126734	1879	682	34531
贵州	359646	313826	11281	34538	32632	591	1584	6419
云南	370390	329552	11361	29477	31574	650	182	7188
西藏	13524	10658	65	2801	1492	22	1	2
陕西	1089639	974928	29663	85048	80870	1884	367	19077
甘肃	282227	241779	7327	33120	31917	251	112	6272
青海	143294	113448	5230	24615	21950	264	112	5285
宁夏	18670	14636	561	3472	2947	4	4	5
新疆	1175632	1072764	17918	84951	124701	786	263	17836

1—24 各地区利润及税金总额

单位:万元

地　区	利润总额	#应交所得税	税金总额	工程结算税金及附加	管理费用中的税金
全国总计	**1920635**	**653388**	**3871570**	**3621939**	**249631**
北　京	163561	53149	222153	212745	9408
天　津	27993	13500	68442	63567	4875
河　北	67370	30771	157293	146970	10323
山　西	—514	4687	94192	74423	19768
内蒙古	14561	5594	44158	39732	4427
辽　宁	66730	27579	189097	179924	9173
吉　林	17339	8586	70903	67769	3133
黑龙江	31070	11578	103792	99106	4686
上　海	184252	29572	158566	152349	6217
江　苏	206569	59761	378808	360462	18346
浙　江	318850	90358	421385	405436	15949
安　徽	28127	13045	97949	89526	8423
福　建	25831	37422	116166	111754	4411
江　西	6157	3285	38709	35527	3182
山　东	182235	55947	237029	216534	20496
河　南	31281	12356	117461	109387	8075
湖　北	58425	16298	158473	143592	14881
湖　南	43938	11585	109090	101064	8026
广　东	203926	56378	339762	319280	20481
广　西	9147	8635	55003	49198	5806
海　南	3907	882	10894	9892	1003
重　庆	49310	15928	103559	97086	6474
四　川	100995	37809	217427	203632	13795
贵　州	9855	3676	37154	34593	2560
云　南	58350	20030	102288	92418	9870
西　藏	7385	757	5420	4536	884
陕　西	14497	5174	70404	64599	5805
甘　肃	19977	6275	47941	44034	3908
青　海	3812	1624	14500	13311	1189
宁　夏	13722	2557	16272	14879	1393
新　疆	—48022	8586	67279	64614	2665

1—25 各地区地方和中央利润及税金总额

单位:万元

地　区	利润总额	#应交所得税	税金总额	工程结算税金及附加	管理费用中的税金
全国总计	**1920635**	**653388**	**3871570**	**3621939**	**249631**
一、地方所属单位	1830391	547020	3187022	2981984	205038
北　京	137687	43730	154299	146657	7642
天　津	13642	6006	38204	34582	3621
河　北	58308	22920	121232	112512	8721
山　西	—4258	2283	35970	31190	4780
内蒙古	13724	5380	40304	36298	4005
辽　宁	62373	24377	149855	142430	7426
吉　林	14879	7672	53747	51022	2726
黑龙江	21293	10808	93500	89073	4428
上　海	177422	25922	131853	126422	5431
江　苏	204988	57614	356834	339060	17775
浙　江	309197	85247	411027	395358	15669
安　徽	25423	11514	79382	71868	7514
福　建	27041	11113	99884	95988	3896
江　西	6367	2918	30937	27994	2944
山　东	156015	48310	197909	180539	17370
河　南	28911	9463	86515	79138	7377
湖　北	53816	12632	104328	93425	10903
湖　南	42396	10645	91675	84471	7204
广　东	189009	52988	301062	282366	18697
广　西	10688	7076	45934	42061	3872
海　南	4111	873	9447	8489	958
重　庆	49633	14686	98616	92274	6342
四　川	97447	32762	181109	169193	11916
贵　州	7903	1902	25282	23312	1970
云　南	56064	18739	90277	81056	9220
西　藏	7079	603	5332	4470	862
陕　西	12023	3635	38857	34936	3921
甘　肃	15055	3739	40363	36706	3657
青　海	2493	1337	9006	8080	925
宁　夏	13141	2246	15706	14317	1389
新　疆	16523	7882	48576	46696	1879

1—25 续表　　　　单位:万元

地　区	利润总额	#应交所得税	税金总额	工程结算税金及附加	管理费用中的税金
二、中央所属单位	**90244**	**106368**	**684548**	**639955**	**44593**
北京	25874	9420	67854	66088	1766
天津	14351	7494	30239	28985	1254
河北	9062	7852	36060	34458	1602
山西	3744	2404	58222	43233	14989
内蒙古	837	213	3854	3433	421
辽宁	4357	3202	39242	37495	1747
吉林	2460	914	17156	16748	408
黑龙江	9777	770	10292	10033	259
上海	6830	3650	26713	25927	786
江苏	1582	2147	21974	21403	571
浙江	9653	5112	10358	10079	279
安徽	2704	1532	18568	17658	909
福建	−1210	26309	16282	15766	516
江西	−210	368	7772	7534	238
山东	26220	7637	39120	35995	3126
河南	2370	2893	30947	30249	698
湖北	4609	3667	54145	50167	3978
湖南	1542	940	17415	16593	822
广东	14917	3390	38699	36915	1784
广西	−1541	1560	9070	7136	1933
海南	−2049	1448	1403	45	
重庆	−323	1242	4943	4812	131
四川	3548	5047	36319	34440	1879
贵州	1952	1774	11872	11281	591
云南	2286	1292	12011	11361	650
西藏	306	154	88	65	22
陕西	2474	1540	31547	29663	1884
甘肃	4922	2535	7578	7327	251
青海	1320	287	5494	5230	264
宁夏	582	311	565	5614	
新疆	−64545	705	18703	17918	786

1—26 各地区主要效益指标

地　　区	产值利润率(%)	产值利税率(%)	资本利润率(%)	资本利税率(%)	人均利润(元/人)	人均利税(元/人)	资产负债率(%)
全国总计	**1.5**	**4.6**	**6.0**	**18.0**	**963**	**2904**	**71.0**
北　京	2.2	5.3	9.2	21.8	2890	6814	76.2
天　津	1.2	4.1	4.6	15.7	1378	4748	75.3
河　北	1.4	4.6	5.1	16.9	769	2565	67.5
山　西	——	3.9	−0.1	16.2	−14	2509	71.7
内 蒙 古	1.1	4.3	3.7	14.8	566	2284	67.2
辽　宁	1.1	4.3	3.8	14.7	701	2686	69.0
吉　林	0.7	3.7	3.2	16.4	599	3047	74.4
黑 龙 江	0.9	4.0	3.1	13.3	684	2970	72.9
上　海	3.0	5.5	10.2	19.0	5249	9767	69.2
江　苏	1.3	3.8	7.0	19.7	908	2574	74.6
浙　江	2.3	5.3	12.3	28.6	1864	4328	66.9
安　徽	0.9	4.2	3.3	14.6	395	1771	71.5
福　建	1.0	5.2	2.5	13.9	628	3452	71.9
江　西	0.5	3.9	1.8	13.4	207	1507	74.2
山　东	2.2	5.1	11.0	25.3	1067	2456	74.0
河　南	0.9	4.2	3.5	16.4	392	1866	66.8
湖　北	1.3	4.8	4.7	17.6	699	2593	69.1
湖　南	1.2	4.3	4.4	15.3	552	1922	64.4
广　东	2.3	6.1	8.0	21.4	1530	4079	76.9
广　西	0.6	4.3	0.8	5.7	274	1925	60.7
海　南	1.3	4.9	3.9	14.6	705	2672	61.5
重　庆	1.4	4.4	5.2	16.0	674	2089	60.0
四　川	1.4	4.5	5.3	16.9	618	1948	62.5
贵　州	0.9	4.3	4.0	19.3	442	2108	76.8
云　南	1.9	5.2	6.3	17.4	987	2717	66.9
西　藏	4.4	7.6	11.0	19.0	3588	6221	37.9
陕　西	0.6	3.5	3.1	17.9	367	2149	77.9
甘　肃	1.6	5.4	6.9	23.5	612	2081	73.3
青　海	0.9	4.1	2.6	12.7	432	2075	72.9
宁　夏	2.4	5.3	6.4	13.9	1639	3583	70.1
新　疆	−2.0	0.8	−5.4	2.2	−1836	736	63.5

1—27 各地区地方和中央主要效益指标

地区	产值利润率(%)	产值利税率(%)	资本利润率(%)	资本利税率(%)	人均利润(元/人)	人均利税(元/人)	资产负债率(%)
全国总计	**1.5**	**4.6**	**6.0**	**18.0**	**963**	**2904**	**71.0**
一、地方所属单位	**1.8**	**4.9**	**6.7**	**18.4**	**1033**	**2833**	**70.0**
北京	2.7	5.7	10.6	22.5	3400	7209	75.4
天津	0.9	3.6	3.6	13.8	1145	4350	79.1
河北	1.6	5.0	5.4	16.6	767	2361	63.2
山西	—0.5	3.4	—1.5	10.9	—188	1403	78.1
内蒙古	1.1	4.4	3.8	15.0	591	2327	66.4
辽宁	1.3	4.5	4.5	15.2	790	2689	67.5
吉林	0.8	3.8	3.5	16.1	639	2949	72.8
黑龙江	0.8	4.1	2.5	13.4	530	2856	71.9
上海	3.4	5.9	11.2	19.5	6268	10926	68.1
江苏	1.4	3.8	7.2	19.8	929	2547	74.3
浙江	2.3	5.3	12.2	28.4	1836	4277	66.7
安徽	1.0	4.3	3.4	13.9	395	1629	69.8
福建	1.2	5.8	2.9	13.5	723	3393	70.9
江西	0.7	4.2	2.3	13.3	242	1418	73.8
山东	2.3	5.2	11.1	25.2	986	2237	73.2
河南	1.2	4.7	3.9	15.7	409	1635	61.3
湖北	1.8	5.4	5.3	15.7	804	2362	60.6
湖南	1.5	4.6	4.8	15.2	585	1851	60.1
广东	2.3	6.1	8.0	20.9	1494	3873	77.0
广西	0.8	4.4	1.0	5.3	348	1845	59.4
海南	1.5	5.0	4.7	15.4	795	2623	61.3
重庆	1.5	4.5	5.6	16.7	711	2124	58.6
四川	1.7	4.7	6.0	17.2	656	1877	58.9
贵州	1.1	4.6	4.7	19.9	441	1851	76.0
云南	2.1	5.4	6.9	17.9	1030	2689	65.3
西藏	6.4	11.1	12.6	22.1	3928	6886	35.9
陕西	1.0	4.2	4.0	16.8	413	1747	75.7
甘肃	1.5	5.7	6.7	24.7	530	1950	71.4
青海	0.8	3.8	2.4	10.9	350	1614	67.7
宁夏	2.4	5.3	6.4	14.0	1619	3554	70.4
新疆	1.2	4.6	5.4	21.1	1240	4885	74.5

1—27 续表

地　　区	产值利润率(%)	产值利税率(%)	资本利润率(%)	资本利税率(%)	人均利润(元/人)	人均利税(元/人)	资产负债率(%)
二、中央所属单位	**0.4**	**3.4**	**1.8**	**15.7**	**404**	**3471**	**75.1**
北　　京	1.2	4.4	5.5	19.9	1607	5821	78.0
天　　津	1.5	4.8	6.0	18.8	1710	5312	69.1
河　　北	0.7	3.4	3.7	18.2	785	3910	78.4
山　　西	0.3	4.2	1.3	21.6	254	4208	65.9
内 蒙 古	0.6	3.6	2.2	12.4	335	1878	73.7
辽　　宁	0.4	3.5	1.3	12.8	267	2670	74.2
吉　　林	0.4	3.3	2.2	17.6	433	3449	79.5
黑 龙 江	1.8	3.6	6.3	12.9	1874	3848	77.7
上　　海	0.7	3.4	3.1	15.4	1005	4936	75.6
江　　苏	0.2	3.4	1.2	18.4	231	3436	79.0
浙　　江	2.7	5.6	20.1	41.6	3619	7503	72.7
安　　徽	0.4	3.5	2.4	19.0	394	3096	78.8
福　　建	−0.2	3.0	−1.4	17.3	−325	4046	78.5
江　　西	−0.1	2.7	−0.4	13.8	−60	2178	75.6
山　　东	1.9	4.8	10.5	26.1	2093	5215	78.9
河　　南	0.2	3.0	1.4	19.8	261	3664	79.0
湖　　北	0.3	3.6	2.1	26.5	276	3520	81.3
湖　　南	0.2	2.9	1.3	16.2	215	2640	79.6
广　　东	1.8	6.3	7.6	27.4	2207	7933	75.6
广　　西	−0.7	3.5	−3.1	15.3	−583	2850	75.0
海　　南	−0.7	4.0	−1.6	9.5	−550	3350	63.4
重　　庆	−0.1	2.1	−0.5	7.3	−96	1380	75.1
四　　川	0.3	3.2	1.3	14.6	236	2656	75.4
贵　　州	0.5	3.7	2.5	17.9	446	3158	78.3
云　　南	0.6	3.7	2.2	13.9	488	3050	76.0
西　　藏	0.5	0.7	2.7	3.5	1194	1536	41.6
陕　　西	0.2	2.8	1.4	19.9	239	3280	81.0
甘　　肃	1.8	4.5	7.6	19.2	1166	2961	78.1
青　　海	0.9	4.7	3.4	17.4	777	4013	81.8
宁　　夏	3.4	6.8	5.8	11.5	2286	4508	64.2
新　　疆	−6.8	−4.9	−11.0	−7.8	−5031	−3573	56.1

1—28　各地区建筑业企业亏损情况

地　　　区	企业个数（个）	#亏损企业个数	亏损金额（万元）	亏损面（%）
全国总计	**47518**	**9470**	**765188**	**19.9**
北　京	1697	445	33950	26.2
天　津	446	109	23849	24.4
河　北	1730	258	40681	14.9
山　西	792	176	22246	22.2
内蒙古	916	159	9450	17.4
辽　宁	2381	582	55209	24.4
吉　林	752	190	21232	25.3
黑龙江	1652	399	23217	24.2
上　海	1481	281	28637	19.0
江　苏	3930	675	32157	17.2
浙　江	3592	466	14088	13.0
安　徽	1565	333	26980	21.3
福　建	1692	477	15514	28.2
江　西	1005	212	9690	21.1
山　东	4190	739	33103	17.6
河　南	1885	462	35468	24.5
湖　北	1959	306	39106	15.6
湖　南	1754	287	19173	16.4
广　东	2773	621	48995	22.4
广　西	1078	247	23806	22.9
海　南	239	67	2414	28.0
重　庆	1737	285	14916	16.4
四　川	3290	610	37508	18.5
贵　州	620	126	7817	20.3
云　南	1402	260	18302	18.5
西　藏	141	5	62	3.5
陕　西	848	144	11160	17.0
甘　肃	504	93	13474	18.5
青　海	270	78	4360	28.9
宁　夏	508	153	8942	30.1
新　疆	689	225	89684	32.7

1—29 各地区地方和中央建筑业企业亏损情况

地　　区	企业个数(个)	#亏损企业个数	亏损金额(万元)	亏损面(%)
全国总计	**47518**	**9470**	**765188**	**19.9**
一、地方所属单位	**45802**	**9059**	**539856**	**19.8**
北　京	1490	391	25520	26.2
天　津	389	96	14787	24.7
河　北	1646	244	26986	14.8
山　西	749	165	17104	22.0
内蒙古	896	156	9340	17.4
辽　宁	2214	545	44977	24.6
吉　林	711	180	18352	25.3
黑龙江	1565	383	22886	24.5
上　海	1429	267	17888	18.7
江　苏	3886	665	25875	17.1
浙　江	3582	466	14088	13.0
安　徽	1516	317	24333	20.9
福　建	1617	454	10700	28.1
江　西	980	204	6875	20.8
山　东	4125	727	31928	17.6
河　南	1811	442	28068	24.4
湖　北	1894	288	31183	15.2
湖　南	1702	274	13408	16.1
广　东	2680	598	43393	22.3
广　西	1045	242	16875	23.2
海　南	222	58	2031	26.1
重　庆	1701	273	9998	16.0
四　川	3217	593	24528	18.4
贵　州	581	118	4835	20.3
云　南	1362	251	16295	18.4
西　藏	138	5	62	3.6
陕　西	808	140	6142	17.3
甘　肃	474	83	10006	17.5
青　海	252	77	4359	30.6
宁　夏	495	149	8347	30.1
新　疆	625	208	8686	33.3

1—29续表

地　　区	企业个数（个）	#亏损企业个数	亏损金额（万元）	亏损面（%）
二、中央所属单位	**1716**	**411**	**225332**	**24.0**
北　京	207	54	8430	26.1
天　津	57	13	9061	22.8
河　北	84	14	13694	16.7
山　西	43	11	5142	25.6
内蒙古	20	3	111	15.0
辽　宁	167	37	10232	22.2
吉　林	41	10	2880	24.4
黑龙江	87	16331	18.4	
上　海	52	14	10749	26.9
江　苏	44	10	6282	22.7
浙　江	10			
安　徽	49	16	2647	32.7
福　建	75	23	4814	30.7
江　西	25	8	2815	32.0
山　东	65	12	1175	18.5
河　南	74	20	7400	27.0
湖　北	65	18	7923	27.7
湖　南	52	13	5765	25.0
广　东	93	23	5602	24.7
广　西	33	5	6930	15.2
海　南	17	9	383	52.9
重　庆	36	12	4918	33.3
四　川	73	17	12980	23.3
贵　州	39	8	2982	20.5
云　南	40	9	2006	22.5
西　藏	3			
陕　西	40	4	5017	10.0
甘　肃	30	10	3468	33.3
青　海	18	1	1	5.6
宁　夏	13	4	596	30.8
新　疆	64	17	80998	26.6

1—30 各地区建筑材料消耗情况

地区	一、价值量				二、实物量		
	材料费用合计(万元)	钢材	木材	水泥	钢材(万吨)	木材(万立方米)	水泥(万吨)
全国总计	**57960826**	**16220274**	**3609926**	**9733449**	**6237.94**	**3681.03**	**33311.26**
北京	2513995	781907	106468	257068	284.47	98.91	839.80
天津	707133	229496	22963	112788	82.23	19.43	350.32
河北	2092200	591113	118667	333022	235.01	119.63	1312.46
山西	1112675	316676	54295	283598	109.50	55.16	1130.47
内蒙古	741340	156964	39057	102322	61.56	42.38	334.88
辽宁	2707881	753844	167912	384790	298.77	164.46	1263.17
吉林	1273246	271543	63079	170213	99.47	65.71	505.10
黑龙江	1692533	335394	78993	262480	118.45	93.92	679.79
上海	1990629	574142	99759	250669	219.15	72.01	796.01
江苏	6258089	1846837	479887	1189743	721.46	385.81	4379.53
浙江	7832188	2119809	471320	1479589	816.25	439.22	4992.49
安徽	1419600	387279	107788	250637	152.34	98.50	884.80
福建	1216186	413936	108091	235337	163.06	135.62	679.71
江西	452858	158320	43983	112322	62.02	65.71	373.13
山东	3185426	927550	245954	475986	363.88	228.70	2006.57
河南	1744558	521689	107256	285929	204.61	98.70	1126.39
湖北	2749893	609174	131595	341416	232.65	142.89	1196.25
湖南	1663194	456896	110588	277665	170.75	181.66	1032.28
广东	4880439	1281720	376073	743462	525.28	426.42	2322.40
广西	956495	300169	72259	172016	113.57	108.34	598.35
海南	91265	38360	11197	32564	17.28	16.23	108.20
重庆	1625289	455648	99117	310993	178.08	101.65	1148.43
四川	4065599	1237093	275321	770566	484.21	277.70	2362.36
贵州	372273	135797	21680	83634	52.36	22.51	276.45
云南	1492506	447408	61195	345454	168.39	78.75	1136.62
西藏	43146	10055	5277	17662	3.94	6.96	27.63
陕西	908317	259250	51898	165236	96.21	50.04	535.93
甘肃	532103	181416	29054	79844	73.35	30.48	271.81
青海	175832	38090	9155	33528	17.16	7.57	90.89
宁夏	260298	65602	10656	39352	22.27	9.56	139.28
新疆	1203639	317098	29391	133563	90.25	36.41	409.77

1—31 各地区地方和中央建筑材料消耗情况

地区	一、价值量				二、实物量		
	材料费用合计(万元)	钢材	木材	水泥	钢材(万吨)	木材(万立方米)	水泥(万吨)
全国总计	**57960826**	**16220274**	**3609926**	**9733449**	**6237.94**	**3681.03**	**33311.26**
一、地方所属单位	**48943943**	**13311499**	**3374996**	**8460626**	**5244.37**	**3447.78**	**29243.22**
北京	1906522	568815	82260	181847	204.67	76.82	595.91
天津	449107	145747	17937	66182	54.25	15.21	225.54
河北	1651792	423315	111946	268417	179.99	112.19	1090.70
山西	401341	127158	19057	68077	48.09	19.75	278.33
内蒙古	682152	142703	38184	96967	56.43	41.56	317.33
辽宁	2139544	615444	158182	325776	241.34	155.50	1069.79
吉林	956946	164479	56654	118799	62.20	58.92	343.71
黑龙江	1442410	284332	74145	241192	104.74	88.29	622.50
上海	1671278	464546	94087	222939	182.08	67.30	710.54
江苏	6001283	1761851	476319	1167430	693.63	383.09	4303.44
浙江	7700941	2061298	468760	1456284	794.26	436.77	4923.47
安徽	1171018	307735	103028	214512	125.27	94.26	799.95
福建	1000720	336420	100728	192102	134.46	128.23	555.64
江西	371252	123965	40884	97943	50.07	60.70	324.77
山东	2715198	761806	236210	426867	309.13	220.18	1830.43
河南	1275309	383011	96290	238363	157.28	87.83	951.15
湖北	2031208	346459	112358	252092	137.80	126.66	912.92
湖南	1417970	374566	104461	257006	147.27	173.73	962.69
广东	4477901	1158272	357333	687664	480.49	406.06	2185.21
广西	819146	248318	70435	163252	98.88	105.09	568.16
海南	82704	34365	10268	29706	15.93	14.87	98.26
重庆	1527883	423326	95880	290646	167.63	98.69	1091.33
四川	3394887	1004464	255375	666240	394.27	258.74	2091.66
贵州	252196	92982	19641	69031	37.42	20.67	230.17
云南	1360628	399526	59063	323475	152.95	77.03	1072.20
西藏	34966	8777	4792	11900	3.58	5.92	19.32
陕西	429911	132618	40598	96316	51.00	39.22	314.49
甘肃	422259	146135	28052	73038	63.94	29.82	250.74
青海	117608	25169	8594	21592	12.25	7.15	64.28
宁夏	256079	64457	10643	38954	21.96	9.55	137.90
新疆	781783	179438	22833	96015	61.10	27.98	300.71

1—31 续表

地　　区	一、价值量				二、实物量		
	材料费用合计(万元)	钢　材	木　材	水　泥	钢材(万吨)	木材(万立方米)	水泥(万吨)
二、中央所属单位	**9016883**	**2908774**	**234930**	**1272823**	**993.57**	**233.25**	**4068.04**
北　京	607472	213092	24208	75220	79.80	22.09	243.90
天　津	258026	83748	5027	46606	27.98	4.22	124.78
河　北	440408	167798	6721	64606	55.02	7.44	221.77
山　西	711334	189518	35238	215521	61.41	35.41	852.13
内蒙古	59188	14262	874	5355	5.13	0.82	17.54
辽　宁	568337	138400	9730	59013	57.43	8.96	193.38
吉　林	316300	107064	6425	51414	37.27	6.79	161.39
黑龙江	250123	51062	4848	21288	13.71	5.63	57.29
上　海	319351	109596	5672	27730	37.07	4.71	85.47
江　苏	256806	84986	3569	22313	27.83	2.72	76.09
浙　江	131247	58512	2560	23306	21.99	2.44	69.02
安　徽	248582	79544	4760	36124	27.07	4.24	84.86
福　建	215466	77516	7363	43235	28.60	7.39	124.08
江　西	81606	34355	3099	14379	11.95	5.01	48.36
山　东	470228	165743	9744	49119	54.74	8.51	176.14
河　南	469248	138678	10966	47566	47.33	10.87	175.24
湖　北	718685	262715	19237	89324	94.85	16.24	283.33
湖　南	245224	82330	6127	20658	23.47	7.93	69.59
广　东	402538	123448	18740	55798	44.78	20.36	137.18
广　西	137349	51850	1824	8764	14.68	3.25	30.19
海　南	8561	3995	930	2858	1.35	1.35	9.94
重　庆	97406	32322	3236	20347	10.45	2.97	57.10
四　川	670713	232630	19946	104326	89.93	18.96	270.71
贵　州	120077	42814	2039	14603	14.94	1.85	46.29
云　南	131878	47882	2132	21979	15.43	1.72	64.42
西　藏	8180	1277	485	5762	0.35	1.04	8.31
陕　西	478406	126632	11299	68919	45.21	10.82	221.44
甘　肃	109844	35281	1002	6806	9.41	0.66	21.07
青　海	58224	12921	561	11936	4.91	0.42	26.61
宁　夏	4219	1145	13	398	0.31	0.01	1.38
新　疆	421856	137660	6558	37548	29.15	8.43	109.06

二

国有建筑业企业

2—1　国有企业主要经济指标完成情况

指标名称	单　　位	2000年	1999年	2000年比1999年增减(%)
建筑业总产值	亿元	5053.8	4861.4	4.0
建筑业增加值	亿元	1390.8	1357.1	2.5
＃本年提取的固定资产折旧	亿元	112.9	117.0	—3.5
应付工资	亿元	558.3	544.6	2.5
应付福利费	亿元	68.5	63.7	7.5
工程结算税金及附加	亿元	144.3	134.7	7.1
工程结算利润	亿元	415.1	405.9	2.3
房屋建筑施工面积	万平方米	46237.5	47055.7	—1.7
房屋建筑竣工面积	万平方米	20145.0	19868.6	1.4
年末自有机械设备净值	亿元	548.5	554.8	—1.1
年末自有机械设备总功率	万千瓦	4150.7	4405.0	—5.8
实收资本	亿元	1259.3	1072.1	17.5
资产合计	亿元	7034.1	6786.0	3.7
＃流动资产	亿元	5002.0	4956.2	0.9
固定资产	亿元	1486.5	1386.0	7.3
负债合计	亿元	5305.4	5243.7	1.2
＃流动负债	亿元	4995.1	4944.0	1.0
长期负债	亿元	310.2	299.8	3.5
资产负债率	%	75.4	77.3	—2.5
税金总额	亿元	154.7	143.7	7.7
利润总额	亿亿元	21.6	24.1	—10.4
按建筑业总产值计算的劳动	元/人	73302	66052	11.0
按建筑业增加值计算的劳动	元/人	20173	18440	9.4
房屋建筑面积竣工率	%	43.6	42.2	3.3
工程质量优良品率	%	28.3	42.7	—33.7
技术装备率	元/人	8631	8035	7.4
动力装备率	瓦/人	6.5	6.4	1.6
产值利税率	%	3.5	3.5	0.0
产值利润率	%	0.4	0.5	—20.0
建筑业企业个数	个	9030	9394	—3.9
计算劳动生产率的平均人数	万人	689.45	690.55	—0.2

2—2 各地区国有企业建筑业总产值和竣工产值

单位:万元

地区	建筑业总产值	建筑工程产值	安装工程产值	房屋构筑物修理产值	非标准设备制造产值	竣工产值
全国总计	48264785	41043247	6353620	506007	361911	34390846
北京	3259032	2870679	309820	72964	5569	2360398
天津	1167329	964630	171499	7918	23282	793571
河北	2552632	2112831	403713	15689	20398	1874238
山西	1946468	1736190	202310	4966	3002	1232901
内蒙古	480420	408485	63875	5767	2294	351314
辽宁	2521429	1996940	418339	71734	34416	1797793
吉林	1680024	1409660	258405	9768	2191	1064582
黑龙江	1780864	1356174	371135	26273	27281	1440357
上海	1815726	1480749	282220	44263	8494	1062466
江苏	3765918	3241556	457038	25278	42046	2615631
浙江	1471246	1174198	281787	6616	8646	1017640
安徽	1274092	1140348	113943	16513	3288	1070256
福建	1215323	1082900	123452	2963	6008	835673
江西	611052	506705	93815	6594	3938	412630
山东	2492326	2041036	419408	20890	10992	1965172
河南	2100289	1707684	368641	8812	15153	1281433
湖北	2514010	2226814	225750	39192	22254	1633486
湖南	1582485	1368216	177060	9788	27421	1130548
广东	3554750	3084226	425535	32413	12577	2843560
广西	854749	754013	84000	5670	11066	800777
海南	227724	207438	19518	759	9	130215
重庆	654197	570583	71752	7450	4412	367087
四川	2362604	2006130	322491	13218	20765	1838531
贵州	759016	697308	59139	982	1586	449929
云南	1329272	1206281	113847	4585	4559	907227
西藏	104699	97918	5794	852	135	73484
陕西	1601484	1444888	135944	5634	15017	992914
甘肃	529771	376270	148017	2179	3305	436140
青海	329320	271507	49648	903	7262	168689
宁夏	289879	244941	39074	5666	197	206274
新疆	1436653	1255948	136649	29709	14347	1235931

2—3 各地区国有企业地方和中央建筑业总产值和竣工产值

单位:万元

地区	建筑业总产值	建筑工程产值	安装工程产值	房屋构筑物修理产值	非标准设备制造产值	竣工产值
全国总计	**48264785**	**41043247**	**6353620**	**506007**	**361911**	**34390846**
一、地方所属单位	**27823957**	**24711332**	**2645127**	**314866**	**152632**	**20675965**
北京	1415724	1311760	40613	61802	1550	1155626
天津	324144	296193	21056	2373	4522	240536
河北	1274968	1142460	108470	15090	8948	820064
山西	489030	415067	71105	2474	384	385502
内蒙古	363908	297907	59119	4860	2022	251590
辽宁	1444673	1214210	188881	25449	16133	1120963
吉林	1110255	970867	134928	2560	1899	779997
黑龙江	1267054	1108849	131135	15965	11105	1002142
上海	964942	865283	72472	25165	2022	531487
江苏	3106379	2814630	234952	20970	35827	2272266
浙江	1163083	985199	164206	6616	7062	867594
安徽	724003	651589	59658	10954	1801	597424
福建	743820	677622	63203	747	2248	530279
江西	381289	352396	20708	6522	1664	269191
山东	1288683	1090441	175432	16236	6575	875065
河南	984194	891588	83124	7691	1792	660633
湖北	1000149	855490	115985	20577	8096	743186
湖南	939736	870430	56053	7859	5393	756825
广东	2843402	2455545	356617	26354	4886	2330233
广西	658224	610748	39182	5619	2675	578328
海南	197836	178273	18796	7599	119610	
重庆	472887	408069	53260	7170	4388	297510
四川	1380952	1216823	148168	7016	8945	1072406
贵州	400962	388590	11032	700	640	200349
云南	961416	913406	44796	1517	1696	709641
西藏	47844	41201	5656	852	135	37274
陕西	615389	547842	61643	1930	3973	466277
甘肃	280501	259697	18907	1110	787	230680
青海	188608	171314	14166	745	2383	133708
宁夏	282547	240521	36263	5566	197	198942
新疆	507355	467323	35541	1614	2877	440637

2—3续表

地区	建筑业总产值	建筑工程产值	安装工程产值	房屋构筑物修理产值	非标准设备制造产值	竣工产值
二、中央所属单位	**20440828**	**16331915**	**3708493**	**191141**	**209279**	**13714880**
北京	1843309	1558920	269207	11162	4020	1204772
天津	843186	668437	150443	5545	18760	553034
河北	1277664	970371	295243	599	11451	1054174
山西	1457438	1321123	131205	2492	2618	847399
内蒙古	116512	110577	4756	907	272	99724
辽宁	1076756	782731	229458	46284	18283	676830
吉林	569769	438792	123477	7207	292	284585
黑龙江	513810	247326	240000	10308	16176	438216
上海	850784	615466	209748	19098	6472	530979
江苏	659540	426926	222086	4308	6219	343365
浙江	308163	188998	117581	——	1584	150045
安徽	550089	488758	54285	5559	1487	472833
福建	471503	405278	60248	2216	3760	305394
江西	229763	154309	73108	72	2274	143438
山东	1203643	950596	243976	4654	4417	1090107
河南	1116095	816096	285518	1120	13361	620800
湖北	1513861	1371324	109764	18614	14158	890300
湖南	642749	497785	121007	1929	22028	373723
广东	711348	628680	68918	6058	7691	513327
广西	196525	143265	44818	51	8391	222449
海南	29888	29165	722	——	——	10604
重庆	181310	162514	18493	279	24	69576
四川	981653	789308	174323	6202	11820	766125
贵州	358053	308719	48107	281	946	249580
云南	367856	292876	69050	3068	2863	197586
西藏	56855	56717	138	——	——	36210
陕西	986095	897046	74301	3704	11044	526636
甘肃	249270	116573	129110	1069	2518	205460
青海	140712	100193	35482	158	4879	34981
宁夏	7332	4420	2811	100	——	7332
新疆	929298	788625	101108	28095	11470	795294

2—4 各地区国有企业单位工程个数及工程质量

地区	单位工程施工个数（个）	#本年新开工个数	#投标承包个数	#本年新开工	单位工程竣工个数（个）	#优良品	工程质量优良品率（%）	投标承包个数占单位工程施工个数的比重（%）
全国总计	**305747**	**140504**	**124200**	**73782**	**215846**	**60299**	**27.9**	**40.6**
北京	7893	4634	4548	2603	4107	1697	41.3	57.6
天津	4212	2724	2277	1398	2501	1088	43.5	54.1
河北	13756	8645	8781	5508	7881	3734	47.4	63.8
山西	11625	6357	7625	3408	6148	3983	64.8	65.6
内蒙古	2881	1755	1027	758	1826	1177	64.5	35.6
辽宁	12214	8509	6107	3837	8109	3038	37.5	50.0
吉林	8158	5387	5168	3297	5153	2130	41.3	63.3
黑龙江	5762	4677	2430	1849	4563	1920	42.1	42.2
上海	7402	4927	2805	1822	3930	2423	61.7	37.9
江苏	91578	10912	8715	5478	86371	4083	4.7	9.5
浙江	6591	4293	3321	1932	4179	1347	32.2	50.4
安徽	10789	6236	6043	3709	6216	2744	44.1	56.0
福建	6278	3276	2830	1770	3793	1063	28.0	45.1
江西	4164	2478	2447	1526	2578	982	38.1	58.8
山东	12306	8118	6876	4237	8179	4255	52.0	55.9
河南	11924	7554	7392	4576	6943	3717	53.5	62.0
湖北	13596	7264	6876	3993	7643	3406	44.6	50.6
湖南	7198	4063	4003	2362	4275	2068	48.4	55.6
广东	12766	6198	5167	2661	7762	2985	38.5	40.5
广西	7346	3378	3632	1436	4486	1415	31.5	49.4
海南	1255	912	451	259	877	119	13.6	35.9
重庆	3028	1879	1341	878	1957	433	22.1	44.3
四川	13527	8081	7404	4334	8182	3442	42.1	54.7
贵州	3354	1772	1717	931	1685	528	31.3	51.2
云南	6293	3422	3184	1689	3837	1767	46.1	50.6
西藏	294	251	142	120	252	120	47.6	48.3
陕西	6573	3614	4808	2701	3306	1686	51.0	73.1
甘肃	2324	1393	1343	736	1350	585	43.3	57.8
青海	1586	1117	1085	735	1085	530	48.8	68.4
宁夏	2749	2223	901	574	2259	322	14.3	32.8
新疆	6325	4455	3754	2665	4413	1512	34.3	59.4

2—5 各地区国有企业地方和中央单位工程个数及工程质量

地　区	单位工程施工个数（个）	#本年新开工个数	#投标承包个数	#本年新开工	单位工程竣工个数（个）	#优良品	工程质量优良品率（%）	投标承包个数占单位工程施工个数的比重（%）
全国总计	**305747**	**140504**	**124200**	**73782**	**215846**	**60299**	**27.9**	**40.6**
一、地方所属单位	**144159**	**91083**	**71158**	**44230**	**93477**	**30893**	**33.0**	**49.4**
北　京	2811	1608	1464	820	1579	389	24.6	52.1
天　津	1663	1096	675	439	1188	218	18.4	40.6
河　北	7847	5176	4800	3015	4869	2111	43.4	61.2
山　西	3692	2283	1827	1082	2184	952	43.6	49.5
内蒙古	1818	1316	816	589	1162	639	55.0	44.9
辽　宁	6879	5288	2816	2132	4931	1257	25.5	40.9
吉　林	4637	3462	2263	1746	3774	1087	28.8	48.8
黑龙江	4416	3617	1813	1323	3500	1261	36.0	41.1
上　海	3998	2759	1711	1146	1638	423	25.8	42.8
江　苏	13913	9205	7082	4628	9907	3523	35.6	50.9
浙　江	5922	3971	3027	1787	3896	1124	28.9	51.1
安　徽	6577	3550	2922	1722	4262	1390	32.6	44.4
福　建	4275	2246	1912	1321	2626	431	16.4	44.7
江　西	3260	1871	1811	1113	1922	537	27.9	55.6
山　东	7970	5604	4240	2803	5346	1933	36.2	53.2
河　南	7188	4525	3991	2420	4220	1446	34.3	55.5
湖　北	7442	4601	3047	1977	4915	1763	35.9	40.9
湖　南	4047	2355	2229	1261	2394	1012	42.3	55.1
广　东	10528	4856	4223	2275	6412	2252	35.1	40.1
广　西	5688	2769	3078	1150	3593	819	22.8	54.1
海　南	1203	890	408	238	860	108	12.6	33.9
重　庆	2477	1505	1149	766	1608	395	24.6	46.4
四　川	7039	4527	3697	2372	4581	1800	39.3	52.5
贵　州	2155	1183	1115	632	1175	235	20.0	51.7
云　南	4757	2452	2472	1209	2855	1334	46.7	52.0
西　藏	261	233	130	114	230	109	47.4	49.8
陕　西	3008	1734	1964	1190	1629	616	37.8	65.3
甘　肃	1595	1007	1021	561	971	388	40.0	64.0
青　海	1307	969	839	606	902	368	40.8	64.2
宁　夏	2576	2073	886	574	2097	312	14.9	34.4
新　疆	3210	2352	1730	1219	2251	661	29.4	53.9

2—5 续表

地　　区	单位工程施工个数（个）	#本年新开工个数	#投标承包个数	#本年新开工	单位工程竣工个数（个）	#优良品	工程质量优良品率（%）	投标承包个数占单位工程施工个数的比重（%）
二、中央所属单位	**161588**	**49421**	**53042**	**29552**	**122369**	**29406**	**24.0**	**32.8**
北　　京	5082	3026	3084	1783	2528	1308	51.7	60.7
天　　津	2549	1628	1602	959	1313	870	66.3	62.8
河　　北	5909	3469	3981	2493	3012	1623	53.9	67.4
山　　西	7933	4074	5798	2326	3964	3031	76.5	73.1
内 蒙 古	1063	439	211	169	664	538	81.0	19.8
辽　　宁	5335	3221	3291	1705	3178	1781	56.0	61.7
吉　　林	3521	1925	2905	1551	1379	1043	75.6	82.5
黑 龙 江	1346	1060	617	526	1063	659	62.0	45.8
上　　海	3404	2168	1094	676	2292	2000	87.3	32.1
江　　苏	77665	1707	1633	850	76464	560	0.7	2.1
浙　　江	669	322	294	145	283	223	78.8	43.9
安　　徽	4212	2686	3121	1987	1954	1354	69.3	74.1
福　　建	2003	1030	918	449	1167	632	54.2	45.8
江　　西	904	607	636	413	656	445	67.8	70.4
山　　东	4336	2514	2636	1434	2833	2322	82.0	60.8
河　　南	4736	3029	3401	2156	2723	2271	83.4	71.8
湖　　北	6154	2663	3829	2016	2728	1643	60.2	62.2
湖　　南	3151	1708	1774	1101	1881	1056	56.1	56.3
广　　东	2238	1342	944	386	1350	733	54.3	42.2
广　　西	1658	609	554	286	893	596	66.7	33.4
海　　南	52	22	43	21	17	11	64.7	82.7
重　　庆	551	374	192	112	349	38	10.9	34.8
四　　川	6488	3554	3707	1962	3601	1642	45.6	57.1
贵　　州	1199	589	602	299	510	293	57.5	50.2
云　　南	1536	970	712	480	982	433	44.1	46.4
西　　藏	33	18	12	6	22	11	50.0	36.4
陕　　西	3565	1880	2844	1511	1677	1070	63.8	79.8
甘　　肃	729	386	322	175	379	197	52.0	44.2
青　　海	279	148	246	129	183	162	88.5	88.2
宁　　夏	173	150	15	——	162	10	6.2	8.7
新　　疆	3115	2103	2024	1446	2162	851	39.4	65.0

2—6 各地区国有企业房屋建筑面积和工程质量

地区	房屋建筑施工面积（万平方米）	＃本年新开工面积	＃投标承包面积	＃本年新开工	房屋建筑竣工面积（万平方米）	＃优良品	房屋建筑面积优良品率（%）	投标承包面积占房屋建筑施工面积的比重（%）
全国总计	**43689.0**	**20116.8**	**32551.1**	**15940.9**	**19189.3**	**9911.4**	**51.7**	**74.5**
北京	3102.3	1188.8	2676.5	1069.1	1221.4	758.5	62.1	86.3
天津	631.0	294.3	540.9	291.7	280.8	111.9	39.8	85.7
河北	2076.6	1098.6	1767.9	949.4	1089.2	599.0	55.0	85.1
山西	1094.4	458.1	789.7	349.9	451.4	218.7	48.5	72.2
内蒙古	369.8	204.8	202.5	116.0	167.4	80.2	47.9	54.8
辽宁	1547.6	883.4	1207.9	709.0	771.0	361.1	46.8	78.0
吉林	1282.4	738.1	902.3	607.4	768.6	321.7	41.9	70.4
黑龙江	1079.8	718.8	811.9	522.5	637.5	272.8	42.8	75.2
上海	839.6	390.0	646.1	268.8	244.7	104.0	42.5	76.9
江苏	4096.7	2153.4	3085.5	1629.4	1961.9	1197.0	61.0	75.3
浙江	883.7	429.6	770.6	399.7	375.9	184.2	49.0	87.2
安徽	1071.0	467.6	711.8	363.5	516.3	257.9	49.9	66.5
福建	1449.0	548.2	971.0	388.1	485.3	168.4	34.7	67.0
江西	1000.1	480.1	717.7	371.6	463.6	214.9	46.4	71.8
山东	2301.9	1172.4	1948.2	1001.1	999.7	609.6	61.0	84.6
河南	2151.6	1049.4	1740.2	933.3	904.7	492.4	54.4	80.9
湖北	2801.6	1168.8	2117.5	878.7	1052.5	424.6	40.3	75.6
湖南	1287.5	560.3	886.2	374.7	580.3	356.3	61.4	68.8
广东	4673.5	1665.8	2671.7	1050.4	1691.0	928.4	54.9	57.2
广西	999.5	400.4	671.1	325.8	443.6	212.8	48.0	67.1
海南	237.5	106.9	187.6	91.0	97.7	45.4	46.5	79.0
重庆	680.2	323.1	470.0	226.7	273.7	86.4	31.6	69.1
四川	2796.2	1303.8	2126.3	1133.2	1241.7	617.7	49.7	76.0
贵州	971.4	373.5	735.0	306.8	399.0	156.7	39.3	75.7
云南	1192.6	371.2	852.3	303.7	613.9	391.9	63.8	71.5
西藏	35.1	26.6	21.0	14.3	31.7	11.8	37.2	59.7
陕西	1012.6	425.9	808.4	391.6	393.9	248.7	63.1	79.8
甘肃	569.4	215.7	425.4	164.5	219.6	103.4	47.1	74.7
青海	156.3	80.0	137.7	72.0	82.0	44.3	54.1	88.1
宁夏	234.4	122.4	180.8	102.2	125.0	61.2	49.0	77.2
新疆	1063.7	696.6	769.5	534.9	604.2	269.5	44.6	72.3

2—7 各地区国有企业地方和中央房屋建筑面积和工程质量

地　区	房屋建筑施工面积（万平方米）	＃本年新开工面积	＃投标承包面积	＃本年新开工	房屋建筑竣工面积（万平方米）	＃优良品	房屋建筑面积优良品率（％）	投标承包面积占房屋建筑施工面积的比重（％）
全国总计	**43689.0**	**20116.8**	**32551.1**	**15940.9**	**19189.3**	**9911.4**	**51.7**	**74.5**
一、地方所属单位	**34285.2**	**16460.1**	**25332.8**	**12928.4**	**16079.4**	**7997.3**	**49.7**	**73.9**
北　京	1664.4	657.2	1523.2	605.9	689.2	402.1	58.3	91.5
天　津	337.0	174.8	296.8	171.7	177.1	48.2	27.2	88.1
河　北	1709.0	949.7	1514.4	827.9	947.8	495.1	52.2	88.6
山　西	783.9	343.0	610.7	287.1	360.8	174.3	48.3	77.9
内蒙古	275.2	158.2	152.3	81.8	147.5	68.8	46.6	55.3
辽　宁	1280.9	757.9	997.3	613.8	688.6	314.6	45.7	77.9
吉　林	1142.8	669.5	826.1	566.9	709.3	305.2	43.0	72.3
黑龙江	955.2	637.8	720.4	461.1	557.5	224.3	40.2	75.4
上　海	628.2	298.9	464.8	193.7	179.4	72.5	40.4	74.0
江　苏	3875.7	2057.3	2870.3	1534.7	1901.1	1175.1	61.8	74.1
浙　江	864.6	427.6	761.6	398.1	370.9	182.8	49.3	88.1
安　徽	900.4	391.3	592.4	302.3	443.8	215.0	48.4	65.8
福　建	969.2	419.4	687.1	295.5	380.5	127.7	33.6	70.9
江　西	892.9	422.7	615.8	323.2	419.2	184.3	44.0	69.0
山　东	1631.4	942.5	1330.8	797.7	786.6	435.6	55.4	81.6
河　南	1734.8	883.7	1369.7	773.3	814.1	419.8	51.6	79.0
湖　北	1503.6	782.1	958.6	528.8	811.1	231.4	28.5	63.8
湖　南	1043.1	447.7	723.2	307.1	485.1	287.9	59.3	69.3
广　东	3909.3	1408.8	2213.0	876.3	1426.4	741.1	52.0	56.6
广　西	954.1	384.1	654.2	316.3	423.0	200.3	47.4	68.6
海　南	219.3	99.0	171.4	83.1	90.9	40.1	44.1	78.1
重　庆	632.2	302.7	426.1	209.1	256.3	80.8	31.5	67.4
四　川	2443.2	1158.5	1885.6	1011.7	1125.8	567.2	50.4	77.2
贵　州	620.6	256.6	441.6	211.0	264.7	87.3	33.0	71.2
云　南	1082.2	314.2	756.9	250.2	557.6	361.5	64.8	69.9
西　藏	31.9	25.1	20.5	13.8	29.2	11.5	39.4	64.3
陕　西	745.4	323.0	624.1	296.0	297.3	191.2	64.3	83.7
甘　肃	437.6	162.5	353.5	122.7	191.9	93.4	48.7	80.8
青　海	142.0	75.2	125.6	67.5	74.5	39.9	53.5	88.4
宁　夏	234.1	122.3	180.7	102.2	124.8	61.2	49.0	77.2
新　疆	641.4	406.4	464.5	297.9	347.5	156.9	45.2	72.4

2—7 续表

地　区	房屋建筑施工面积（万平方米）	＃本年新开工面积	＃投标承包面积		房屋建筑竣工面积（万平方米）	＃优良品	房屋建筑面积优良品率(%)	投标承包面积占房屋建筑施工面积的比重(%)
				＃本年新开工				
二、中央所属单位	**9403.7**	**3656.7**	**7218.3**	**3012.5**	**3109.8**	**1914.1**	**61.6**	**76.8**
北　京	1438.0	531.7	1153.3	463.2	532.2	356.4	67.0	80.2
天　津	294.1	119.5	244.0	120.0	103.7	63.7	61.4	83.0
河　北	367.6	148.9	253.5	121.5	141.4	103.8	73.4	69.0
山　西	310.5	115.1	179.0	62.9	90.6	44.4	49.1	57.7
内蒙古	94.6	46.6	50.3	34.1	19.9	11.4	57.3	53.1
辽　宁	266.8	125.5	210.6	95.1	82.3	46.5	56.5	78.9
吉　林	139.6	68.5	76.2	40.5	59.2	16.5	27.8	54.6
黑龙江	124.6	81.0	91.5	61.3	80.1	48.5	60.6	73.4
上　海	211.4	91.1	181.3	75.1	65.4	31.5	48.1	85.7
江　苏	221.1	96.1	215.3	94.7	60.8	22.0	36.1	97.4
浙　江	19.1	1.9	9.1	1.6	5.0	1.4	27.1	47.4
安　徽	170.6	76.3	119.4	61.2	72.5	42.9	59.2	70.0
福　建	479.8	128.8	283.9	92.7	104.8	40.7	38.8	59.2
江　西	107.2	57.4	101.9	48.4	44.3	30.6	69.0	95.0
山　东	670.5	229.9	617.4	203.4	213.1	174.0	81.6	92.1
河　南	416.8	165.7	370.5	160.0	90.6	72.6	80.0	88.9
湖　北	1298.0	386.7	1158.9	349.9	241.4	193.1	80.0	89.3
湖　南	244.5	112.6	163.0	67.6	95.2	68.4	71.9	66.7
广　东	764.2	257.0	458.8	174.1	264.6	187.3	70.8	60.0
广　西	45.4	16.3	16.9	9.5	20.6	12.5	60.8	37.1
海　南	18.2	7.9	16.2	7.9	6.8	5.3	78.3	88.9
重　庆	48.0	20.3	43.9	17.7	17.4	5.5	31.8	91.6
四　川	353.0	145.4	240.8	121.5	116.0	50.5	43.6	68.2
贵　州	350.9	116.9	293.4	95.9	134.4	69.4	51.6	83.6
云　南	110.4	57.0	95.4	53.5	56.3	30.4	54.0	86.5
西　藏	3.3	1.5	0.5	0.5	2.6	0.3	12.8	15.0
陕　西	267.2	102.8	184.4	95.6	96.6	57.5	59.5	69.0
甘　肃	131.9	53.1	71.9	41.8	27.7	10.0	36.0	54.5
青　海	14.3	4.7	12.1	4.5	7.5	4.5	59.8	84.9
宁　夏	0.2	0.1	0.1	——	0.2	——	——	44.5
新　疆	422.3	290.1	305.0	237.0	256.7	112.6	43.9	72.2

2—8　各地区国有企业按主要用途分的房屋建筑竣工面积

单位:万平方米

地区	合计	厂房	住宅	办公用房	商业、居民服务业用房	文化教育用房	医疗用房	科研用房	其他用房
全国总计	**19189.3**	**1693.8**	**11593.9**	**1755.4**	**1716.4**	**1028.3**	**223.8**	**87.3**	**1090.3**
北京	1221.4	55.4	763.5	137.6	97.9	58.0	5.4	6.4	97.2
天津	280.8	27.0	192.6	14.2	23.7	7.1	0.3	0.5	15.4
河北	1089.2	82.7	705.0	88.9	68.6	59.0	6.5	3.1	75.4
山西	451.4	41.3	298.6	45.4	21.4	23.6	5.8	0.2	15.1
内蒙古	167.4	9.2	117.6	12.6	13.9	5.7	0.6	——	7.9
辽宁	771.0	74.0	517.6	51.6	71.6	25.2	4.1	3.2	23.8
吉林	768.6	56.2	579.1	22.7	42.9	24.6	4.5	0.9	37.8
黑龙江	637.5	51.4	405.3	30.6	44.8	54.4	6.1	12.7	32.3
上海	244.7	55.9	122.4	20.3	13.9	14.2	5.7	0.5	11.8
江苏	1961.9	217.9	1071.5	187.4	222.6	105.3	40.4	11.8	104.9
浙江	375.9	52.5	190.6	41.2	33.9	36.4	2.7	0.6	18.0
安徽	516.3	81.6	249.7	62.7	44.8	42.5	9.9	0.6	24.6
福建	485.3	58.4	250.3	54.2	76.5	22.6	3.0	0.7	19.7
江西	463.6	33.4	268.0	36.3	68.8	23.1	11.8	0.4	21.8
山东	999.7	110.6	537.6	107.2	99.6	68.8	18.3	3.3	54.2
河南	904.7	78.8	560.3	78.8	59.2	57.9	12.3	5.3	52.1
湖北	1052.5	63.3	647.5	114.8	73.0	49.4	7.8	5.6	91.1
湖南	580.3	37.4	344.0	58.4	52.5	28.1	10.5	3.6	45.8
广东	1691.0	186.5	1023.6	147.5	146.3	87.5	12.1	10.6	76.8
广西	443.6	33.1	274.7	48.9	32.7	26.7	4.5	1.6	21.4
海南	97.7	2.2	66.5	2.7	8.2	2.2	3.3	0.2	12.3
重庆	273.7	19.0	178.2	17.6	30.8	16.8	2.9	——	8.3
四川	1241.7	105.5	703.7	123.2	146.6	64.6	13.2	8.3	76.6
贵州	399.0	35.5	246.6	34.4	39.0	14.1	2.7	——	26.7
云南	613.9	28.3	360.4	78.6	64.7	27.0	10.1	0.8	44.0
西藏	31.7	1.7	10.7	4.5	8.1	2.4	1.1	——	3.3
陕西	393.9	28.1	236.1	38.7	36.4	30.6	5.6	2.8	15.6
甘肃	219.6	14.4	134.8	13.6	25.2	10.6	1.0	1.2	18.9
青海	82.0	2.1	51.8	9.6	11.7	2.0	0.5	1.2	3.1
宁夏	125.0	12.9	79.0	11.9	10.0	3.1	3.0	0.2	5.0
新疆	604.2	37.6	406.6	59.2	27.0	34.8	8.5	1.1	29.4

2—9 各地区国有企业地方和中央按主要用途分的房屋建筑竣工面积

单位：万平方米

地区	合计	厂房	住宅	办公用房	商业、居民服务业用房	文化教育用房	医疗用房	科研用房	其他用房
全国总计	**19189.3**	**1693.8**	**11593.9**	**1755.4**	**1716.4**	**1028.3**	**223.8**	**87.3**	**1090.3**
一、地方所属单位	16079.4	1211.7	9986.8	1439.5	1423.8	883.4	194.5	73.1	866.6
北京	689.2	19.1	449.8	76.5	43.6	24.3	0.9	1.6	73.4
天津	177.1	2.2	149.9	7.8	5.8	4.5	0.3	0.1	6.5
河北	947.8	58.7	631.7	78.9	54.4	55.7	5.5	3.1	59.9
山西	360.8	21.8	254.8	31.9	17.8	21.5	5.6	0.2	7.2
内蒙古	147.5	4.2	107.4	10.0	13.4	4.7	0.6	——	7.3
辽宁	688.6	50.3	475.0	45.2	65.0	24.7	3.2	3.2	22.1
吉林	709.3	41.3	549.4	21.1	32.2	24.0	4.5	0.9	36.0
黑龙江	557.5	34.5	362.5	22.3	43.7	51.1	4.6	12.7	26.1
上海	179.4	19.4	109.2	13.9	13.9	12.4	5.5	0.4	4.6
江苏	1901.1	199.4	1056.1	184.6	216.6	104.0	36.5	11.8	92.0
浙江	370.9	52.0	188.3	39.1	33.9	36.4	2.7	0.6	17.9
安徽	443.8	62.0	226.7	61.3	40.9	29.9	6.6	0.1	16.4
福建	380.5	37.7	205.2	38.0	64.2	18.9	1.5	0.7	14.5
江西	419.2	28.5	244.5	32.9	59.4	23.1	11.8	0.4	18.7
山东	786.6	75.3	475.8	68.1	71.5	49.9	16.1	3.3	26.6
河南	814.1	65.8	511.1	75.6	53.3	51.1	10.6	5.1	41.5
湖北	811.1	28.5	519.6	86.5	52.4	34.5	5.4	2.7	81.5
湖南	485.1	21.9	293.9	47.2	49.1	23.9	10.5	3.4	35.4
广东	1426.4	172.0	872.5	107.2	104.4	84.0	11.6	10.6	64.2
广西	423.0	26.6	266.3	45.6	32.7	26.5	4.1	1.6	19.6
海南	90.9	0.8	62.8	2.7	8.2	2.0	3.3	0.2	10.9
重庆	256.3	17.9	163.7	16.8	30.5	16.2	2.9	——	8.3
四川	1125.8	79.1	649.5	115.2	145.4	59.7	13.2	3.8	59.9
贵州	264.7	6.3	181.7	31.0	12.2	12.1	2.6	——	18.6
云南	557.6	24.4	323.2	72.9	59.4	25.7	10.1	0.8	41.2
西藏	29.2	0.7	9.9	4.5	8.0	2.0	1.1	——	3.0
陕西	297.3	16.8	167.5	32.3	32.5	25.5	4.5	2.8	15.4
甘肃	191.9	10.6	113.7	13.5	24.8	9.7	1.0	1.2	17.5
青海	74.5	2.0	45.4	9.2	11.1	2.0	0.5	1.2	3.1
宁夏	124.8	12.9	78.9	11.8	10.0	3.1	3.0	0.2	5.0
新疆	347.5	19.1	240.9	36.1	13.6	20.2	4.6	0.4	12.5

2—9 续表 单位:万平方米

地区	合计	厂房	住宅	办公用房	商业、居民服务业用房	文化教育用房	医疗用房	科研用房	其他用房
二、中央所属单位	**3109.8**	**482.1**	**1607.2**	**315.9**	**292.6**	**144.9**	**29.4**	**14.2**	**223.7**
北京	532.2	36.2	313.8	61.1	54.3	33.7	4.6	4.8	23.9
天津	103.7	24.8	42.7	6.4	17.9	2.5	——	0.3	9.0
河北	141.4	24.0	73.3	10.1	14.2	3.3	1.0	——	15.5
山西	90.6	19.6	43.8	13.5	3.6	2.1	0.2	——	8.0
内蒙古	19.9	5.0	10.2	2.6	0.5	0.9	——	——	0.6
辽宁	82.3	23.7	42.5	6.4	6.5	0.5	0.9	——	1.8
吉林	59.2	14.9	29.7	1.6	10.7	0.6	——	——	1.8
黑龙江	80.1	16.9	42.8	8.3	1.1	3.2	1.5	——	6.2
上海	65.4	36.4	13.2	6.4	——	1.8	0.2	0.1	7.2
江苏	60.8	18.5	15.3	2.9	6.0	1.3	3.9	——	13.0
浙江	5.0	0.5	2.3	2.2	——	——	——	——	0.1
安徽	72.5	19.6	23.0	1.4	3.9	12.6	3.4	0.5	8.1
福建	104.8	20.8	45.0	16.2	12.3	3.7	1.5	——	5.3
江西	44.3	4.9	23.4	3.4	9.5	——	——	——	3.1
山东	213.1	35.3	61.9	39.2	28.1	18.9	2.2	——	27.6
河南	90.6	13.0	49.2	3.2	5.9	6.8	1.7	0.2	10.6
湖北	241.4	34.8	127.9	28.3	20.6	14.9	2.4	2.9	9.6
湖南	95.2	15.5	50.2	11.2	3.4	4.2	——	0.1	10.5
广东	264.6	14.5	151.2	40.4	41.9	3.6	0.5	——	12.6
广西	20.6	6.5	8.4	3.3	——	0.2	0.4	——	1.8
海南	6.8	1.4	3.8	——	——	0.3	——	——	1.4
重庆	17.4	1.1	14.5	0.8	0.4	0.6	——	——	——
四川	116.0	26.4	54.2	8.0	1.2	5.0	——	4.5	16.7
贵州	134.4	29.1	64.9	3.3	26.8	2.0	0.1	——	8.1
云南	56.3	3.9	37.2	5.8	5.3	1.3	——	——	2.8
西藏	2.6	1.0	0.8	——	0.1	0.5	——	——	0.2
陕西	96.6	11.4	68.6	6.4	3.9	5.1	1.1	——	0.2
甘肃	27.7	3.9	21.1	0.1	0.5	0.8	——	——	1.3
青海	7.5	0.1	6.4	0.4	0.5	——	——	——	——
宁夏	0.2	——	0.1	0.1	——	——	——	——	——
新疆	256.7	18.5	165.7	23.1	13.4	14.6	3.8	0.7	16.9

2—10 各地区国有企业各种用途的房屋建筑竣工面积占全部的比重

单位:%

地区	厂房	住宅	办公用房	商业、居民服务业用房	文化教育用房	医疗用房	科研用房	其他用房
全国总计	**8.8**	**60.4**	**9.1**	**8.9**	**5.4**	**1.2**	**0.5**	**5.7**
北京	4.5	62.5	11.3	8.0	4.7	0.4	0.5	8.0
天津	9.6	68.6	5.0	8.5	2.5	0.1	0.2	5.5
河北	7.6	64.7	8.2	6.3	5.4	0.6	0.3	6.9
山西	9.2	66.1	10.1	4.7	5.2	1.3	——	3.3
内蒙古	5.5	70.3	7.5	8.3	3.4	0.4	——	4.7
辽宁	9.6	67.1	6.7	9.3	3.3	0.5	0.4	3.1
吉林	7.3	75.3	2.9	5.6	3.2	0.6	0.1	4.9
黑龙江	8.1	63.6	4.8	7.0	8.5	1.0	2.0	5.1
上海	22.8	50.0	8.3	5.7	5.8	2.3	0.2	4.8
江苏	11.1	54.6	9.6	11.3	5.4	2.1	0.6	5.3
浙江	14.0	50.7	11.0	9.0	9.7	0.7	0.2	4.8
安徽	15.8	48.4	12.1	8.7	8.2	1.9	0.1	4.8
福建	12.0	51.6	11.2	15.8	4.6	0.6	0.1	4.1
江西	7.2	57.8	7.8	14.8	5.0	2.5	0.1	4.7
山东	11.1	53.8	10.7	10.0	6.9	1.8	0.3	5.4
河南	8.7	61.9	8.7	6.5	6.4	1.4	0.6	5.8
湖北	6.0	61.5	10.9	6.9	4.7	0.7	0.5	8.7
湖南	6.4	59.3	10.1	9.0	4.8	1.8	0.6	7.9
广东	11.0	60.5	8.7	8.7	5.2	0.7	0.6	4.5
广西	7.5	61.9	11.0	7.4	6.0	1.0	0.4	4.8
海南	2.2	68.1	2.7	8.4	2.3	3.4	0.2	12.6
重庆	6.9	65.1	6.4	11.3	6.1	1.1	——	3.0
四川	8.5	56.7	9.9	11.8	5.2	1.1	0.7	6.2
贵州	8.9	61.8	8.6	9.8	3.5	0.7	——	6.7
云南	4.6	58.7	12.8	10.5	4.4	1.6	0.1	7.2
西藏	5.2	33.8	14.2	25.5	7.6	3.4	——	10.3
陕西	7.1	59.9	9.8	9.2	7.8	1.4	0.7	4.0
甘肃	6.6	61.4	6.2	11.5	4.8	0.4	0.5	8.6
青海	2.6	63.3	11.7	14.2	2.5	0.6	1.5	3.7
宁夏	10.3	63.2	9.5	8.0	2.4	2.4	0.1	4.0
新疆	6.2	67.3	9.8	4.5	5.8	1.4	0.2	4.9

2—11 各地区国有企业地方和中央各种用途的房屋建筑竣工面积占全部的比重

单位:%

地 区	厂 房	住 宅	办公用房	商业、居民服务业用房	文化教育用房	医疗用房	科研用房	其他用房
全国总计	**8.8**	**60.4**	**9.1**	**8.9**	**5.4**	**1.2**	**0.5**	**5.7**
一、地方所属单位	7.5	62.1	9.0	8.9	5.5	1.2	0.5	5.4
北 京	2.8	65.3	11.1	6.3	3.5	0.1	0.2	10.6
天 津	1.2	84.6	4.4	3.3	2.6	0.2	0.1	3.7
河 北	6.2	66.6	8.3	5.7	5.9	0.6	0.3	6.3
山 西	6.0	70.6	8.8	4.9	6.0	1.6	0.1	2.0
内 蒙 古	2.8	72.8	6.8	9.1	3.2	0.4	——	4.9
辽 宁	7.3	69.0	6.6	9.4	3.6	0.5	0.5	3.2
吉 林	5.8	77.4	3.0	4.5	3.4	0.6	0.1	5.1
黑 龙 江	6.2	65.0	4.0	7.8	9.2	0.8	2.3	4.7
上 海	10.8	60.9	7.7	7.8	6.9	3.1	0.2	2.6
江 苏	10.5	55.6	9.7	11.4	5.5	1.9	0.6	4.8
浙 江	14.0	50.8	10.5	9.1	9.8	0.7	0.2	4.8
安 徽	14.0	51.1	13.8	9.2	6.7	1.5	——	3.7
福 建	9.9	53.9	10.0	16.9	5.0	0.4	0.2	3.8
江 西	6.8	58.3	7.8	14.2	5.5	2.8	0.1	4.5
山 东	9.6	60.5	8.7	9.1	6.3	2.0	0.4	3.4
河 南	8.1	62.8	9.3	6.6	6.3	1.3	0.6	5.1
湖 北	3.5	64.1	10.7	6.5	4.3	0.7	0.3	10.0
湖 南	4.5	60.6	9.7	10.1	4.9	2.2	0.7	7.3
广 东	12.1	61.2	7.5	7.3	5.9	0.8	0.7	4.5
广 西	6.3	63.0	10.8	7.7	6.3	1.0	0.4	4.6
海 南	0.9	69.1	2.9	9.1	2.2	3.7	0.2	12.0
重 庆	7.0	63.9	6.6	11.9	6.3	1.2	——	3.2
四 川	7.0	57.7	10.2	12.9	5.3	1.2	0.3	5.3
贵 州	2.4	68.7	11.7	4.6	4.6	1.0	——	7.0
云 南	4.4	58.0	13.1	10.6	4.6	1.8	0.1	7.4
西 藏	2.4	34.0	15.4	27.3	6.7	3.7	——	10.4
陕 西	5.6	56.3	10.9	10.9	8.6	1.5	1.0	5.2
甘 肃	5.5	59.2	7.1	12.9	5.1	0.5	0.6	9.1
青 海	2.7	61.0	12.3	15.0	2.7	0.6	1.6	4.1
宁 夏	10.4	63.2	9.5	8.0	2.5	2.4	0.1	4.0
新 疆	5.5	69.3	10.4	3.9	5.8	1.3	0.1	3.6

2—11续表 单位：%

地区	厂房	住宅	办公用房	商业、居民服务业用房	文化教育用房	医疗用房	科研用房	其他用房
全国总计	**15.5**	**51.7**	**10.2**	**9.4**	**4.7**	**0.9**	**0.5**	**7.2**
北京	6.8	59.0	11.5	10.2	6.3	0.9	0.9	4.5
天津	24.0	41.2	6.2	17.3	2.5	——	0.3	8.6
河北	17.0	51.8	7.1	10.1	2.4	0.7	——	11.0
山西	21.6	48.3	14.9	3.9	2.3	0.2	——	8.8
内蒙古	25.2	51.3	12.9	2.5	4.7	0.2	——	3.2
辽宁	28.8	51.6	7.8	7.9	0.7	1.1	——	2.1
吉林	25.2	50.1	2.6	18.1	1.0	——	——	3.0
黑龙江	21.1	53.5	10.4	1.4	4.0	1.9	——	7.8
上海	55.7	20.2	9.9	——	2.7	0.3	0.1	11.0
江苏	30.4	25.2	4.7	9.9	2.1	6.4	——	21.3
浙江	9.1	45.5	43.0	——	——	——	——	2.4
安徽	27.0	31.8	2.0	5.4	17.4	4.6	0.7	11.2
福建	19.8	43.0	15.5	11.8	3.5	1.4	——	5.0
江西	11.1	52.9	7.8	21.4	——	——	——	6.9
山东	16.5	29.0	18.4	13.2	8.9	1.0	——	13.0
河南	14.3	54.3	3.6	6.5	7.5	1.9	0.3	11.6
湖北	14.4	53.0	11.7	8.5	6.2	1.0	1.2	4.0
湖南	16.3	52.7	11.8	3.6	4.4	——	0.1	11.0
广东	5.5	57.1	15.3	15.8	1.3	0.2	——	4.7
广西	31.7	40.7	16.0	——	0.9	1.9	——	8.9
海南	20.3	55.2	——	——	3.8	——	——	20.6
重庆	6.3	83.6	4.3	2.1	3.5	——	——	0.2
四川	22.8	46.7	6.9	1.0	4.3	——	3.9	14.4
贵州	21.7	48.3	2.5	19.9	1.5	0.1	——	6.0
云南	6.9	66.1	10.2	9.4	2.2	——	——	5.0
西藏	37.4	30.9	——	4.5	17.7	——	——	9.5
陕西	11.8	71.0	6.6	4.0	5.3	1.1	——	0.2
甘肃	14.0	76.2	0.3	1.6	3.0	——	——	4.8
青海	1.8	85.4	5.9	6.9	——	——	——	——
宁夏	——	55.5	35.6	——	——	——	——	8.9
新疆	7.2	64.5	9.0	5.2	5.7	1.5	0.3	6.6

2—12 各地区国有企业机械设备装备情况

地 区	自有机械设备年末总台数(台)	自有机械设备年末总功率(万千瓦)	#施工机械功率	自有机械设备净值(万元)	技术装备率(元/人)	动力装备率(千瓦/人)
全国总计	**1759481**	**3999.1**	**2888.1**	**5273797**	**8621**	**6.5**
北 京	64997	159.1	112.9	211420	8144	6.1
天 津	30800	86.7	68.5	104825	9726	8.0
河 北	113932	299.2	199.8	286581	8939	9.3
山 西	51000	159.8	112.8	218986	9401	6.9
内蒙古	20264	54.3	40.4	63270	8234	7.1
辽 宁	91194	288.6	189.9	307415	8582	8.1
吉 林	50214	142.8	79.2	141932	7880	7.9
黑龙江	63229	187.6	138.1	264995	11951	8.5
上 海	37378	94.0	75.4	139799	14683	9.9
江 苏	150508	227.3	180.7	376501	9172	5.5
浙 江	49588	87.8	65.0	153293	9601	5.5
安 徽	59417	122.7	89.7	151868	7744	6.3
福 建	28840	64.1	48.9	112498	9064	5.2
江 西	33881	59.9	41.9	67727	5714	5.1
山 东	76371	163.1	112.7	239785	7593	5.2
河 南	114305	211.2	147.1	263377	7644	6.1
湖 北	117135	220.8	174.4	381158	10465	6.1
湖 南	73019	164.4	128.3	205240	8553	6.9
广 东	171226	316.8	243.2	426580	10118	7.5
广 西	41550	94.8	68.6	119824	7718	6.1
海 南	7520	33.9	22.7	21953	6793	10.5
重 庆	22187	53.8	45.0	75884	6748	4.8
四 川	92592	180.8	135.2	236715	5706	4.4
贵 州	26091	55.0	34.5	84875	6791	4.4
云 南	35744	107.6	73.9	140689	8102	6.2
西 藏	2180	5.6	2.9	6323	7641	6.8
陕 西	42630	122.9	89.3	151422	7864	6.4
甘 肃	25417	57.4	40.0	63738	6763	6.1
青 海	16180	36.0	25.0	66419	14569	7.9
宁 夏	14901	31.6	23.7	43410	11368	8.3
新 疆	35191	109.5	78.4	145294	8211	6.2

2—13 各地区国有企业地方和中央机械设备装备情况

地　　区	自有机械设备年末总台数(台)	自有机械设备年末总功率(万千瓦)	#施工机械功率	自有机械设备净值(万元)	技术装备率(元/人)	动力装备率(千瓦/人)
全国总计	**1759481**	**3999.1**	**2888.1**	**5273797**	**8621**	**6.5**
一、地方所属单位	1222017	2333.5	1705.2	2951319	7178	5.7
北　　京	30690	61.3	39.7	72317	6634	5.6
天　　津	11174	20.7	15.5	27757	9529	7.1
河　　北	81895	129.8	105.4	122030	5786	6.2
山　　西	26835	59.1	42.2	73787	8481	6.8
内 蒙 古	15252	41.4	32.7	46129	8496	7.6
辽　　宁	58136	183.6	118.2	167767	7599	8.3
吉　　林	34551	88.2	55.7	99680	7756	6.9
黑 龙 江	49037	122.2	90.1	167112	9367	6.9
上　　海	15931	29.6	22.5	51168	13382	7.7
江　　苏	119730	178.6	146.4	294103	8568	5.2
浙　　江	40620	71.9	56.2	114913	8327	5.2
安　　徽	44991	83.2	59.0	91229	6813	6.2
福　　建	19794	37.2	27.2	67605	7519	4.1
江　　西	24688	36.1	24.7	36997	4203	4.1
山　　东	51708	85.4	62.8	129316	6067	4.0
河　　南	83854	129.0	91.4	145768	5696	5.0
湖　　北	76132	96.7	77.3	109696	5251	4.6
湖　　南	47573	88.0	71.2	133269	7812	5.2
广　　东	153208	265.1	203.2	339620	9221	7.2
广　　西	33464	71.5	46.9	88179	6695	5.4
海　　南	6915	28.6	18.6	18256	6255	9.8
重　　庆	18970	39.6	33.0	52408	6072	4.6
四　　川	58773	85.9	64.8	114045	3855	2.9
贵　　州	14224	29.7	20.5	49121	5871	3.5
云　　南	22812	71.2	49.8	84933	6588	5.5
西　　藏	849	2.4	1.9	4128	7223	4.2
陕　　西	24908	60.8	41.4	77632	7305	5.7
甘　　肃	14582	33.2	21.2	31982	5289	5.5
青　　海	9410	23.7	15.3	33582	11272	8.0
宁　　夏	14652	30.8	23.0	41858	11183	8.2
新　　疆	16659	48.8	27.5	64932	13021	9.8

2—13 续表

地　区	自有机械设备年末总台数(台)	自有机械设备年末总功率(万千瓦)	#施工机械功率	自有机械设备净值(万元)	技术装备率(元/人)	动力装备率(千瓦/人)
二、中央所属单位	**537464**	**1665.6**	**1182.9**	**2322478**	**11578**	**8.3**
北　京	34307	97.7	73.2	139103	9237	6.5
天　津	19626	66.0	53.0	77068	9799	8.4
河　北	32037	169.3	94.4	164550	15001	15.4
山　西	24165	100.7	70.6	145198	9949	6.9
内蒙古	5012	12.9	7.7	17141	7603	5.7
辽　宁	33058	105.0	71.7	139648	10162	7.6
吉　林	15663	54.7	23.5	42253	8187	10.6
黑龙江	14192	65.4	48.0	97883	22587	15.1
上　海	21447	64.4	53.0	88631	15555	11.3
江　苏	30778	48.7	34.3	82398	12256	7.2
浙　江	8968	15.9	8.9	38380	17723	7.4
安　徽	14426	39.6	30.7	60639	9745	6.4
福　建	9046	26.8	21.7	44892	13125	7.8
江　西	9193	23.9	17.2	30729	10076	7.8
山　东	24663	77.7	49.9	110469	10758	7.6
河　南	30451	82.3	55.7	117609	13266	9.3
湖　北	41003	124.1	97.1	271462	17481	8.0
湖　南	25446	76.5	57.1	71971	10375	11.0
广　东	18018	51.7	40.0	86960	16319	9.7
广　西	8086	23.3	21.7	31645	13440	9.9
海　南	605	5.3	4.1	3697	11797	17.0
重　庆	3217	14.1	12.0	23476	8980	5.4
四　川	33819	94.9	70.4	122670	10307	8.0
贵　州	11867	25.3	14.1	35754	8652	6.1
云　南	12932	36.4	24.0	55756	12468	8.1
西　藏	1331	3.2	1.0	2196	8576	12.4
陕　西	17722	62.0	47.9	73790	8553	7.2
甘　肃	10835	24.1	18.8	31756	9405	7.1
青　海	6770	12.2	9.7	32837	20788	7.8
宁　夏	249	0.8	0.8	1552	20475	11.0
新　疆	18532	60.7	50.8	80362	6324	4.8

2—14 各地区国有企业建筑业增加值及其构成

单位:万元

地区	建筑业增加值合计	本年提取固定资产折旧	应付工资总额	应付福利费总额
全国总计	**13362830**	**1090153**	**5369526**	**660146**
北京	919777	62888	329298	37690
天津	325582	27369	118812	14481
河北	627494	55712	234194	29467
山西	514542	49061	158119	20584
内蒙古	146657	12436	50226	5104
辽宁	704613	65546	273319	35180
吉林	442675	26035	204459	24952
黑龙江	474283	34771	202548	25414
上海	479422	44282	175245	18509
江苏	925352	59635	429815	47408
浙江	396288	26892	163956	19093
安徽	348650	32670	124213	16942
福建	303645	17484	124726	16709
江西	180361	14785	79188	7152
山东	682428	53818	284087	35884
河南	585746	45851	240607	27126
湖北	782593	73251	266773	53144
湖南	428976	49662	177711	19584
广东	973565	63142	414463	45688
广西	291150	20353	125546	14876
海南	45816	4174	17922	1120
重庆	186618	13601	82531	7678
四川	727054	59570	318350	40125
贵州	216702	18521	92036	12092
云南	332224	32658	116183	14957
西藏	22486	3351	9767	235
陕西	371866	38134	131970	15247
甘肃	186112	12727	84558	11074
青海	122240	15594	38334	6505
宁夏	82735	6323	34996	3152
新疆	535179	49858	265572	32973

2—14 续表 单位:万元

地区	工程结算税金及附加	工程结算利润	管理费用中的税金	管理费用中的劳动、待业保险费
全国总计	**1388150**	**3989875**	**99220**	**765761**
北京	105193	331834	4137	48737
天津	32234	106897	1651	24138
河北	71274	194987	4026	37834
山西	57427	181134	16530	31687
内蒙古	12233	52692	1879	12087
辽宁	71380	209441	4484	45262
吉林	44480	123436	1479	17834
黑龙江	50250	142439	1957	16903
上海	40894	156442	1783	42267
江苏	94264	247670	5129	41432
浙江	41403	124232	1932	18780
安徽	35796	110345	2871	25813
福建	56700	74076	1348	12600
江西	17423	50306	1068	10437
山东	64608	207530	5891	30610
河南	64640	162752	3391	41379
湖北	78358	260663	6422	43982
湖南	37246	118334	3073	23367
广东	127197	275750	7604	39719
广西	25788	83935	3475	17176
海南	7201	14279	532	588
重庆	17786	51850	976	12197
四川	65141	188750	4380	50738
贵州	23042	59521	1387	10103
云南	38633	95285	5834	28676
西藏	1749	6504	270	610
陕西	40402	117065	2182	26866
甘肃	14647	49226	698	13181
青海	9337	42580	645	9246
宁夏	7198	26693	898	3476
新疆	34224	123227	1287	28037

2—15 各地区国有企业地方和中央建筑业增加值及其构成

单位:万元

地区	建筑业增加值合计	本年提取固定资产折旧	应付工资总额	应付福利费总额
全国总计	**13362830**	**1090153**	**5369526**	**660146**
一、地方所属单位	7254668	493872	3181778	372939
北京	428313	23988	154364	17431
天津	72084	5598	26583	3265
河北	297400	19918	121129	12731
山西	136497	10784	48112	5742
内蒙古	101956	8721	39431	3272
辽宁	371101	30491	159124	20506
吉林	280613	13890	140238	16846
黑龙江	324709	22515	136752	16522
上海	186556	11332	82851	5720
江苏	720448	43602	350884	37048
浙江	267679	17182	122929	13338
安徽	192244	17627	76031	9398
福建	201514	8596	85828	11911
江西	101475	6091	51677	3716
山东	339302	22164	153353	21745
河南	289716	17195	139643	13223
湖北	293483	22676	116592	33401
湖南	214518	21986	99717	10266
广东	761849	42760	345390	34228
广西	215512	13719	103204	11022
海南	39112	3599	15515	1013
重庆	125829	9065	57831	4939
四川	411032	22253	203614	25725
贵州	105508	8779	47678	5648
云南	223799	19544	73686	9898
西藏	12187	866	4852	226
陕西	164991	16896	64308	7299
甘肃	88449	5602	43899	4846
青海	58093	5466	21797	2811
宁夏	80097	6090	34035	3037
新疆	148605	14880	60730	6166

2—15 续表 1　　单位:万元

地　区	建筑业增加值合计	本年提取固定资产折旧	应付工资总额	应付福利费总额
二、中央所属单位	**6108162**	**596281**	**2187748**	**287207**
北　京	491464	38899	174934	20259
天　津	253498	21771	92228	11216
河　北	330094	35794	113065	16737
山　西	378045	38278	110006	14842
内蒙古	44701	3715	10795	1832
辽　宁	333512	35055	114195	14673
吉　林	162062	12146	64221	8107
黑龙江	149574	12256	65796	8892
上　海	292866	32950	92394	12789
江　苏	204904	16033	78931	10359
浙　江	128610	9710	41027	5755
安　徽	156406	15043	48183	7544
福　建	102131	8888	38898	4798
江　西	78886	8694	27511	3437
山　东	343126	31653	130734	14139
河　南	296031	28655	100964	13903
湖　北	489110	50576	150181	19742
湖　南	214459	27676	77994	9318
广　东	211716	20383	69074	11461
广　西	75638	6634	22342	3855
海　南	6703	575	2407	107
重　庆	60789	4536	24700	2738
四　川	316023	37317	114737	14400
贵　州	111194	9742	44359	6444
云　南	108426	13114	42497	5059
西　藏	10299	2485	4915	9
陕　西	206875	21238	67662	7948
甘　肃	97664	7126	40660	6229
青　海	64147	10128	16537	3694
宁　夏	2638	233	961	115
新　疆	386574	34978	204842	26807

单位:万元

地　　区	工程结算税金及附加	工程结算利润	管理费用中的税金	管理费用中的劳动、待业保险费
全国总计	**1388150**	**3989875**	**99220**	**765761**
一、地方所属单位	810222	1978937	57946	358975
北　　京	44651	158669	2463	26746
天　　津	6681	22031	621	7304
河　　北	37949	84856	2454	18362
山　　西	14354	43964	1544	11996
内 蒙 古	9071	35918	1536	4006
辽　　宁	40173	98697	2900	19208
吉　　林	28164	69067	1080	11328
黑 龙 江	41400	94683	1724	11113
上　　海	19509	57538	1162	8444
江　　苏	73648	186682	4607	23977
浙　　江	31558	68749	1653	12270
安　　徽	20552	54171	2050	12415
福　　建	41900	44209	882	8187
江　　西	11456	23866	833	3836
山　　东	33803	91234	3169	13833
河　　南	34686	65533	2720	16714
湖　　北	31456	77061	2929	9368
湖　　南	21090	52424	2252	6782
广　　东	95774	209444	6020	28234
广　　西	19290	54868	1565	11845
海　　南	5832	12090	504	560
重　　庆	13685	32398	872	7039
四　　川	38623	94570	2570	23678
贵　　州	12378	26455	828	3743
云　　南	27640	66353	5188	21491
西　　藏	1684	3703	248	608
陕　　西	16745	47241	1287	11216
甘　　肃	8376	18305	452	6969
青　　海	4402	19161	433	4024
宁　　夏	6930	25640	895	3470
新　　疆	16762	39358	504	10206

地　　区	工程结算税金及附加	工程结算利润	管理费用中的税金	管理费用中的劳动、待业保险费
二、中央所属单位	**577928**	**2010938**	**41274**	**406786**
北　京	60542	173165	1674	21991
天　津	25553	84866	1031	16833
河　北	33325	110130	1572	19472
山　西	43073	137169	14986	19690
内蒙古	3161	16774	342	8080
辽　宁	31207	110744	1584	26054
吉　林	16316	54369	399	6505
黑龙江	8850	47756	233	5790
上　海	21385	98904	621	33823
江　苏	20616	60989	522	17454
浙　江	9846	55483	279	6510
安　徽	15244	56174	821	13398
福　建	14800	29867	466	4413
江　西	5967	26440	235	6601
山　东	30805	116296	2721	16777
河　南	29954	97218	671	24665
湖　北	46902	183603	3493	34614
湖　南	16156	65910	820	16585
广　东	31423	66307	1584	11485
广　西	6498	29068	1910	5332
海　南	1370	2189	28	28
重　庆	4101	19451	103	5158
四　川	26519	94181	1810	27060
贵　州	10664	33066	560	6360
云　南	10993	28932	646	7185
西　藏	65	2801	22	2
陕　西	23658	69824	896	15650
甘　肃	6271	30921	246	6212
青　海	4936	23419	212	5222
宁　夏	268	1053	3	5
新　疆	17462	83870	783	17831

2—16　各地区国有企业建筑业劳动生产率

地　　区	建筑业企业个数(个)	计算劳动生产率的平均人数(万人)	按总产值计算的劳动生产率(元/人)	按增加值计算的劳动生产率(无/人)	人均竣工产值(元/人)	人均施工面积(平方米/人)	人均竣工面积(平方米/人)
全国总计	**8767**	**662.74**	**72826**	**20163**	**56218**	**71.4**	**31.4**
北　　京	342	39.92	81639	23041	90925	119.5	47.1
天　　津	121	12.49	93491	26076	73627	58.5	26.1
河　　北	430	35.64	71622	17606	58464	64.8	34.0
山　　西	198	25.04	77723	20546	52926	47.0	19.4
内 蒙 古	128	8.88	54104	16516	45722	48.1	21.8
辽　　宁	517	37.22	67746	18932	50189	43.2	21.5
吉　　林	330	24.00	70007	18446	59103	71.2	42.7
黑 龙 江	467	29.32	60733	16175	64958	48.7	28.8
上　　海	207	15.30	118637	31325	111587	88.2	25.7
江　　苏	529	43.85	85874	21101	63717	99.8	47.8
浙　　江	283	15.77	93292	25129	63739	55.4	23.5
安　　徽	247	20.45	62301	17048	54571	54.6	26.3
福　　建	253	12.62	96306	24062	67328	116.7	39.1
江　　西	224	11.68	52313	15441	34811	84.4	39.1
山　　东	626	38.25	65161	17842	62226	72.9	31.7
河　　南	435	34.49	60887	16981	37190	62.4	26.3
湖　　北	461	35.09	71638	22300	44851	76.9	28.9
湖　　南	307	22.61	70002	18976	47111	53.7	24.2
广　　东	630	42.30	84027	23013	67445	110.8	40.1
广　　西	250	15.08	56693	19311	51580	64.4	28.6
海　　南	130	3.47	65604	13199	40290	73.5	30.2
重　　庆	163	11.51	56826	16210	32643	60.5	24.3
四　　川	375	40.85	57831	17797	44319	67.4	29.9
贵　　州	148	12.52	60633	17311	35998	77.7	31.9
云　　南	189	15.86	83833	20952	52247	68.7	35.4
西　　藏	39	1.29	81181	17435	88802	42.5	38.4
陕　　西	161	19.49	82156	19077	51568	52.6	20.5
甘　　肃	94	10.18	52052	18286	46280	60.4	23.3
青　　海	99	5.92	55619	20645	37002	34.3	18.0
宁　　夏	158	5.31	54576	15577	54017	61.4	32.7
新　　疆	226	16.33	87999	32781	69850	60.1	34.1

2—17 各地区国有企业地方和中央建筑业劳动生产率

地　　区	建筑业企业个数（个）	计算劳动生产率的平均人数（万人）	按总产值计算的劳动生产率（元/人）	按增加值计算的劳动生产率（无/人）	人均竣工产值（元/人）	人均施工面积（平方米/人）	人均竣工面积（平方米/人）
全国总计	**8767**	**662.74**	**72826**	**20163**	**56218**	**71.4**	**31.4**
一、地方所属单位	7496	456.62	60934	15888	50289	83.4	39.1
北　　京	210	22.51	62904	19031	106018	152.7	63.2
天　　津	82	4.43	73157	16269	82573	115.7	60.8
河　　北	365	22.56	56504	13180	38886	81.0	44.9
山　　西	160	10.06	48597	13564	44309	90.1	41.5
内 蒙 古	115	7.09	51337	14383	46339	50.7	27.2
辽　　宁	420	23.94	60344	15501	50774	58.0	31.2
吉　　林	298	18.16	61131	15451	60693	88.9	55.2
黑 龙 江	411	23.77	53301	13660	56174	53.5	31.2
上　　海	172	8.39	114977	22229	139002	164.3	46.9
江　　苏	492	36.56	84973	19707	66194	112.9	55.4
浙　　江	274	13.23	87939	20239	62869	62.7	26.9
安　　徽	211	14.35	50459	13398	44618	67.2	33.1
福　　建	184	8.51	87431	23687	58976	107.8	42.3
江　　西	204	8.80	43343	11535	30577	101.4	47.6
山　　东	570	26.12	49328	12988	41058	76.5	36.9
河　　南	372	25.23	39008	11483	25815	67.8	31.8
湖　　北	419	21.03	47554	13954	35573	72.0	38.8
湖　　南	260	15.80	59481	13578	44361	61.1	28.4
广　　东	550	36.78	77307	20713	63266	106.1	38.7
广　　西	228	12.83	51305	16798	43911	72.4	32.1
海　　南	114	3.15	62743	12404	40983	75.1	31.2
重　　庆	140	8.79	53823	14322	34470	73.2	29.7
四　　川	325	28.89	47795	14226	36251	82.6	38.1
贵　　州	119	8.24	48688	12812	23947	74.2	31.6
云　　南	157	11.94	80512	18742	55044	83.9	43.3
西　　藏	36	0.94	50677	12908	65221	55.8	51.0
陕　　西	127	10.56	58255	15619	43878	70.1	28.0
甘　　肃	78	6.51	43094	13588	38145	72.4	31.7
青　　海	88	4.43	42610	13124	44879	47.7	25.0
宁　　夏	149	5.20	54346	15406	53152	62.6	33.3
新　　疆	166	7.82	64897	19009	88361	128.6	69.7

2—17 续表

地　　区	建筑业企业个数(个)	计算劳动生产率的平均人数(万人)	按总产值计算的劳动生产率(元/人)	按增加值计算的劳动生产率(无/人)	人均竣工产值(元/人)	人均施工面积(平方米/人)	人均竣工面积(平方米/人)
二、中央所属单位	**1271**	**206.12**	**99169**	**29634**	**68370**	**46.9**	**15.5**
北　　京	132	17.41	105854	28223	80001	95.5	35.3
天　　津	39	8.06	104676	31470	70314	37.4	13.2
河　　北	65	13.08	97708	25244	96104	33.5	12.9
山　　西	38	14.98	97288	25236	58063	21.3	6.2
内 蒙 古	13	1.79	65058	24960	44235	42.0	8.8
辽　　宁	97	13.28	81093	25117	49250	19.4	6.0
吉　　林	32	5.84	97625	27768	55144	27.0	11.5
黑 龙 江	56	5.55	92562	26945	101121	28.8	18.5
上　　海	35	6.91	123081	42368	93190	37.1	11.5
江　　苏	37	7.30	90392	28083	51072	32.9	9.0
浙　　江	9	2.54	121114	50546	69286	8.8	2.3
安　　徽	36	6.10	90145	25631	75988	27.4	11.6
福　　建	69	4.11	114668	24838	89286	140.3	30.6
江　　西	20	2.88	79679	27357	47034	35.1	14.5
山　　东	56	12.12	99276	28301	106163	65.3	20.8
河　　南	63	9.26	120477	31955	70023	47.0	10.2
湖　　北	42	14.06	107662	34784	57332	83.6	15.5
湖　　南	47	6.81	94416	31503	53874	35.2	13.7
广　　东	80	5.52	128772	38326	96329	143.4	49.6
广　　西	22	2.25	87453	33659	94474	19.3	8.7
海　　南	16	0.32	93956	21073	33837	58.1	21.7
重　　庆	23	2.73	66507	22298	26613	18.3	6.6
四　　川	50	11.96	82079	26424	64369	29.7	9.7
贵　　州	29	4.28	83603	25963	60395	84.9	32.5
云　　南	32	3.91	93966	27696	44184	24.7	12.6
西　　藏	3	0.35	164511	29800	141445	12.8	10.1
陕　　西	34	8.93	110431	23168	61041	31.0	11.2
甘　　肃	16	3.67	67945	26621	60850	39.1	8.2
青　　海	11	1.49	94147	42919	22146	9.0	4.7
宁　　夏	9	0.11	65172	23444	96726	3.0	3.0
新　　疆	60	8.51	109226	45437	62586	33.2	20.2

2—18 各地区国有企业实收资本及资产构成

单位:万元

地　　区	实收资本	资产合计	#流动资产小计	#存 货	#在建工程	长期投资
全国总计	**11399055**	**66375341**	**47444346**	**11368565**	**6432348**	**2611854**
北　　京	760683	6290436	4863942	1214189	467858	476231
天　　津	273179	1551891	1127458	140918	62598	49804
河　　北	554997	2934698	2074443	360649	133194	63239
山　　西	425222	2554923	1810377	287388	155461	33608
内 蒙 古	136284	608306	412727	72300	32899	2945
辽　　宁	695100	3227438	2274828	424048	223786	40838
吉　　林	370228	1797217	1208244	172936	68814	28175
黑 龙 江	432989	2434640	1827486	342536	92607	52008
上　　海	607797	3269927	2132495	498693	311398	642988
江　　苏	766167	4969904	3936528	1300766	894262	106280
浙　　江	244122	1616776	1214703	327054	240783	37895
安　　徽	348893	1637128	1165616	245809	127148	19630
福　　建	267564	1525852	1139049	238217	161524	51886
江　　西	159872	1023085	736286	286040	231252	27094
山　　东	460778	2900390	2134852	438042	231789	45863
河　　南	457486	2257179	1515648	334386	166659	25711
湖　　北	510961	3287990	2081949	431165	229509	102504
湖　　南	338176	1806204	1221301	336638	144900	21170
广　　东	954908	6791422	5248727	1797500	1197509	411568
广　　西	232164	1662355	1299013	473490	366042	24772
海　　南	52988	269770	178193	32380	15570	7908
重　　庆	162380	694525	485125	143880	98871	17960
四　　川	497557	2543292	1719542	317120	164798	87178
贵　　州	138119	1075393	807905	178188	114793	23045
云　　南	291620	1603091	1104485	218256	145907	40198
西　　藏	25361	129896	59417	12167	724	9223
陕　　西	239416	1765990	1246375	305399	155595	36895
甘　　肃	115101	760049	537010	104494	48370	11723
青　　海	99314	492672	304496	48140	17813	13619
宁　　夏	90500	366188	223132	52132	24615	10534
新　　疆	689127	2526716	1352993	233644	105298	89362

2—18续表

单位:万元

地区	固定资产小计	固定资产原价	#生产经营用	固定资产折旧	#本年折旧	无形及递延资产小计	#无形资产
全国总计	**14005806**	**20987724**	**15546720**	**7638735**	**1090153**	**1033998**	**838949**
北京	738692	1128677	744118	402230	62888	34648	24512
天津	315051	581305	458775	278125	27369	26516	23086
河北	679922	1055061	812196	415092	55712	74506	64320
山西	587521	853635	592021	292630	49061	66522	61103
内蒙古	177159	245250	195432	85969	12436	10354	9602
辽宁	818440	1329226	999316	518225	65546	53182	34759
吉林	491494	669873	433504	192702	26035	20293	18174
黑龙江	524106	752537	633038	233268	34771	12145	5748
上海	326969	613061	514750	311177	44282	140107	122712
江苏	818434	1183545	885813	394851	59635	56611	44837
浙江	329732	478478	387717	158451	26892	12390	8805
安徽	390151	608925	435613	222015	32670	22968	21440
福建	252970	373031	263897	124730	17484	21165	14606
江西	228665	319178	189928	106838	14785	13282	9962
山东	595927	921297	659855	348909	53818	55269	49619
河南	585011	842215	597094	290912	45851	89158	84143
湖北	927676	1366342	1048003	496869	73251	64366	53751
湖南	503119	746839	585378	267814	49662	21403	17617
广东	952768	1446340	1086754	526245	63142	98807	72753
广西	280626	421397	304786	151729	20353	14355	12304
海南	75134	95608	72561	29045	4174	3748	1842
重庆	172086	246371	189966	83687	13601	9056	6376
四川	628069	977200	694442	372472	59570	33065	27177
贵州	216295	324368	233959	111922	18521	3548	1782
云南	421289	594146	450236	188923	32658	12777	10051
西藏	57726	38934	20495	32274	3351	831	354
陕西	422056	635159	470734	226240	38134	12614	7158
甘肃	186271	266449	165146	88858	12727	15948	13918
青海	147068	210908	158380	67261	15594	6423	3733
宁夏	121883	146960	101999	43514	6323	5619	5238
新疆	1033496	1515412	1160813	575757	49858	22320	7467

2—19 各地区国有企业地方和中央实收资本及资产构成

单位:万元

地　　区	实收资本	资产合计	#流动资产小计	#存货	#在建工程	长期投资
全国总计	**11399055**	**66375341**	**47444346**	**11368565**	**6432348**	**2611854**
一、地方所属单位	7024825	40972457	30071542	8232112	5027805	1818579
北　京	389006	3643002	2872408	820300	247658	321618
天　津	92334	519375	392865	44457	16751	16783
河　北	322053	1524166	1086954	174260	61005	27848
山　西	140987	862463	624503	114121	62528	5171
内蒙古	101290	464734	307645	45897	22220	2336
辽　宁	398622	1837916	1273716	225735	119951	21516
吉　林	262102	1200886	791081	76974	30638	22983
黑龙江	287695	1728975	1295295	267523	75839	48062
上　海	436852	2225549	1393924	394181	263273	548939
江　苏	655701	4121990	3313368	1164668	861039	80504
浙　江	196985	1288954	985614	290483	218963	24532
安　徽	247924	1065048	773623	179150	96028	14384
福　建	189623	988675	759607	179947	131412	39245
江　西	112072	748564	570665	261398	220544	14573
山　东	258735	1771353	1305702	314666	177042	28263
河　南	295618	1175961	719513	209682	126309	14372
湖　北	312096	1207828	800812	229426	133880	21063
湖　南	226619	1048344	700078	163124	118106	16412
广　东	795118	5748794	4503983	1634535	1099220	380376
广　西	187623	1397126	1120577	442106	356082	17116
海　南	40189	226882	147122	26028	14029	4819
重　庆	114081	492003	347558	119032	84757	15753
四　川	277365	1379596	956443	188835	104468	47498
贵　州	64322	595902	460550	129371	96590	5987
云　南	192283	1119270	818770	167175	117350	34983
西　藏	14169	63518	22944	4065	724	7463
陕　西	102747	907178	660751	176816	95868	9618
甘　肃	55903	399696	286169	52711	23644	4053
青　海	62556	274194	162985	26186	9038	1485
宁　夏	86685	351142	213658	50926	24364	8676
新　疆	105472	593374	402661	58335	18486	12148

单位:万元

地区	实收资本	资产合计	＃流动资产小计	＃存货	＃在建工程	长期投资
二、中央所属单位	**4374230**	**25402884**	**17372803**	**3136453**	**1404542**	**793275**
北京	371677	2647434	1991534	393889	220200	154613
天津	180846	1032516	734593	96462	45847	33020
河北	232944	1410531	987489	186390	72190	35391
山西	284235	1692459	1185874	173267	92933	28437
内蒙古	34994	143572	105083	26404	10678	609
辽宁	296479	1389522	1001112	198313	103835	19322
吉林	108126	596331	417164	95963	38176	5192
黑龙江	145294	705664	532191	75013	16768	3946
上海	170945	1044378	738571	104512	48125	94049
江苏	110466	847914	623160	136098	33224	25775
浙江	47137	327822	229089	36571	21820	13363
安徽	100969	572080	391993	66659	31120	5246
福建	77941	537177	379442	58270	30112	12641
江西	47801	274521	165621	24642	10708	12522
山东	202043	1129037	829150	123376	54747	17599
河南	161868	1081218	796135	124704	40350	11339
湖北	198866	2080163	1281137	201739	95629	81440
湖南	111557	757860	521223	173514	26795	4758
广东	159790	1042628	744744	162966	98290	31192
广西	44542	265229	178437	31384	9960	7657
海南	12799	42887	31071	6352	1541	3090
重庆	48299	202522	137567	24848	14114	2207
四川	220193	1163696	763099	128284	60330	39680
贵州	73797	479491	347355	48817	18203	17058
云南	99337	483821	285715	51081	28558	5215
西藏	11192	66379	36474	8102	——	1760
陕西	136669	858813	585624	128583	59727	27278
甘肃	59198	360354	250842	51782	24725	7670
青海	36759	218477	141511	21953	8775	12134
宁夏	3815	15047	9473	1206	250	1858
新疆	583654	1933342	950332	175309	86812	77214

2—19 续表 2

单位:万元

地区	固定资产小计	固定资产原价	#生产经营用	固定资产折旧	#本年折旧	无形及递延资产小计	#无形资产
全国总计	**14005806**	**20987724**	**15546720**	**7638735**	**1090153**	**1033998**	**838949**
一、地方所属单位	7579430	10670307	7566873	3437760	493872	766228	653566
北京	316184	459431	294835	146178	23988	21630	14892
天津	79500	114602	82538	36667	5598	12595	11439
河北	319788	442652	327746	149415	19918	60498	55793
山西	192166	271146	187135	80650	10784	15022	11952
内蒙古	141078	189198	143226	64378	8721	10144	9598
辽宁	469268	715007	534708	250511	30491	46083	29412
吉林	341646	444545	268991	112471	13890	16002	14100
黑龙江	358247	504527	404423	149132	22515	8801	5256
上海	148398	222152	176899	94735	11332	122888	115805
江苏	640443	897888	686244	282120	43602	49446	43936
浙江	252686	351711	283776	107681	17182	9437	7024
安徽	247080	382251	272304	135171	17627	5364	4256
福建	159465	224702	151607	68558	8596	14844	13598
江西	143614	185686	95319	55244	6091	9936	7046
山东	343662	490165	305160	162351	22164	36862	34938
河南	339624	447133	293917	122467	17195	78700	76217
湖北	313700	414203	289864	141192	22676	45793	40912
湖南	297055	422240	323677	141745	21986	15150	12868
广东	723133	1036412	773197	340264	42760	87655	64865
广西	214050	317157	217435	111822	13719	8580	7030
海南	68234	85238	63234	25276	3599	3524	1776
重庆	113257	159015	119118	52400	9065	8712	6376
四川	313549	459779	305948	162169	22253	21923	18228
贵州	119856	161327	119837	43362	8779	2642	1673
云南	238244	343147	239771	114290	19544	10986	9817
西藏	31008	34549	16110	8142	866	465	354
陕西	203324	295448	180208	96814	16896	9081	4613
甘肃	89884	130393	85170	44698	5602	14683	13886
青海	85008	113923	80758	32257	5466	5573	3733
宁夏	118170	142322	97876	42491	6090	5617	5238
新疆	158109	212359	145842	63108	14880	7592	6936

地　区	固定资产小计	固定资产原价	#生产经营用	固定资产折旧	#本年折旧	无形及递延资产小计	#无形资产
二、中央所属单位	**6426376**	**10317418**	**7979847**	**4200975**	**596281**	**267770**	**185383**
北　京	422508	669246	449282	256051	38899	13019	9619
天　津	235551	466702	376236	241458	21771	13921	11647
河　北	360134	612408	484449	265677	35794	14008	8528
山　西	395354	582490	404887	211980	38278	51500	49151
内蒙古	36081	56052	52206	21591	3715	209	4
辽　宁	349173	614219	464608	267714	35055	7099	5347
吉　林	149848	225328	164513	80231	12146	4292	4074
黑龙江	165860	248009	228615	84136	12256	3344	492
上　海	178571	390909	337851	216442	32950	17219	6907
江　苏	177991	285658	199570	112732	16033	7165	901
浙　江	77046	126768	103942	50770	9710	2952	1781
安　徽	143071	226673	163309	86844	15043	17604	17184
福　建	93504	148329	112290	56172	8888	6321	1008
江　西	85050	133492	94609	51594	8694	3346	2916
山　东	252266	431132	354695	186558	31653	18408	14682
河　南	245387	395082	303178	168445	28655	10458	7926
湖　北	613976	952138	758139	355677	50576	18573	12839
湖　南	206064	324599	261700	126069	27676	6253	4749
广　东	229635	409927	313557	185982	20383	11152	7888
广　西	66576	104240	87352	39907	6634	5775	5274
海　南	6901	10370	9327	3769	575	224	66
重　庆	58829	87356	70848	31287	4536	344	——
四　川	314520	517421	388494	210303	37317	11142	8949
贵　州	96439	163041	114122	68560	9742	906	110
云　南	183045	251000	210465	74632	13114	1790	234
西　藏	26718	4385	4385	24132	2485	366	——
陕　西	218732	339711	290526	129426	21238	3533	2545
甘　肃	96387	136056	79977	44160	7126	1265	32
青　海	62061	96985	77622	35004	10128	850	——
宁　夏	3713	4638	4123	1022	233	2	——
新　疆	875387	1303053	1014971	512649	34978	14728	531

2—20 各地区国有企业负债及所有者权益

单位:万元

地区	负债合计	流动负债小计	长期负债小计	所有者权益合计	#实收资本
全国总计	**50476886**	**47512531**	**2964267**	**15898455**	**11399055**
北京	5043366	4676394	366972	1247070	760683
天津	1160017	1092598	67419	391874	273179
河北	2249575	2122400	127175	685122	554997
山西	1817922	1730246	87676	737001	425222
内蒙古	434180	394696	39484	174126	136284
辽宁	2389973	2294682	95291	837465	695100
吉林	1355799	1329358	26441	441418	370228
黑龙江	1948830	1833223	115606	485810	432989
上海	2214550	2086709	127841	1055377	607797
江苏	3932559	3786446	146112	1037345	766167
浙江	1220104	1188800	31303	396672	244122
安徽	1258114	1144695	113419	379013	348893
福建	1176047	1113751	62296	349805	267564
江西	801536	737106	64429	221550	159872
山东	2320364	2162630	157734	580026	460778
河南	1632425	1568702	63722	624754	457486
湖北	2554288	2302259	252029	733703	510961
湖南	1354372	1232717	121655	451832	338176
广东	5239390	4974232	265158	1552032	954908
广西	1313902	1240357	73545	348453	232164
海南	167732	151214	16519	102037	52988
重庆	520496	485080	35415	174029	162380
四川	1866998	1760214	106784	676294	497557
贵州	877940	847603	30337	197453	138119
云南	1248280	1143214	105066	354810	291620
西藏	54833	51784	3050	75063	25361
陕西	1460814	1381451	79362	305177	239416
甘肃	622797	586607	36190	137252	115101
青海	374033	357808	16225	118639	99314
宁夏	290042	252267	37686	76147	90500
新疆	1575612	1483288	92324	951104	689127

2—21　各地区国有企业地方和中央负债及所有者权益

单位：万元

地　区	负债合计	流动负债小计	长期负债小计	所有者权益合计	#实收资本
全国总计	**50476886**	**47512531**	**2964267**	**15898455**	**11399055**
一、地方所属单位	31252299	29356660	1895550	9720158	7024825
北　京	2927511	2729422	198089	715491	389006
天　津	429446	420896	8550	89929	92334
河　北	1135289	1071816	63473	388877	322053
山　西	703868	663741	40127	158595	140987
内蒙古	327398	292406	34992	137336	101290
辽　宁	1358675	1293852	64824	479241	398622
吉　林	881906	864790	17116	318980	262102
黑龙江	1397436	1315712	81724	331539	287695
上　海	1405297	1312478	92819	820252	436852
江　苏	3248488	3133187	115300	873502	655701
浙　江	981009	962016	18993	307945	196985
安　徽	807874	715826	92048	257174	247924
福　建	749683	702287	47396	238992	189623
江　西	596093	537156	58937	152471	112072
山　东	1405759	1305766	99993	365594	258735
河　南	774015	723293	50722	401946	295618
湖　北	853314	782449	70865	354514	312096
湖　南	750596	687289	63307	297747	226619
广　东	4430575	4222438	208136	1318219	795118
广　西	1112028	1058331	53697	285098	187623
海　南	140417	127627	12790	86465	40189
重　庆	365188	333988	31199	126816	114081
四　川	992004	917046	74957	387593	277365
贵　州	503133	470161	32972	92769	64322
云　南	880239	792632	87607	239032	192283
西　藏	27221	24517	2704	36297	14169
陕　西	769025	708987	60038	138152	102747
甘　肃	332772	312454	20318	66924	55903
青　海	193554	180082	13471	80641	62556
宁　夏	280142	243103	36950	71000	86685
新　疆	492345	450910	41435	101028	105472

2—21 续表 单位:万元

地　　区	负债合计	流动负债小计	长期负债小计	所有者权益合计	#实收资本
二、中央所属单位	**19224588**	**18155871**	**1068716**	**6178297**	**4374230**
北　　京	2115855	1946972	168883	531579	371677
天　　津	730571	671702	58869	301945	180846
河　　北	1114286	1050584	63702	296245	232944
山　　西	1114053	1066505	47549	578406	284235
内 蒙 古	106782	102289	4492	36790	34994
辽　　宁	1031298	1000830	30468	358224	296479
吉　　林	473893	464568	9325	122438	108126
黑 龙 江	551393	517511	33882	154271	145294
上　　海	809253	774231	35022	235125	170945
江　　苏	684071	653259	30812	163843	110466
浙　　江	239094	226784	12310	88727	47137
安　　徽	450240	428869	21371	121839	100969
福　　建	426363	411464	14900	110813	77941
江　　西	205443	199950	5493	69078	47801
山　　东	914605	856864	57741	214432	202043
河　　南	858410	845409	13000	222808	161868
湖　　北	1700974	1519810	181164	379189	198866
湖　　南	603775	545427	58348	154085	111557
广　　东	808815	751794	57021	233813	159790
广　　西	201874	182026	19848	63355	44542
海　　南	27315	23587	3728	15572	12799
重　　庆	155308	151092	4216	47214	48299
四　　川	874995	843168	31827	288701	220193
贵　　州	374807	377442	—2635	104684	73797
云　　南	368042	350582	17459	115779	99337
西　　藏	27613	27267	346	38766	11192
陕　　西	691788	672464	19324	167024	136669
甘　　肃	290025	274154	15872	70329	59198
青　　海	180480	177726	2754	37998	36759
宁　　夏	9900	9164	736	5147	3815
新　　疆	1083266	1032377	50889	850076	583654

2—22　各地区国有企业结算收入及工程结算利润

单位:万元

地　区	工程结算收入	工程结算成本	工程结算税金及附加	工程结算利润	管理费用	#税　金	#财产保险费	#劳动、待业保险费
全国总计	**45913061**	**40535036**	**1388150**	**3989875**	**3783355**	**99220**	**26076**	**765761**
北　京	3495309	3058282	105193	331834	329636	4137	1418	48737
天　津	1157510	1018379	32234	106897	108690	1651	1878	24138
河　北	2445022	2178761	71274	194987	176016	4026	1356	37834
山　西	1881762	1643202	57427	181134	181093	16530	477	31687
内蒙古	425077	360152	12233	52692	50000	1879	261	12087
辽　宁	2462830	2182008	71380	209441	212046	4484	1078	45262
吉　林	1632543	1464628	44480	123436	114183	1479	380	17834
黑龙江	1813434	1620745	50250	142439	126530	1957	1147	16903
上　海	1580381	1383045	40894	156442	158647	1783	831	42267
江　苏	3167987	2826053	94264	247670	230494	5129	1457	41432
浙　江	1330336	1164701	41403	124232	99288	1932	774	18780
安　徽	1149035	1002895	35796	110345	106858	2871	682	25813
福　建	1210358	1079582	56700	74076	66587	1348	236	12600
江　西	551682	483952	17423	50306	45269	1068	356	10437
山　东	2294554	2022416	64608	207530	181788	5891	1155	30610
河　南	1970436	1743044	64640	162752	172287	3391	792	41379
湖　北	2388239	2049218	78358	260663	223434	6422	2524	43982
湖　南	1385994	1230414	37246	118334	114592	3073	1242	23367
广　东	3605342	3202395	127197	275750	251795	7604	1164	39719
广　西	862495	752772	25788	83935	75092	3475	422	17176
海　南	199315	177836	7201	14279	10336	532	40	588
重　庆	566055	496420	17786	51850	45150	976	158	12197
四　川	2088274	1834383	65141	188750	181831	4380	2075	50738
贵　州	730022	647459	23042	59521	50638	1387	1742	10103
云　南	1287045	1153128	38633	95285	94755	5834	504	28676
西　藏	53167	44914	1749	6504	4530	270	10	610
陕　西	1420082	1262615	40402	117065	107449	2182	692	26866
甘　肃	515051	451177	14647	49226	49020	698	241	13181
青　海	312357	260440	9337	42580	34913	645	417	9246
宁　夏	283130	249240	7198	26693	20283	898	99	3476
新　疆	1648233	1490781	34224	123227	160126	1287	470	28037

2—23 各地区国有企业地方和中央工程结算收入及工程结算利润

单位:万元

地区	工程结算收入	工程结算成本	工程结算税金及附加	工程结算利润	管理费用	#税金	#财产保险费	#劳动、待业保险费
全国总计	**45913061**	**40535036**	**1388150**	**3989875**	**3783355**	**99220**	**26076**	**765761**
一、地方所属单位	25432773	22643614	810222	1978937	1886045	57946	12657	358975
北京	1440175	1236854	44651	158669	179110	2463	1001	26746
天津	325305	296593	6681	22031	29320	621	119	7304
河北	1206282	1083476	37949	84856	83805	2454	357	18362
山西	455878	397559	14354	43964	49914	1544	225	11996
内蒙古	315180	270190	9071	35918	30740	1536	205	4006
辽宁	1339654	1200784	40173	98697	105324	2900	541	19208
吉林	1080436	983205	28164	69067	63652	1080	134	11328
黑龙江	1261247	1125164	41400	94683	86007	1724	626	11113
上海	811796	734749	19509	57538	62366	1162	475	8444
江苏	2479204	2218875	73648	186682	168522	4607	854	23977
浙江	1000108	899802	31558	68749	63169	1653	578	12270
安徽	640130	565407	20552	54171	55968	2050	458	12415
福建	716984	630876	41900	44209	38557	882	111	8187
江西	350034	314712	11456	23866	22332	833	315	3836
山东	1161459	1036422	33803	91234	81962	3169	579	13833
河南	840692	740472	34686	65533	72205	2720	370	16714
湖北	856427	747910	31456	77061	71966	2929	527	9368
湖南	797375	723861	21090	52424	48467	2252	606	6782
广东	2854720	2549502	95774	209444	186138	6020	903	28234
广西	666706	592548	19290	54868	48985	1565	350	11845
海南	170940	153019	5832	12090	8283	504	34	560
重庆	392845	346762	13685	32398	28078	872	149	7039
四川	1171205	1038012	38623	94570	82676	2570	1525	23678
贵州	387892	349058	12378	26455	20217	828	164	3743
云南	927916	833924	27640	66353	63480	5188	322	21491
西藏	39643	34256	1684	3703	3038	2488	608	
陕西	539548	475563	16745	47241	41801	1287	362	11216
甘肃	267529	240848	8376	18305	20271	452	129	6969
青海	174836	151274	4402	19161	13830	433	308	4024
宁夏	274041	241470	6930	25640	19593	895	95	3470
新疆	486585	430466	16762	39358	36268	504	225	10206

2—23 续表　　　　　　　　　　　　　　　　　　　　　　　　　　　　单位:万元

地　　区	工程结算收入	工程结算成本	工程结算税金及附加	工程结算利润	管理费用	＃税　金	＃财产保险费	＃劳动、待业保险费
二、中央所属单位	**20480288**	**17891422**	**577928**	**2010938**	**1897310**	**41274**	**13418**	**406786**
北　京	2055134	1821428	60542	173165	150526	1674	416	21991
天　津	832205	721786	25553	84866	79370	1031	1760	16833
河　北	1238741	1095286	33325	110130	92210	1572	998	19472
山　西	1425885	1245642	43073	137169	131179	14986	252	19690
内蒙古	109897	89962	3161	16774	19260	342	56	8080
辽　宁	1123175	981224	31207	110744	106722	1584	537	26054
吉　林	552107	481423	16316	54369	50531	399	246	6505
黑龙江	552187	495581	8850	47756	40523	233	521	5790
上　海	768585	648296	21385	98904	96281	621	356	33823
江　苏	688783	607178	20616	60989	61972	522	602	17454
浙　江	330228	264900	9846	55483	36119	279	196	6510
安　徽	508905	437488	15244	56174	50890	821	224	13398
福　建	493374	448706	14800	29867	28029	466	124	4413
江　西	201647	169240	5967	26440	22937	235	41	6601
山　东	1133095	985994	30805	116296	99826	2721	576	16777
河　南	1129744	1002572	29954	97218	100082	671	422	24665
湖　北	1531812	1301308	46902	183603	151468	3493	1997	34614
湖　南	588619	506553	16156	65910	66125	820	636	16585
广　东	750623	652893	31423	66307	65658	1584	261	11485
广　西	195789	160224	6498	29068	26107	1910	72	5332
海　南	28375	24816	1370	2189	2053	285	28	
重　庆	173211	149658	4101	19451	17072	1039	5158	
四　川	917070	796370	26519	94181	99155	1810	550	27060
贵　州	342130	298401	10664	33066	30420	560	1578	6360
云　南	359129	319204	10993	28932	31275	646	182	7185
西　藏	13524	10658	65	2801	1492	2212		
陕　西	880534	787052	23658	69824	65648	896	330	15650
甘　肃	247522	210329	6271	30921	28749	246	112	6212
青　海	137521	109166	4936	23419	21082	212	109	5222
宁　夏	9090	7769	268	1053	690345			
新　疆	1161648	1060316	17462	83870	123858	783	245	17831

2—24 各地区国有企业利润及税金总额

单位:万元

地区	利润总额	#应交所得税	税金总额	工程结算税金及附加	管理费用中的税金
全国总计	**189892**	**181820**	**1487370**	**1388150**	**99220**
北京	46722	16438	109330	105193	4137
天津	—2525	5972	33885	32234	1651
河北	7991	11522	75300	71274	4026
山西	—5122	3246	73957	57427	16530
内蒙古	3255	1506	14112	12233	1879
辽宁	—7106	5880	75865	71380	4484
吉林	1696	4569	45959	44480	1479
黑龙江	13689	5179	52208	50250	1957
上海	38732	5042	42677	40894	1783
江苏	28787	10975	99393	94264	5129
浙江	22497	9666	43335	41403	1932
安徽	—4449	2910	38667	35796	2871
福建	2038	28120	58049	56700	1348
江西	—351	1475	18492	17423	1068
山东	25453	9724	70499	64608	5891
河南	—5910	5325	68031	64640	3391
湖北	4438	6634	84780	78358	6422
湖南	2700	2247	40318	37246	3073
广东	64383	16260	134802	127197	7604
广西	295	4340	29263	25788	3475
海南	3482	664	7733	7201	532
重庆	2395	2267	18762	17786	976
四川	—5601	5756	69521	65141	4380
贵州	2398	2487	24429	23042	1387
云南	7598	6129	44466	38633	5834
西藏	2102	373	2018	1749	270
陕西	3342	2634	42584	40402	2182
甘肃	—5252	783	15345	14647	698
青海	3162	1246	9982	9337	645
宁夏	2692	582	8096	7198	898
新疆	—63638	1869	35512	34224	1287

2—25　各地区国有企业地方和中央利润及税金总额

单位:万元

地　　区	利润总额	#应交所得税	税金总额	工程结算税金及附加	管理费用中的税金
全国总计	**189892**	**181820**	**1487370**	**1388150**	**99220**
一、地方所属单位	**151772**	**89760**	**868168**	**810222**	**57946**
北　　京	22653	7610	47114	44651	2463
天　　津	—5372	596	7302	6681	621
河　　北	—886	3850	40404	37949	2454
山　　西	—8803	848	15898	14354	1544
内 蒙 古	2543	1295	10608	9071	1536
辽　　宁	—10376	3194	43074	40173	2900
吉　　林	—520	3700	29244	28164	1080
黑 龙 江	4078	4494	43124	41400	1724
上　　海	32580	1827	20671	19509	1162
江　　苏	28373	9030	78254	73648	4607
浙　　江	12888	4570	33211	31558	1653
安　　徽	—5913	1530	22602	20552	2050
福　　建	3591	2042	42782	41900	882
江　　西	225	1230	12290	11456	833
山　　东	6713	4326	36972	33803	3169
河　　南	—7968	2497	37406	34686	2720
湖　　北	99	3206	34386	31456	2929
湖　　南	1950	1314	23342	21090	2252
广　　东	54411	13336	101794	95774	6020
广　　西	3644	3112	20854	19290	1565
海　　南	3738	662	6336	5832	504
重　　庆	2758	1126	14557	13685	872
四　　川	958	3961	41192	38623	2570
贵　　州	467	799	13205	12378	828
云　　南	5660	4955	32828	27640	5188
西　　藏	1796	218	1931	1684	248
陕　　西	2436	1398	18031	16745	1287
甘　　肃	—5264	315	8829	8376	452
青　　海	2178	1047	4834	4402	433
宁　　夏	2097	462	7825	6930	895
新　　疆	1038	1207	17266	16762	504

2—25 续表 单位:万元

地　　区	利润总额	#应交所得税	税金总额	工程结算税金及附加	管理费用中的税金
二、中央所属单位	**38120**	**92060**	**619202**	**577928**	**41274**
北　　京	24070	8829	62216	60542	1674
天　　津	2847	5376	26584	25553	1031
河　　北	8877	7672	34897	33325	1572
山　　西	3681	2399	58059	43073	14986
内 蒙 古	712	211	3504	3161	342
辽　　宁	3269	2686	32791	31207	1584
吉　　林	2216	869	16715	16316	399
黑 龙 江	9611	685	9083	8850	233
上　　海	6152	3215	22006	21385	621
江　　苏	415	1946	21138	20616	522
浙　　江	9610	5096	10124	9846	279
安　　徽	1464	1379	16064	15244	821
福　　建	—1553	26078	15266	14800	466
江　　西	—576	245	6202	5967	235
山　　东	18740	5397	33527	30805	2721
河　　南	2058	2828	30625	29954	671
湖　　北	4339	3427	50394	46902	3493
湖　　南	750	933	16976	16156	820
广　　东	9972	2924	33008	31423	1584
广　　西	—3349	1229	8408	6498	1910
海　　南	—2562	1398	1370	28	
重　　庆	—363	1141	4205	4101	103
四　　川	—6559	1795	28329	26519	1810
贵　　州	1931	1687	11224	10664	560
云　　南	1938	1174	11639	10993	646
西　　藏	306	154	88	65	22
陕　　西	905	1236	24553	23658	896
甘　　肃	11	468	6517	6271	246
青　　海	984	199	5148	4936	212
宁　　夏	595	120	271	2683	
新　　疆	—64675	662	18246	17462	783

2－26 各地区国有企业主要效益指标

地　区	产值利润率(%)	产值利税率(%)	资本利润率(%)	资本利税率(%)	人均利润(元/人)	人均利税(元/人)	资产负债率(%)
全国总计	**0.4**	**3.5**	**1.7**	**14.7**	**310**	**2742**	**76.0**
北　京	1.4	4.8	6.1	20.5	1800	6011	80.2
天　津	－0.2	2.7	－0.9	11.5	－234	2910	74.7
河　北	0.3	3.3	1.4	15.0	249	2598	76.7
山　西	－0.3	3.5	－1.2	16.2	－220	2955	71.2
内蒙古	0.7	3.6	2.4	12.7	424	2260	71.4
辽　宁	－0.3	2.7	－1.0	9.9	－198	1920	74.1
吉　林	0.1	2.8	0.5	12.9	94	2646	75.4
黑龙江	0.8	3.7	3.2	15.2	617	2972	80.0
上　海	2.1	4.5	6.4	13.4	4068	8550	67.7
江　苏	0.8	3.4	3.8	16.7	701	3122	79.1
浙　江	1.5	4.5	9.2	27.0	1409	4123	75.5
安　徽	－0.3	2.7	－1.3	9.8	－227	1745	76.8
福　建	0.2	4.9	0.8	22.5	164	4841	77.1
江　西	－0.1	3.0	－0.2	11.3	－30	1530	78.3
山　东	1.0	3.8	5.5	20.8	806	3038	80.0
河　南	－0.3	3.0	－1.3	13.6	－172	1803	72.3
湖　北	0.2	3.5	0.9	17.5	122	2450	77.7
湖　南	0.2	2.7	0.8	12.7	112	1793	75.0
广　东	1.8	5.6	6.7	20.9	1527	4724	77.1
广　西	——	3.5	0.1	12.7	19	1904	79.0
海　南	1.5	4.9	6.6	21.2	1077	3470	62.2
重　庆	0.4	3.2	1.5	13.0	213	1881	74.9
四　川	－0.2	2.7	－1.1	12.8	－135	1541	73.4
贵　州	0.3	3.5	1.7	19.4	192	2146	81.6
云　南	0.6	3.9	2.6	17.9	438	2998	77.9
西　藏	2.0	3.9	8.3	16.2	2540	4979	42.2
陕　西	0.2	2.9	1.4	19.2	174	2385	82.7
甘　肃	－1.0	1.9	－4.6	8.8	－557	1071	81.9
青　海	1.0	4.0	3.2	13.2	694	2883	75.9
宁　夏	0.9	3.7	3.0	11.9	705	2825	79.2
新　疆	－4.4	－2.0	－9.2	－4.1	－3597	－1590	62.4

2—27 各地区国有企业地方和中央主要效益指标

地　　区	产值利润率(%)	产值利税率(%)	资本利润率(%)	资本利税率(%)	人均利润(元/人)	人均利税(元/人)	资产负债率(%)
全国总计	**0.4**	**3.5**	**1.7**	**14.7**	**310**	**2742**	**76.0**
一、地方所属单位	**0.5**	**3.7**	**2.2**	**14.5**	**369**	**2481**	**76.3**
北　　京	1.6	4.9	5.8	17.9	2078	6400	80.4
天　　津	—1.7	0.6	—5.8	2.1	—1844	662	82.7
河　　北	—0.1	3.1	—0.3	12.3	—42	1874	74.5
山　　西	—1.8	1.5	—6.2	5.0	—1012	816	81.6
内 蒙 古	0.7	3.6	2.5	13.0	468	2422	70.4
辽　　宁	—0.7	2.3	—2.6	8.2	—470	1481	73.9
吉　　林	——	2.6	—0.2	11.0	—40	2235	73.4
黑 龙 江	0.3	3.7	1.4	16.4	229	2646	80.8
上　　海	3.4	5.5	7.5	12.2	8521	13927	63.1
江　　苏	0.9	3.4	4.3	16.3	827	3106	78.8
浙　　江	1.1	4.0	6.5	23.4	934	3340	76.1
安　　徽	—0.8	2.3	—2.4	6.7	—442	1246	75.9
福　　建	0.5	6.2	1.9	24.5	399	5158	75.8
江　　西	0.1	3.3	0.2	11.2	26	1422	79.6
山　　东	0.5	3.4	2.6	16.9	315	2050	79.4
河　　南	—0.8	3.0	—2.7	10.0	—311	1150	65.8
湖　　北	——	3.4	——	11.05		1651	70.6
湖　　南	0.2	2.7	0.9	11.2	114	1482	71.6
广　　东	1.9	5.5	6.8	19.6	1477	4241	77.1
广　　西	0.6	3.7	1.9	13.1	277	1860	79.6
海　　南	1.9	5.1	9.3	25.1	1281	3452	61.9
重　　庆	0.6	3.7	2.4	15.2	319	2006	74.2
四　　川	0.1	3.1	0.3	15.2	32	1425	71.9
贵　　州	0.1	3.4	0.7	21.3	56	1634	84.4
云　　南	0.6	4.0	2.9	20.0	439	2985	78.6
西　　藏	3.8	7.8	12.7	26.3	3143	6522	42.9
陕　　西	0.4	3.3	2.4	19.9	229	1926	84.8
甘　　肃	—1.9	1.3	—9.4	6.4	—870	590	83.3
青　　海	1.2	3.7	3.5	11.2	731	2354	70.6
宁　　夏	0.7	3.5	2.4	11.4	560	2651	79.8
新　　疆	0.2	3.6	1.0	17.4	208	3670	83.0

2—27续表

地　　区	产值利润率(%)	产值利税率(%)	资本利润率(%)	资本利税率(%)	人均利润(元/人)	人均利税(元/人)	资产负债率(%)
二、中央所属单位	**0.2**	**3.2**	**0.9**	**15.0**	**190**	**3277**	**75.7**
北　京	1.3	4.7	6.5	23.2	1598	5730	79.9
天　津	0.3	3.5	1.6	16.3	362	3742	70.8
河　北	0.7	3.4	3.8	18.8	809	3991	79.0
山　西	0.3	4.2	1.3	21.7	252	4230	65.8
内蒙古	0.6	3.6	2.0	12.0	316	1870	74.4
辽　宁	0.3	3.3	1.1	12.2	238	2624	74.2
吉　林	0.4	3.3	2.0	17.5	429	3668	79.5
黑龙江	1.9	3.6	6.6	12.9	2218	4314	78.1
上　海	0.7	3.3	3.6	16.5	1080	4942	77.5
江　苏	0.1	3.3	0.4	19.5	62	3206	80.7
浙　江	3.1	6.4	20.4	41.9	4437	9113	72.9
安　徽	0.3	3.2	1.4	17.4	235	2817	78.7
福　建	−0.3	2.9	−2.0	17.6	−454	4009	79.4
江　西	−0.3	2.4	−1.2	11.8	−189	1845	74.8
山　东	1.6	4.3	9.3	25.9	1825	5090	81.0
河　南	0.2	2.9	1.3	20.2	232	3686	79.4
湖　北	0.3	3.6	2.2	27.5	279	3525	81.8
湖　南	0.1	2.8	0.7	15.9	108	2555	79.7
广　东	1.4	6.0	6.2	26.9	1871	8065	77.6
广　西	−1.7	2.6	−7.5	11.4	−1422	2149	76.1
海　南	−0.9	3.8	−2.0	8.9	−818	3642	63.7
重　庆	−0.2	2.1	−0.8	8.0	−139	1469	76.7
四　川	−0.7	2.2	−3.0	9.9	−551	1829	75.2
贵　州	0.5	3.7	2.6	17.8	467	3183	78.2
云　南	0.5	3.7	2.0	13.7	433	3036	76.1
西　藏	0.5	0.7	2.7	3.5	1194	1536	41.6
陕　西	0.1	2.6	0.7	18.6	105	2951	80.6
甘　肃	——	2.6	——	11.03	1933	80.5	
青　海	0.7	4.4	2.7	16.7	623	3882	82.6
宁　夏	8.1	11.8	15.6	22.7	7848	11418	65.8
新　疆	−7.0	−5.0	−11.1	−8.0	−5090	−3654	56.0

2—28 各地区国有建筑业企业亏损情况

地　　区	企业个数（个）	#亏损企业个数	亏损金额（万元）	亏损面（%）
全国总计	**8767**	**2402**	**500753**	**27.4**
北　　京	342	81	14241	23.7
天　　津	121	41	18283	33.9
河　　北	430	99	29808	23.0
山　　西	198	59	18934	29.8
内 蒙 古	128	28	2723	21.9
辽　　宁	517	159	35951	30.8
吉　　林	330	96	18000	29.1
黑 龙 江	467	112	12986	24.0
上　　海	207	41	12955	19.8
江　　苏	529	118	17020	22.3
浙　　江	283	48	4185	17.0
安　　徽	247	95	18356	38.5
福　　建	253	88	8060	34.8
江　　西	224	82	7744	36.6
山　　东	626	178	14724	28.4
河　　南	435	127	28075	29.2
湖　　北	461	108	24998	23.4
湖　　南	307	86	14071	28.0
广　　东	630	185	18751	29.4
广　　西	250	77	14518	30.8
海　　南	130	45	1506	34.6
重　　庆	163	44	7811	27.0
四　　川	375	101	25729	26.9
贵　　州	148	42	5906	28.4
云　　南	189	48	12964	25.4
西　　藏	394	37	10.3	
陕　　西	161	42	8049	26.1
甘　　肃	94	36	10062	38.3
青　　海	99	19	3367	19.2
宁　　夏	158	46	6248	29.1
新　　疆	226	67	84694	29.6

2—29 各地区地方和中央国有建筑业企业亏损情况

地区	企业个数（个）	亏损企业个数	亏损金额（万元）	亏损面（%）
全国总计	**8767**	**2402**	**500753**	**27.4**
一、地方所属单位	**7496**	**2092**	**284959**	**27.9**
北京	210	49	7249	23.3
天津	82	31	9848	37.8
河北	365	88	16519	24.1
山西	160	50	13812	31.2
内蒙古	115	27	2710	23.5
辽宁	420	135	27219	32.1
吉林	298	87	15149	29.2
黑龙江	411	104	12746	25.3
上海	172	32	3165	18.6
江苏	492	110	10778	22.4
浙江	274	48	4185	17.5
安徽	211	85	15742	40.3
福建	184	66	3274	35.9
江西	204	75	4933	36.8
山东	570	167	13647	29.3
河南	372	109	20718	29.3
湖北	419	96	17539	22.9
湖南	260	74	8306	28.5
广东	550	166	14358	30.2
广西	228	72	7588	31.6
海南	114	36	1123	31.6
重庆	140	34	3056	24.3
四川	325	91	12866	28.0
贵州	119	35	3103	29.4
云南	157	40	10967	25.5
西藏	36	4	37	11.1
陕西	127	38	3032	29.9
甘肃	78	30	7983	38.5
青海	88	18	3366	20.5
宁夏	149	45	6245	30.2
新疆	166	50	3696	30.1

2—29 续表

地　　区	企业个数（个）	亏损企业个数	亏损金额（万元）	亏损面（%）
二、中央所属单位	**1271**	**310**	**215794**	**24.4**
北　京	132	32	6992	24.2
天　津	39	10	8435	25.6
河　北	65	11	13289	16.9
山　西	38	9	5122	23.7
内蒙古	13	1	12	7.7
辽　宁	97	24	8732	24.7
吉　林	32	9	2850	28.1
黑龙江	56	8	240	14.3
上　海	35	9	9790	25.7
江　苏	37	8	6242	21.6
浙　江	9	——		——
安　徽	36	10	2614	27.8
福　建	69	22	4786	31.9
江　西	20	7	2811	35.0
山　东	56	11	1076	19.6
河　南	63	18	7357	28.6
湖　北	42	12	7459	28.6
湖　南	47	12	5764	25.5
广　东	80	19	4393	23.8
广　西	22	5	6930	22.7
海　南	16	9	383	56.2
重　庆	23	10	4755	43.5
四　川	50	10	12863	20.0
贵　州	29	7	2803	24.1
云　南	32	8	1996	25.0
西　藏	3	——		——
陕　西	34	4	5017	11.8
甘　肃	16	6	2079	37.5
青　海	11	1	1	9.1
宁　夏	9	1	3	11.1
新　疆	60	17	80998	28.3

2—30 各地区国有企业建筑材料消耗情况

地区	一、价值量				二、实物量		
	材料费用合计(万元)	钢材	木材	水泥	钢材(万吨)	木材(万立方米)	水泥(万吨)
全国总计	**20636228**	**5969031**	**870561**	**3239269**	**2158.71**	**891.80**	**10638.19**
北京	1052546	348289	37639	120056	124.54	34.79	380.26
天津	318749	94710	7844	57685	33.66	6.72	162.01
河北	957960	303431	38134	150914	108.79	39.05	559.40
山西	915853	256068	42477	250005	85.96	42.88	991.26
内蒙古	205414	46946	5252	27013	17.85	4.97	86.28
辽宁	1093840	280117	36409	128462	111.42	35.10	416.00
吉林	905929	190672	30590	113545	68.86	32.01	339.05
黑龙江	863305	167338	26240	115810	56.02	29.88	294.68
上海	547758	164013	19638	59922	59.35	14.46	193.82
江苏	1534234	431941	90760	242718	162.97	77.07	852.01
浙江	959043	177786	26704	121311	64.00	24.78	399.18
安徽	555201	155399	24151	95009	55.88	20.75	296.28
福建	447514	162302	25072	93299	61.86	33.88	267.78
江西	209140	80459	14437	49962	31.40	22.00	163.75
山东	885749	274356	33337	111165	98.52	30.84	446.82
河南	996493	294917	41809	131876	109.97	38.80	527.97
湖北	1112653	365437	51277	178956	136.13	48.53	595.98
湖南	675513	208585	28030	102250	72.06	43.33	363.74
广东	1687876	505569	112389	262456	186.45	119.34	752.40
广西	533158	164330	29006	98271	57.41	42.63	338.70
海南	58641	24650	6041	24192	11.74	8.50	80.34
重庆	292063	93158	12008	59792	35.22	11.80	194.44
四川	1299998	425547	59006	226821	163.50	56.48	640.23
贵州	228994	91184	9145	51826	33.75	9.22	165.23
云南	523964	167986	14815	118637	58.76	15.54	385.65
西藏	17958	3519	1996	9532	1.01	2.68	14.27
陕西	597874	160643	22165	99326	59.45	20.65	310.17
甘肃	239293	68955	3920	23152	21.47	2.92	75.16
青海	116264	23179	3891	22553	8.71	2.86	59.76
宁夏	140346	40122	2978	19472	12.49	2.57	65.00
新疆	662907	197424	13400	73281	49.51	16.78	220.59

2—31 各地区国有企业地方和中央建筑材料消耗情况

地区	一、价值量				二、实物量		
	材料费用合计(万元)	钢材	木材	水泥	钢材(万吨)	木材(万立方米)	水泥(万吨)
全国总计	**20636228**	**5969031**	**870561**	**3239269**	**2158.71**	**891.80**	**10638.19**
一、地方所属单位	**12459402**	**3339399**	**663552**	**2082082**	**1264.23**	**683.05**	**6910.31**
北京	489734	153534	17916	49706	52.29	16.63	152.00
天津	89219	22246	2983	12317	8.26	2.66	41.88
河北	531707	138917	31671	87860	55.00	31.92	343.04
山西	205775	67204	7277	34759	24.79	7.51	140.13
内蒙古	148207	33339	4548	22264	12.94	4.29	70.55
辽宁	611218	164829	29870	81719	61.70	28.43	260.62
吉林	595188	85106	24472	63267	32.11	25.54	181.01
黑龙江	633843	120182	22796	97785	43.73	25.53	245.87
上海	269674	72143	15113	38638	27.27	10.87	127.94
江苏	1281151	347923	87229	220785	135.54	74.38	777.20
浙江	860013	136336	25463	110841	48.54	23.55	366.78
安徽	322955	85430	19785	60278	32.49	16.77	216.87
福建	239797	87414	18824	51593	34.24	27.88	147.94
江西	144013	50458	11445	37580	20.75	17.10	122.05
山东	504853	137737	27436	71250	52.11	25.48	304.36
河南	533534	158265	30903	84696	63.29	28.00	354.47
湖北	455765	117976	33196	94274	46.83	33.47	327.76
湖南	434934	127142	22075	81783	48.95	35.67	294.79
广东	1362222	396971	96688	211577	147.61	100.94	627.73
广西	408720	114229	27492	90728	44.16	39.93	311.25
海南	51080	21155	5411	21484	10.59	7.75	71.00
重庆	206869	62855	9180	40820	25.54	9.20	141.84
四川	784162	260501	42244	152996	100.54	40.09	443.29
贵州	112919	49262	7196	37464	19.13	7.45	119.70
云南	401874	124427	12926	99420	45.05	14.09	330.89
西藏	9778	2242	1511	3769	0.65	1.64	5.95
陕西	189383	56058	11589	38756	20.74	10.48	115.20
甘肃	135169	35134	3069	16860	12.56	2.37	55.71
青海	59804	10825	3411	11457	4.00	2.49	35.52
宁夏	136808	39156	2973	19193	12.24	2.57	64.02
新疆	249033	60403	6860	36162	20.59	8.37	112.95

2—31续表

地　　区	一、价值量				二、实物量		
	材料费用合计(万元)	钢　材	木　材	水　泥	钢材(万吨)	木材(万立方米)	水泥(万吨)
二、中央所属单位	**8176826**	**2629632**	**207009**	**1157187**	**894.48**	**208.74**	**3727.88**
北　京	562812	194754	19723	70350	72.26	18.16	228.26
天　津	229530	72464	4861	45367	25.39	4.06	120.13
河　北	426253	164514	6463	63053	53.79	7.13	216.35
山　西	710078	188864	35200	215246	61.18	35.37	851.13
内蒙古	57206	13607	704	4749	4.91	0.68	15.73
辽　宁	482622	115288	6538	46743	49.72	6.67	155.37
吉　林	310741	105566	6118	50278	36.75	6.47	158.04
黑龙江	229462	47156	3445	18025	12.30	4.35	48.81
上　海	278084	91870	4525	21284	32.07	3.59	65.88
江　苏	253084	84017	3531	21932	27.43	2.69	74.81
浙　江	99029	41449	1240	10470	15.46	1.23	32.40
安　徽	232246	69969	4367	34731	23.39	3.97	79.41
福　建	207718	74888	6248	41706	27.62	6.00	119.84
江　西	65128	30001	2992	12381	10.64	4.90	41.71
山　东	380896	136619	5901	39916	46.41	5.36	142.46
河　南	462959	136653	10906	47180	46.68	10.81	173.50
湖　北	656888	247461	18081	84683	89.30	15.06	268.22
湖　南	240578	81442	5955	20467	23.11	7.65	68.95
广　东	325653	108598	15701	50879	38.85	18.40	124.67
广　西	124438	50101	1514	7543	13.25	2.70	27.45
海　南	7561	3495	630	2708	1.15	0.75	9.34
重　庆	85194	30303	2828	18972	9.68	2.60	52.60
四　川	515836	165046	16762	73825	62.96	16.39	196.95
贵　州	116075	41922	1949	14362	14.63	1.77	45.53
云　南	122089	43559	1890	19217	13.71	1.45	54.76
西　藏	8180	1277	485	5762	0.35	1.04	8.31
陕　西	408491	104585	10576	60570	38.71	10.18	194.98
甘　肃	104124	33821	851	6292	8.91	0.55	19.45
青　海	56460	12354	480	11096	4.71	0.36	24.24
宁　夏	3538	9666	279	0.25	——	0.97	
新　疆	413874	137021	6540	37119	28.92	8.40	107.64

三
集体、私营、联营和股份制建筑业企业

3—1 各地区集体企业建筑业总产值和竣工产值

单位:万元

地区	建筑业总产值	建筑工程产值	安装工程产值	房屋构筑物修理产值	非标准设备制造产值	竣工产值
全国总计	**36480963**	**31984480**	**3503522**	**847282**	**145678**	**27069361**
北京	1576469	1330857	173244	70630	1738	1044572
天津	339565	258090	65923	13732	1820	273118
河北	1362782	1198051	147260	14659	2811	990389
山西	242174	206051	31213	4531	380	174251
内蒙古	212897	162074	28822	22001	——	184088
辽宁	1762587	1466216	250850	42184	3336	1580514
吉林	328718	253162	68192	6350	1015	291564
黑龙江	753718	572979	139523	38413	2803	648668
上海	706326	609237	66193	29379	1517	491886
江苏	6800246	6002497	641259	123475	33015	4922081
浙江	3951753	3559780	317372	69634	4967	2712834
安徽	1125139	966679	122836	29746	5877	859962
福建	629109	559954	61457	6473	1226	507517
江西	449678	422214	19421	6896	1146	341644
山东	3082124	2515462	453725	63538	49398	2025041
河南	974718	829938	107169	35317	2294	707294
湖北	1172265	1051405	76145	39885	4829	843289
湖南	1509253	1366174	80355	58540	4184	1103305
广东	2741754	2571550	129813	37734	2656	2222283
广西	463494	411001	42123	8805	1565	355171
海南	44356	41148	2896	302	10	35271
重庆	1306591	1214371	72097	18351	1772	866101
四川	2322173	2092113	173690	47612	8758	1752088
贵州	248217	205163	40611	2101	342	175927
云南	1064409	950251	76322	34087	3749	931006
西藏	35099	30197	3426	1309	166	31529
陕西	439089	406256	28079	3579	1176	315967
甘肃	338620	301908	27816	6622	2274	270055
青海	58952	53465	4675	791	20	58172
宁夏	76040	64935	10186	545	375	63101
新疆	362649	311302	40828	10059	459	290674

3—2 各地区集体企业单位工程个数及工程质量

地　区	单位工程施工个数（个）	#本年新开工个数	#投标承包个数	#本年新开工	单位工程竣工个数（个）	#优良品	工程质量优良品率（%）	投标承包个数占单位工程施工个数的比重（%）
全国总计	**269663**	**181812**	**114590**	**80678**	**187530**	**51723**	**27.6**	**42.5**
北　京	11076	6518	1955	1387	7902	1304	16.5	17.7
天　津	4225	3019	1031	632	3580	932	26.0	24.4
河　北	9865	7088	5369	3897	6846	2224	32.5	54.4
山　西	3400	2501	1375	1070	2526	690	27.3	40.4
内蒙古	2137	1665	387	321	1835	859	46.8	18.1
辽　宁	14325	11743	4694	3647	12183	2615	21.5	32.8
吉　林	2098	1803	885	670	1877	502	26.7	42.2
黑龙江	4593	3962	1366	885	4091	1178	28.8	29.7
上　海	4169	2818	1752	1167	2355	601	25.5	42.0
江　苏	32861	24725	16020	12086	25350	8526	33.6	48.8
浙　江	17519	11085	9015	6035	11104	2879	25.9	51.5
安　徽	12690	8584	5697	4092	8856	2088	23.6	44.9
福　建	6496	4166	2016	1268	4244	1362	32.1	31.0
江　西	6249	3680	2860	1797	3835	946	24.7	45.8
山　东	24655	16900	11526	8226	15564	4183	26.9	46.7
河　南	10443	6994	5171	3517	7093	2475	34.9	49.5
湖　北	12023	7629	4116	2803	8002	1755	21.9	34.2
湖　南	11363	6564	5941	3857	6678	1954	29.3	52.3
广　东	19234	11124	5568	3541	11646	3255	27.9	28.9
广　西	7463	4691	2498	1616	4961	1058	21.3	33.5
海　南	644	486	219	179	462	115	24.9	34.0
重　庆	7322	4699	3338	2592	4824	1216	25.2	45.6
四　川	18556	12517	8170	6094	13007	3757	28.9	44.0
贵　州	4250	2657	2115	1352	2767	564	20.4	49.8
云　南	9259	5588	3961	2686	6884	2217	32.2	42.8
西　藏	361	326	188	172	337	130	38.6	52.1
陕　西	4159	2432	2764	1631	2531	723	28.6	66.5
甘　肃	3354	2225	1912	1465	2489	658	26.4	57.0
青　海	632	431	432	288	466	196	42.1	68.4
宁　夏	927	686	389	316	748	90	12.0	42.0
新　疆	3315	2506	1860	1389	2487	671	27.0	56.1

3—3 各地区集体企业房屋建筑面积和工程质量

地　区	房屋建筑施工面积(万平方米)	#本年新开工面积	#投标承包面积	#本年新开工	房屋建筑竣工面积(万平方米)	#优良品	房屋建筑面积优良品率(%)	投标承包面积占房屋建筑施工面积的比重(%)
全国总计	**62502.2**	**36971.3**	**38066.7**	**25058.5**	**35404.7**	**12906.0**	**36.5**	**60.9**
北　京	1874.5	1011.0	1302.8	755.0	839.1	340.7	40.6	69.5
天　津	492.8	303.1	341.7	194.7	334.2	58.7	17.6	69.3
河　北	2444.7	1518.3	1828.3	1217.3	1457.7	634.7	43.5	74.8
山　西	564.1	352.8	355.7	262.2	329.4	120.1	36.5	63.1
内蒙古	286.8	190.6	111.5	90.2	199.8	82.5	41.3	38.9
辽　宁	2357.9	1669.4	1712.5	1233.9	1574.6	655.0	41.6	72.6
吉　林	402.2	312.3	285.4	236.4	320.2	122.0	38.1	71.0
黑龙江	949.4	667.7	676.7	458.8	644.4	233.4	36.2	71.3
上　海	822.8	454.8	511.1	320.5	383.6	136.6	35.6	62.1
江　苏	9605.7	6565.7	6425.1	4501.2	6094.1	2619.1	43.0	66.9
浙　江	5365.9	3111.0	3815.5	2477.2	2359.8	1100.4	46.6	71.1
安　徽	2418.5	1463.0	1455.1	984.1	1441.0	399.7	27.7	60.2
福　建	1248.8	611.2	616.0	336.7	599.6	157.7	26.3	49.3
江　西	1457.4	744.3	756.6	439.5	830.4	226.7	27.3	51.9
山　东	5469.1	3467.3	3356.7	2329.3	3079.5	1000.8	32.5	61.4
河　南	2350.9	1333.3	1531.8	940.9	1313.7	507.8	38.7	65.2
湖　北	2364.8	1324.0	1156.2	738.1	1515.0	336.4	22.2	48.9
湖　南	3017.8	1620.0	1834.7	1039.1	1634.3	619.1	37.9	60.8
广　东	6346.4	2940.3	2224.9	1305.0	2755.7	947.4	34.4	35.1
广　西	1030.5	504.4	521.1	309.3	588.9	151.4	25.7	50.6
海　南	77.6	44.5	36.1	26.7	51.9	15.4	29.6	46.5
重　庆	2457.9	1381.2	1342.0	905.7	1366.9	398.6	29.2	54.6
四　川	4477.1	2824.1	2849.8	2071.2	2797.3	973.0	34.8	63.7
贵　州	626.3	337.9	410.7	243.8	345.4	75.2	21.8	65.6
云　南	1561.8	852.4	798.3	527.4	1095.1	426.3	38.9	51.1
西　藏	35.2	31.0	16.1	15.2	33.7	16.6	49.2	45.7
陕　西	1030.2	496.4	771.3	408.7	521.2	207.8	39.9	74.9
甘　肃	652.2	377.5	495.0	322.6	428.4	170.2	39.7	75.9
青　海	95.3	53.2	71.2	47.5	62.8	33.2	52.9	74.7
宁　夏	126.4	84.4	81.7	61.6	86.1	23.4	27.2	64.6
新　疆	491.3	324.4	375.0	258.7	321.0	116.4	36.3	76.3

3—4 各地区集体企业按主要用途分的房屋建筑竣工面积

单位:万平方米

地区	合计	厂房	住宅	办公用房	商业、居民服务业用房	文化教育用房	医疗用房	科研用房	其他用房
全国总计	**35404.7**	**3155.2**	**21996.0**	**2993.5**	**3029.6**	**1979.8**	**327.4**	**83.6**	**1839.6**
北京	839.1	82.3	540.7	63.1	30.6	43.2	7.8	3.7	67.8
天津	334.2	65.0	191.9	10.3	14.4	11.0	1.9	——	39.7
河北	1457.7	114.0	934.7	150.8	115.3	68.8	13.0	2.4	58.8
山西	329.4	19.8	209.2	37.8	22.0	15.3	2.0	0.6	22.7
内蒙古	199.8	4.3	140.9	15.6	19.0	11.4	1.8	——	6.8
辽宁	1574.6	87.1	1178.2	79.3	127.8	48.7	6.3	5.8	41.6
吉林	320.2	8.5	239.9	11.6	30.8	11.0	3.4	——	15.1
黑龙江	644.4	29.8	476.0	40.6	57.5	22.5	2.1	1.2	14.7
上海	383.6	96.3	206.5	23.5	20.1	21.3	1.3	0.6	14.0
江苏	6094.1	619.4	3585.9	491.1	610.2	341.4	55.0	24.5	366.5
浙江	2359.8	336.3	1187.8	210.7	246.5	188.1	20.5	5.6	164.3
安徽	1441.0	144.0	787.6	156.7	165.2	105.5	19.2	4.9	58.0
福建	599.6	65.2	335.8	54.5	60.6	48.4	4.6	1.7	28.7
江西	830.4	33.8	548.2	80.1	66.5	59.2	9.7	1.3	31.7
山东	3079.5	275.3	1997.9	226.7	260.8	116.2	32.4	1.7	168.4
河南	1313.7	93.9	821.9	162.5	79.3	94.2	14.8	2.9	44.1
湖北	1515.0	85.4	984.8	130.7	105.1	60.9	13.8	7.7	126.6
湖南	1634.3	75.9	1014.7	172.6	131.4	101.1	22.1	3.3	113.1
广东	2755.7	438.0	1661.9	166.9	217.1	145.1	15.0	2.1	109.7
广西	588.9	51.9	324.9	72.0	37.0	66.5	10.5	0.6	25.5
海南	51.9	2.2	27.8	5.0	7.4	3.6	0.6	——	5.3
重庆	1366.9	84.8	950.1	104.1	119.0	58.7	13.1	2.4	34.8
四川	2797.3	202.7	1799.7	230.9	271.3	139.5	26.2	5.0	121.9
贵州	345.4	14.7	226.3	27.2	26.0	32.1	3.2	——	15.8
云南	1095.1	74.3	640.4	131.6	87.4	69.7	14.8	4.0	72.9
西藏	33.7	1.0	9.3	7.2	3.7	2.3	0.2	0.1	9.8
陕西	521.2	15.2	383.9	52.7	27.4	25.4	2.9	0.2	13.5
甘肃	428.4	21.6	279.5	40.0	32.6	29.5	4.9	0.4	20.0
青海	62.8	1.1	40.6	4.6	7.0	6.1	0.8	——	2.7
宁夏	86.1	3.1	52.2	10.0	7.1	5.2	0.4	——	7.9
新疆	321.0	8.2	216.6	23.2	23.7	27.9	3.3	0.7	17.4

3—5 各地区集体企业各种用途的房屋建筑竣工面积占全部的比重

单位:%

地　区	厂　房	住　宅	办　公 用　房	商业、居 民服务 业用房	文化教 育用房	医　疗 用　房	科　研 用　房	其　他 用　房
全国总计	**8.9**	**62.1**	**8.5**	**8.6**	**5.6**	**0.9**	**0.2**	**5.2**
北　京	9.8	64.4	7.5	3.6	5.1	0.9	0.4	8.1
天　津	19.5	57.4	3.1	4.3	3.3	0.6	——	11.9
河　北	7.8	64.1	10.3	7.9	4.7	0.9	0.2	4.0
山　西	6.0	63.5	11.5	6.7	4.6	0.6	0.2	6.9
内蒙古	2.2	70.5	7.8	9.5	5.7	0.9	——	3.4
辽　宁	5.5	74.8	5.0	8.1	3.1	0.4	0.4	2.6
吉　林	2.7	74.9	3.6	9.6	3.4	1.1	——	4.7
黑龙江	4.6	73.9	6.3	8.9	3.5	0.3	0.2	2.3
上　海	25.1	53.8	6.1	5.2	5.6	0.3	0.1	3.6
江　苏	10.2	58.8	8.1	10.0	5.6	0.9	0.4	6.0
浙　江	14.3	50.3	8.9	10.4	8.0	0.9	0.2	7.0
安　徽	10.0	54.7	10.9	11.5	7.3	1.3	0.3	4.0
福　建	10.9	56.0	9.1	10.1	8.1	0.8	0.3	4.8
江　西	4.1	66.0	9.6	8.0	7.1	1.2	0.2	3.8
山　东	8.9	64.9	7.4	8.5	3.8	1.1	0.1	5.5
河　南	7.2	62.6	12.4	6.0	7.2	1.1	0.2	3.4
湖　北	5.6	65.0	8.6	6.9	4.0	0.9	0.5	8.4
湖　南	4.6	62.1	10.6	8.0	6.2	1.4	0.2	6.9
广　东	15.9	60.3	6.1	7.9	5.3	0.5	0.1	4.0
广　西	8.8	55.2	12.2	6.3	11.3	1.8	0.1	4.3
海　南	4.3	53.7	9.6	14.2	6.8	1.1	——	10.3
重　庆	6.2	69.5	7.6	8.7	4.3	1.0	0.2	2.5
四　川	7.2	64.3	8.3	9.7	5.0	0.9	0.2	4.4
贵　州	4.3	65.5	7.9	7.5	9.3	0.9	——	4.6
云　南	6.8	58.5	12.0	8.0	6.4	1.4	0.4	6.7
西　藏	3.1	27.7	21.3	11.1	6.7	0.6	0.4	29.1
陕　西	2.9	73.7	10.1	5.3	4.9	0.6	——	2.6
甘　肃	5.0	65.2	9.3	7.6	6.9	1.1	0.1	4.7
青　海	1.7	64.6	7.3	11.1	9.7	1.3	——	4.3
宁　夏	3.6	60.7	11.6	8.3	6.1	0.5	——	9.2
新　疆	2.6	67.5	7.2	7.4	8.7	1.0	0.2	5.4

3—6 各地区集体企业机械设备装备情况

地区	自有机械设备年末总台数(台)	自有机械设备年末总功率(万千瓦)	#施工机械功率	自有机械设备净值(万元)	技术装备率(元/人)	动力装备率(千瓦/人)
全国总计	**2818110**	**2970.2**	**2428.8**	**3658998**	**4477**	**3.6**
北京	53832	94.1	75.9	101545	5649	5.2
天津	28036	29.3	24.3	26529	5484	6.1
河北	182783	192.8	168.2	170386	4745	5.4
山西	31566	36.3	27.8	29835	3100	3.8
内蒙古	17055	26.5	20.8	23927	4633	5.1
辽宁	117094	202.0	166.8	221764	5537	5.0
吉林	17616	28.9	25.3	34547	5525	4.6
黑龙江	42503	62.6	52.2	100288	8101	5.1
上海	19469	20.0	17.1	47087	6836	2.9
江苏	317035	328.5	291.1	526575	4542	2.8
浙江	182266	177.4	150.4	333644	6076	3.2
安徽	123190	82.7	68.1	110581	3081	2.3
福建	55687	59.7	45.4	73082	5280	4.3
江西	51920	38.6	32.2	35022	2160	2.4
山东	239195	249.1	196.6	263457	3114	2.9
河南	110867	95.2	73.4	103989	3146	2.9
湖北	137588	120.7	94.2	130971	3849	3.5
湖南	165795	169.1	144.1	169054	3832	3.8
广东	288634	316.3	247.6	360669	6252	5.5
广西	88509	81.4	59.5	71612	5296	6.0
海南	5179	7.6	6.6	10080	5756	4.4
重庆	71470	82.9	69.7	132763	4264	2.7
四川	172558	169.4	148.3	237106	3320	2.4
贵州	22347	24.6	18.3	23160	2993	3.2
云南	114365	116.5	86.3	160315	5759	4.2
西藏	2325	1.7	1.5	3492	4301	2.1
陕西	64027	51.0	38.1	55846	3894	3.6
甘肃	50198	48.0	35.8	45522	4082	4.3
青海	10501	8.6	6.5	6637	2816	3.6
宁夏	11118	11.3	10.0	12311	7534	6.9
新疆	23382	37.5	27.0	37202	8746	8.8

3—7 各地区集体企业建筑业增加值及其构成

单位:万元

地区	建筑业增加值合计	本年提取固定资产折旧	应付工资总额	应付福利费总额
全国总计	**9841044**	**465894**	**5141149**	**475432**
北京	380396	16127	161224	14326
天津	86040	4598	34068	2351
河北	395007	17863	190899	15348
山西	83535	4966	36798	2882
内蒙古	76314	5411	37129	5662
辽宁	527036	29116	263867	26995
吉林	93705	3605	45410	5169
黑龙江	204211	10780	99809	11940
上海	166350	6949	80878	4994
江苏	1619612	68798	949313	96864
浙江	1033401	39407	576880	58448
安徽	310284	13523	165134	15215
福建	165535	8062	84587	5994
江西	120953	4547	67100	3730
山东	855782	41874	419370	48438
河南	274011	14937	130885	7880
湖北	339013	15638	156702	14137
湖南	411069	21282	219174	15694
广东	787269	38799	400898	28180
广西	143679	7565	74870	4110
海南	13946	854	7376	269
重庆	323856	17282	177825	17656
四川	665949	30112	376671	36444
贵州	70317	2457	39911	2879
云南	298962	18713	144278	11508
西藏	15150	417	5496	102
陕西	127993	6529	66366	6045
甘肃	99211	4932	52633	4369
青海	21770	806	11350	1911
宁夏	25562	1637	14317	1141
新疆	105127	8307	49934	4751

3—7续表 单位:万元

地　　区	工程结算税金及附加	工程结算利润	管理费用中的税金	管理费用中的劳动、待业保险费
全国总计	**1096158**	**2467632**	**87444**	**107335**
北　京	40569	142437	3465	2248
天　津	12701	29647	664	2011
河　北	47241	114504	4641	4511
山　西	10525	23718	2652	1994
内蒙古	6837	19737	695	842
辽　宁	58714	139578	2742	6025
吉　林	11594	25307	903	1717
黑龙江	23033	55194	1784	1672
上　海	19733	50886	813	2097
江　苏	154993	327653	8400	13592
浙　江	120558	222202	4214	11692
安　徽	32831	76516	4063	3002
福　建	24987	36789	1692	3423
江　西	15328	27086	1874	1289
山　东	80596	246456	8811	10237
河　南	30923	80700	3830	4854
湖　北	39826	103550	5996	3163
湖　南	49343	98208	4132	3236
广　东	100383	201275	7203	10531
广　西	18115	34948	1780	2290
海　南	1809	3126	382	129
重　庆	36956	69728	2614	1796
四　川	70546	139809	5565	6802
贵　州	8441	14755	908	968
云　南	34110	85069	2787	2498
西　藏	2064	6524	526	20
陕　西	14069	31088	2104	1792
甘　肃	12188	22872	1184	1032
青　海	2074	5096	259	275
宁　夏	2046	6205	115	102
新　疆	13027	26967	646	1496

3—8　各地区集体企业建筑业劳动生产率

地　　区	建筑业企业个数（个）	计算劳动生产率的平均人数（万人）	按总产值计算的劳动生产率（元/人）	按增加值计算的劳动生产率（元/人）	人均竣工产值（元/人）	人均施工面积（平方米/人）	人均竣工面积（平方米/人）
全国总计	**22770**	**828.24**	**44046**	**11882**	**33119**	**76.5**	**43.3**
北　京	629	20.85	75625	18248	58115	104.3	46.7
天　津	218	6.02	56392	14289	56454	101.9	69.1
河　北	854	38.91	35023	10152	27582	68.1	40.6
山　西	425	9.10	26626	9184	18107	58.6	34.2
内蒙古	191	6.67	31933	11447	35644	55.5	38.7
辽　宁	1214	43.88	40170	12011	39465	58.9	39.3
吉　林	266	7.81	42108	12003	46632	64.3	51.2
黑龙江	651	17.91	42091	11404	52397	76.7	52.0
上　海	354	8.96	78826	18565	71414	119.5	55.7
江　苏	2000	111.78	60838	14490	42458	82.9	52.6
浙　江	971	52.99	74573	19501	49400	97.7	43.0
安　徽	905	34.78	32347	8920	23958	67.4	40.1
福　建	754	14.82	42459	11172	36665	90.2	43.3
江　西	703	15.51	29002	7801	21076	89.9	51.2
山　东	2292	88.75	34727	9642	23932	64.6	36.4
河　南	1107	31.72	30728	8638	21395	71.1	39.7
湖　北	1082	33.95	34525	9984	24781	69.5	44.5
湖　南	1194	41.78	36126	9839	25007	68.4	37.0
广　东	1301	55.71	49212	14131	38521	110.0	47.8
广　西	618	13.18	35170	10903	26266	76.2	43.5
海　南	78	1.72	25844	8125	20142	44.3	29.6
重　庆	814	29.93	43661	10822	27814	78.9	43.9
四　川	1668	68.48	33908	9724	24535	62.7	39.2
贵　州	359	7.48	33202	9406	22739	81.0	44.6
云　南	743	24.61	43256	12149	33443	56.1	39.3
西　藏	87	0.97	36032	15553	38829	43.4	41.5
陕　西	489	14.84	29595	8627	22033	71.8	36.3
甘　肃	283	12.54	27009	7913	24214	58.5	38.4
青　海	90	2.46	23968	8851	24683	40.5	26.7
宁　夏	138	2.72	27936	9391	38617	77.3	52.7
新　疆	292	7.43	48780	14141	68339	115.5	75.5

3—9 各地区集体企业实收资本及资产构成

单位：万元

地区	实收资本	资产合计	#流动资产小计	#存货	#在建工程	长期投资
全国总计	**9349803**	**34688578**	**25341713**	**10304546**	**6909868**	**797935**
北京	353859	1534264	1211708	497430	161419	63798
天津	100453	363375	280070	88998	52749	9816
河北	432874	1136113	694641	210513	110842	26414
山西	80626	349995	246205	67302	32285	6940
内蒙古	62952	302563	221419	58600	37675	4914
辽宁	519737	1866794	1370245	305492	105691	36556
吉林	73004	315293	216811	46947	19157	3072
黑龙江	226843	785216	567754	107670	36566	11935
上海	216107	925005	744696	241612	143645	37364
江苏	1260788	5506329	4335174	2175755	1640117	127308
浙江	743857	3008363	2267539	997976	739112	78905
安徽	287491	975980	698735	253829	147210	10684
福建	274771	1350914	1077263	625485	521807	24676
江西	144921	526028	392887	182805	129390	3815
山东	642292	2951970	2243586	843266	453156	44649
河南	280529	782954	485527	201660	113418	11384
湖北	395365	904321	511704	181051	92729	10542
湖南	484734	1295310	802374	303730	217801	47800
广东	802801	4280525	3359403	1477730	1201638	123135
广西	189037	555275	362561	155468	117266	16896
海南	20987	60011	37067	15254	12759	1376
重庆	316363	862063	566951	288006	195880	12301
四川	630000	1756880	1176529	486970	311525	34819
贵州	69617	255209	179825	79483	56470	9754
云南	356299	895856	535350	185634	134811	15151
西藏	23571	33274	12775	3478	572	1948
陕西	131399	373229	252033	81218	48084	3179
甘肃	91350	293016	197686	63626	40817	2774
青海	20473	58843	41818	13051	6131	2177
宁夏	33183	95450	62175	21384	9886	2476
新疆	83520	288160	189202	43123	19257	11375

3—9 续表

单位:万元

地区	固定资产小计	固定资产原价	#生产经营用	固定资产折旧	#本年折旧	无形及递延资产小计	#无形资产
全国总计	**7625943**	**10197827**	**7832315**	**2959246**	**465894**	**421263**	**297357**
北京	224112	319182	222021	97704	16127	13698	7410
天津	66497	89510	73818	25153	4598	5059	4653
河北	371174	452910	362870	106025	17863	13939	9349
山西	86641	115542	78471	34223	4966	4437	2255
内蒙古	68073	98036	77869	32986	5411	2839	2262
辽宁	426650	632804	540735	214604	29116	16843	12562
吉林	87054	117097	93170	33579	3605	2388	1045
黑龙江	190113	261344	226548	74752	10780	12423	7016
上海	116073	158738	92761	45843	6949	9959	3628
江苏	945671	1310183	1023331	417582	68798	43051	34523
浙江	592459	788679	648762	218787	39407	31036	24821
安徽	235588	312631	242795	77043	13523	15661	10141
福建	197188	253765	189972	64021	8062	11618	6928
江西	111480	141428	93869	36705	4547	7724	6534
山东	586783	827707	604496	272571	41874	43476	31714
河南	256459	320589	245480	80972	14937	15533	12644
湖北	346304	429508	303295	106292	15638	23770	16788
湖南	403536	509111	375997	129528	21282	14792	10279
广东	675160	903289	642863	269133	38799	57402	36271
广西	162552	199368	141893	46544	7565	7679	6412
海南	19642	22284	18298	5178	854	607	579
重庆	254913	340635	269626	97163	17282	9020	6990
四川	485033	670714	536394	205137	30112	30665	22362
贵州	59281	73355	51383	15367	2457	3307	2030
云南	321227	404291	321428	116016	18713	11883	9314
西藏	18317	17160	11630	9347	417	26	——
陕西	107613	141485	117436	38085	6529	5986	3810
甘肃	85064	112710	91504	34687	4932	3168	2688
青海	13675	20314	15110	6664	806	157	33
宁夏	28835	36334	26246	8216	1637	1410	1058
新疆	82774	117125	92244	39340	8307	1708	1258

3—10 各地区集体企业负债及所有者权益

单位:万元

地区	负债合计	流动负债小计	长期负债小计	所有者权益合计	#实收资本
全国总计	**22940564**	**21809663**	**1130901**	**11748014**	**9349803**
北京	1021754	1011024	10730	512510	353859
天津	228780	225542	3237	134595	100453
河北	589625	545321	44304	546488	432874
山西	249790	233660	16130	100205	80626
内蒙古	214062	196582	17481	88500	62952
辽宁	1254935	1215419	39516	611859	519737
吉林	226515	220769	5746	88778	73004
黑龙江	526857	509900	16958	258359	226843
上海	680385	655683	24702	244620	216107
江苏	3937619	3850925	86694	1568710	1260788
浙江	2052168	1973551	78617	956195	743857
安徽	649067	573324	75743	326914	287491
福建	998386	973345	25041	352528	274771
江西	357760	339629	18130	168268	144921
山东	2063919	1952262	111656	888052	642292
河南	432060	397081	34980	350893	280529
湖北	406401	357664	48737	497920	395365
湖南	694330	612810	81520	600979	484734
广东	3193193	3032686	160507	1087332	802801
广西	312582	281195	31388	242693	189037
海南	34891	31609	3281	25120	20987
重庆	498066	443244	54823	363996	316363
四川	980822	933728	47094	776059	630000
贵州	165781	154268	11513	89428	69617
云南	474170	438407	35764	421686	356299
西藏	9202	8646	556	24072	23571
陕西	226510	207229	19281	146718	131399
甘肃	181474	169988	11487	111542	91350
青海	37874	35458	2416	20969	20473
宁夏	55917	52832	3085	39534	33183
新疆	185668	175883	9785	102492	83520

3—11 各地区集体企业工程结算收入及工程结算利润

单位:万元

地区	工程结算收入	工程结算成本	工程结算税金及附加	工程结算利润	管理费用	#税金	#财产保险费	#劳动、待业保险费
全国总计	**29573594**	**26009804**	**1096158**	**2467632**	**1602376**	**87444**	**12654**	**107335**
北京	1246990	1063984	40569	142437	87101	3465	867	2248
天津	295418	253069	12701	29647	20064	664	49	2011
河北	1268995	1107250	47241	114504	64346	4641	526	4511
山西	257249	223006	10525	23718	20427	2652	118	1994
内蒙古	205680	179106	6837	19737	15452	695	38	842
辽宁	1716121	1517829	58714	139578	103278	2742	545	6025
吉林	318460	281559	11594	25307	20686	903	70	1717
黑龙江	678057	599830	23033	55194	47895	1784	88	1672
上海	669058	598439	19733	50886	43024	813	199	2097
江苏	4205916	3723270	154993	327653	227823	8400	969	13592
浙江	3146114	2803354	120558	222202	126298	4214	1990	11692
安徽	919452	810105	32831	76516	46038	4063	156	3002
福建	645394	583618	24987	36789	33612	1692	153	3423
江西	370564	328151	15328	27086	19956	1874	97	1289
山东	2394439	2067387	80596	246456	152352	8811	1910	10237
河南	814992	703368	30923	80700	45708	3830	287	4854
湖北	1009570	866194	39826	103550	53910	5996	585	3163
湖南	1263654	1116104	49343	98208	58825	4132	298	3236
广东	2545578	2243921	100383	201275	140121	7203	615	10531
广西	391319	338255	18115	34948	22882	1780	170	2290
海南	37386	32451	1809	3126	1977	3825	129	
重庆	970141	863457	36956	69728	44152	2614	244	1796
四川	1842908	1632553	70546	139809	84969	5565	1825	6802
贵州	204730	181534	8441	14755	11694	908	66	968
云南	988429	869250	34110	85069	42986	2787	390	2498
西藏	29926	21337	2064	6524	3094	5266	20	
陕西	382633	337477	14069	31088	19671	2104	96	1792
甘肃	291689	256629	12188	22872	12729	1184	151	1032
青海	53885	46715	2074	5096	4274	259	19	275
宁夏	64313	56063	2046	6205	4704	1159	102	
新疆	344533	304539	13027	26967	22328	646	111	1496

3—12 各地区集体企业利润及税金总额

单位:万元

地区	利润总额	#应交所得税	税金总额	工程结算税金及附加	管理费用中的税金
全国总计	**749540**	**209159**	**1183602**	**1096158**	**87444**
北京	52794	15381	44034	40569	3465
天津	9682	2118	13365	12701	664
河北	38822	11513	51882	47241	4641
山西	3411	870	13177	10525	2652
内蒙古	2385	499	7532	6837	695
辽宁	33157	11228	61455	58714	2742
吉林	3956	822	12497	11594	903
黑龙江	7854	2690	24817	23033	1784
上海	10476	2906	20546	19733	813
江苏	95349	26118	163392	154993	8400
浙江	88554	27159	124772	120558	4214
安徽	24383	7202	36894	32831	4063
福建	6661	2936	26679	24987	1692
江西	5344	1506	17202	15328	1874
山东	84267	23622	89407	80596	8811
河南	28668	4538	34754	30923	3830
湖北	37840	6042	45822	39826	5996
湖南	29368	6368	53475	49343	4132
广东	53140	19724	107586	100383	7203
广西	11224	3403	19896	18115	1780
海南	644	120	2191	1809	382
重庆	17809	5082	39570	36956	2614
四川	41851	11088	76110	70546	5565
贵州	2570	638	9348	8441	908
云南	33034	8393	36897	34110	2787
西藏	3061	271	2590	2064	526
陕西	8074	1911	16173	14069	2104
甘肃	8252	1790	13372	12188	1184
青海	317	211	2333	2074	259
宁夏	1573	418	2160	2046	115
新疆	5018	2589	13672	13027	646

3—13 各地区集体企业主要效益指标

地区	产值利润率(%)	产值利税率(%)	资本利润率(%)	资本利税率(%)	人均利润(元/人)	人均利税(元/人)	资产负债率(%)
全国总计	**2.1**	**5.3**	**8.0**	**20.7**	**917**	**2365**	**66.1**
北京	3.3	6.1	14.9	27.4	2937	5387	66.6
天津	2.9	6.8	9.6	22.9	2001	4764	63.0
河北	2.8	6.7	9.0	21.0	1081	2526	51.9
山西	1.4	6.8	4.2	20.6	354	1724	71.4
内蒙古	1.1	4.7	3.8	15.8	462	1920	70.7
辽宁	1.9	5.4	6.4	18.2	828	2362	67.2
吉林	1.2	5.0	5.4	22.5	633	2632	71.8
黑龙江	1.0	4.3	3.5	14.4	634	2639	67.1
上海	1.5	4.4	4.8	14.4	1521	4504	73.6
江苏	1.4	3.8	7.6	20.5	822	2232	71.5
浙江	2.2	5.4	11.9	28.7	1613	3885	68.2
安徽	2.2	5.4	8.5	21.3	679	1707	66.5
福建	1.1	5.3	2.4	12.1	481	2409	73.9
江西	1.2	5.0	3.7	15.6	330	1391	68.0
山东	2.7	5.6	13.1	27.0	996	2053	69.9
河南	2.9	6.5	10.2	22.6	867	1918	55.2
湖北	3.2	7.1	9.6	21.2	1112	2459	44.9
湖南	1.9	5.5	6.1	17.1	666	1878	53.6
广东	1.9	5.9	6.6	20.0	921	2786	74.6
广西	2.4	6.7	5.9	16.5	830	2301	56.3
海南	1.5	6.4	3.1	13.5	368	1619	58.1
重庆	1.4	4.4	5.6	18.1	572	1843	57.8
四川	1.8	5.1	6.6	18.7	586	1652	55.8
贵州	1.0	4.8	3.7	17.1	332	1540	65.0
云南	3.1	6.6	9.3	19.6	1187	2512	52.9
西藏	8.7	16.1	13.0	24.0	3769	6959	27.7
陕西	1.8	5.5	6.1	18.5	563	1691	60.7
甘肃	2.4	6.4	9.0	23.7	740	1939	61.9
青海	0.5	4.5	1.6	12.9	135	1124	64.4
宁夏	2.1	4.9	4.7	11.3	963	2285	58.6
新疆	1.4	5.2	6.0	22.4	1180	4394	64.4

3—14 各地区集体建筑业企业亏损情况

地　区	企业个数(个)	#亏损企业个数	亏损金额(万元)	亏损面(%)
全国总计	**22770**	**3706**	**109312**	**16.3**
北　京	629	107	5126	17.0
天　津	218	38	1667	17.4
河　北	854	98	4118	11.5
山　西	425	72	882	16.9
内蒙古	191	26	354	13.6
辽　宁	1214	257	12438	21.2
吉　林	266	58	1659	21.8
黑龙江	651	157	3142	24.1
上　海	354	54	3206	15.3
江　苏	2000	300	9107	15.0
浙　江	971	134	3830	13.8
安　徽	905	148	4368	16.4
福　建	754	204	3355	27.1
江　西	703	114	1797	16.2
山　东	2292	284	7470	12.4
河　南	1107	221	3900	20.0
湖　北	1082	110	4555	10.2
湖　南	1194	167	4098	14.0
广　东	1301	226	14387	17.4
广　西	618	92	2291	14.9
海　南	78	9	233	11.5
重　庆	814	118	3419	14.5
四　川	1668	258	4072	15.5
贵　州	359	62	929	17.3
云　南	743	130	1540	17.5
西　藏	87	——		——
陕　西	489	72	1260	14.7
甘　肃	283	40	1965	14.1
青　海	90	31	545	34.4
宁　夏	138	33	524	23.9
新　疆	292	86	3075	29.5

3－15 各地区集体企业建筑材料消耗情况

地　　区	一、价值量				二、实物量		
	材料费用合计(万元)	钢　材	木　材	水　泥	钢　材(万吨)	木　材(万立方米)	水　泥(万吨)
全国总计	18445486	4888384	1455144	3308067	1941.76	1515.14	11737.88
北　　京	660296	189861	26616	67312	70.88	27.28	226.35
天　　津	139812	40957	9347	22310	16.03	8.08	80.02
河　　北	647510	159513	44583	98186	68.80	46.31	395.94
山　　西	105478	34763	7850	21914	13.50	8.38	90.45
内 蒙 古	129354	27765	5908	16286	10.41	6.90	51.86
辽　　宁	791646	224702	59167	128329	90.15	57.84	427.90
吉　　林	159178	36264	9772	22172	14.19	11.11	65.39
黑 龙 江	415080	76526	22206	63856	28.60	25.64	170.46
上　　海	323765	75769	18192	53019	28.52	13.42	167.44
江　　苏	2686603	813234	232929	561049	324.54	180.21	2080.71
浙　　江	2178897	553411	152877	431078	212.31	144.75	1451.29
安　　徽	558306	150465	59157	106441	63.15	55.22	404.05
福　　建	387714	108795	40632	64435	43.12	48.06	191.70
江　　西	208385	67697	27348	54487	27.12	40.59	184.99
山　　东	1206298	347823	131226	214187	140.00	126.59	921.26
河　　南	480423	134028	46652	103894	59.10	42.48	419.63
湖　　北	1009907	148241	53526	109436	60.32	58.58	405.90
湖　　南	706573	185852	64766	140860	73.20	110.81	536.00
广　　东	1910903	461915	145832	260511	174.53	166.36	837.24
广　　西	301014	99850	30497	51771	40.62	47.64	183.95
海　　南	21424	9093	3855	4490	3.70	5.99	15.59
重　　庆	636829	168917	42413	125831	67.18	42.17	478.86
四　　川	1370598	367046	130482	280914	142.75	135.21	928.79
贵　　州	109527	32250	8983	23132	13.78	9.43	81.70
云　　南	635504	184230	27969	161835	72.87	39.37	546.69
西　　藏	15864	4366	1963	4034	2.14	2.96	6.98
陕　　西	176996	59749	21636	44696	23.69	21.30	154.75
甘　　肃	151706	63463	16430	30431	32.23	17.69	100.74
青　　海	30872	8092	3213	6358	5.69	2.94	16.66
宁　　夏	37445	9405	3162	6249	3.64	3.05	24.40
新　　疆	251578	44342	5957	28564	14.99	8.80	90.17

3－16　各地区私营企业建筑业总产值和竣工产值

单位:万元

地　　区	建筑业总产值	建筑工程产值	安装工程产值	房屋构筑物修理产值	非标准设备制造产值	竣　工产　值
全国总计	**5457658**	**4829674**	**510262**	**98204**	**19518**	**3862955**
北　　京	109687	82148	21343	6163	33	70196
天　　津	203	——	203	——	——	203
河　　北	186534	177421	8443	491	179	132359
山　　西	27003	23149	3432	422	——	19911
内 蒙 古	229332	220566	7750	862	154	172278
辽　　宁	227598	198528	24244	4196	631	159451
吉　　林	52239	50669	1570	——	——	56946
黑 龙 江	95385	89546	3541	2299	——	62618
上　　海	195484	157801	28976	8607	100	113964
江　　苏	382712	296597	70955	9201	5959	290100
浙　　江	1340258	1195671	108425	30904	5258	945773
安　　徽	81116	63308	15438	2089	281	57970
福　　建	85450	75364	9958	16	112	61835
江　　西	8766	7442	1271	53	——	4473
山　　东	426328	376504	42666	6750	408	293948
河　　南	99772	91879	5951	892	1050	56463
湖　　北	81073	72588	5504	2684	297	61716
湖　　南	41503	38550	2762	190	——	30846
广　　东	401184	337805	53015	10105	258	259708
广　　西	31023	27259	3706	58	——	23230
海　　南	3334	2499	835	——	——	1865
重　　庆	382074	360877	18572	2354	271	279223
四　　川	544035	510450	29929	2935	721	376247
贵　　州	15792	14788	666	320	17	11441
云　　南	255954	224886	23249	5886	1934	205732
西　　藏	8198	6286	8792	1031	7889	
陕　　西	51850	48905	2800	114	31	33456
甘　　肃	12464	6592	5053	62	758	12329
青　　海	11457	10603	840	15	——	8827
宁　　夏	44558	42741	1679	104	34	35212
新　　疆	25292	18252	6610	429	——	16744

3—17 各地区私营企业单位工程个数及工程质量

地　　区	单位工程施工个数（个）	＃本年新开工个数	＃投标承包个数	＃本年新开工	单位工程竣工个数（个）	＃优良品	工程质量优良品率（%）	投标承包个数占单位工程施工个数的比重（%）
全国总计	**32508**	**22054**	**14626**	**10142**	**21490**	**6538**	**30.4**	**45.0**
北　京	703	504	40	35	540	142	26.3	5.7
天　津	6	4	2	2	6	6	100.0	33.3
河　北	909	632	613	412	640	287	44.8	67.4
山　西	254	196	169	121	167	67	40.1	66.5
内蒙古	1160	865	611	472	835	334	40.0	52.7
辽　宁	1676	615	432	275	629	199	31.6	25.8
吉　林	204	173	115	97	150	55	36.7	56.4
黑龙江	299	262	131	116	236	63	26.7	43.8
上　海	560	426	232	174	340	53	15.6	41.4
江　苏	2492	1871	1214	915	1882	739	39.3	48.7
浙　江	7338	4830	3072	2073	4877	1206	24.7	41.9
安　徽	753	487	412	288	522	141	27.0	54.7
福　建	509	280	130	92	278	89	32.0	25.5
江　西	110	84	41	38	64	9	14.1	37.3
山　东	3602	2703	1707	1221	2439	718	29.4	47.4
河　南	1042	880	315	233	851	158	18.6	30.2
湖　北	625	466	296	231	473	139	29.4	47.4
湖　南	295	191	111	82	201	59	29.4	37.6
广　东	1972	1148	913	446	1077	384	35.7	46.3
广　西	210	130	100	72	139	48	34.5	47.6
海　南	6	3	2	2	2	1	50.0	33.3
重　庆	1739	1178	896	651	1111	289	26.0	51.5
四　川	2848	1937	1616	1110	1823	767	42.1	56.7
贵　州	215	156	106	89	129	17	13.2	49.3
云　南	1550	962	657	438	1067	337	31.6	42.4
西　藏	74	65	54	51	70	14	20.0	73.0
陕　西	455	252	302	161	238	80	33.6	66.4
甘　肃	99	60	38	20	81	10	12.3	38.4
青　海	93	74	50	35	63	33	52.4	53.8
宁　夏	392	345	141	112	339	59	17.4	36.0
新　疆	318	275	108	78	221	35	15.8	34.0

3—18 各地区私营企业房屋建筑面积和工程质量

地　区	房屋建筑施工面积(万平方米)	#本年新开工面积	#投标承包面积	#本年新开工	房屋建筑竣工面积(万平方米)	#优良品	房屋建筑面积优良品率(%)	投标承包面积占房屋建筑施工面积的比重(%)
全国总计	**7790.1**	**4687.7**	**4587.4**	**3034.2**	**4436.5**	**1754.3**	**39.5**	**58.9**
北　京	54.5	28.2	13.9	10.7	29.6	0.9	3.1	25.4
天　津	——	——	——	——	——	——	——	——
河　北	275.1	154.1	203.7	116.3	171.4	90.8	53.0	74.1
山　西	60.9	47.6	49.1	37.9	37.7	23.1	61.2	80.6
内蒙古	392.0	269.3	221.6	164.2	250.0	125.5	50.2	56.5
辽　宁	281.8	190.7	180.8	104.9	172.3	54.9	31.9	64.2
吉　林	77.0	54.0	64.2	48.0	53.8	14.8	27.5	83.3
黑龙江	101.8	85.7	60.7	54.5	66.6	22.5	33.8	59.6
上　海	113.2	61.5	85.0	51.0	44.5	16.9	37.9	75.1
江　苏	454.3	312.9	287.2	217.5	310.0	131.1	42.3	63.2
浙　江	1784.8	1061.6	1045.8	689.8	928.1	362.6	39.1	58.6
安　徽	135.6	81.0	88.7	46.8	83.7	30.5	36.4	65.4
福　建	109.1	47.4	20.7	15.2	47.9	11.8	24.8	18.9
江　西	27.7	15.1	11.1	9.8	15.2	1.6	10.5	40.0
山　东	733.4	479.3	476.3	326.8	413.1	173.1	41.9	64.9
河　南	112.9	78.0	78.5	55.5	75.0	22.3	29.7	69.6
湖　北	125.8	74.8	53.8	33.8	81.4	22.3	27.4	42.8
湖　南	81.8	53.6	36.6	25.1	47.8	21.2	44.4	44.7
广　东	647.3	294.9	299.4	167.8	302.1	133.1	44.1	46.2
广　西	52.3	27.2	21.6	18.5	30.7	10.8	35.3	41.4
海　南	0.9	0.2	0.2	0.2	0.6	——	——	19.8
重　庆	700.4	410.8	369.5	258.6	391.8	106.1	27.1	52.8
四　川	861.1	518.0	588.0	375.5	501.3	244.6	48.8	68.3
贵　州	44.1	34.1	20.8	16.8	21.8	5.3	24.2	47.2
云　南	323.1	159.9	135.8	84.0	227.8	73.4	32.2	42.0
西　藏	11.9	8.0	4.1	3.9	11.9	0.7	5.5	34.2
陕　西	124.4	69.1	90.7	46.7	59.0	27.8	47.0	73.0
甘　肃	8.6	3.7	3.0	1.8	8.0	2.0	25.7	35.1
青　海	20.5	13.4	16.4	10.1	11.8	9.4	79.8	80.2
宁　夏	35.3	23.5	26.3	17.1	27.0	11.0	40.5	74.5
新　疆	38.6	30.4	33.9	25.3	14.5	4.0	27.2	87.8

3—19 各地区私营企业按主要用途分的房屋建筑竣工面积

单位:万平方米

地区	合计	厂房	住宅	办公用房	商业、居民服务业用房	文化教育用房	医疗用房	科研用房	其他用房
全国总计	**4436.5**	**531.2**	**2689.9**	**376.9**	**404.8**	**196.9**	**49.1**	**4.8**	**183.0**
北京	29.6	0.3	26.1	0.6	2.2	0.1	——	——	0.3
天津	——	——	——	——	——	——	——	——	——
河北	171.4	11.2	106.4	19.6	14.3	10.8	2.3	0.1	6.7
山西	37.7	0.9	27.6	3.0	3.1	2.1	0.4	——	0.6
内蒙古	250.0	17.0	151.1	41.9	20.9	9.3	0.9	——	9.0
辽宁	172.3	5.7	117.7	10.5	29.5	2.5	0.6	0.2	5.5
吉林	53.8	4.4	36.1	2.9	5.7	1.2	0.2	——	3.2
黑龙江	66.6	0.6	43.3	6.3	6.4	1.1	5.8	——	3.0
上海	44.5	3.8	30.1	3.2	2.8	1.6	0.2	0.2	2.5
江苏	310.0	62.0	176.8	21.3	14.2	16.6	1.4	1.4	16.1
浙江	928.1	243.5	442.1	63.9	60.0	61.1	15.9	0.4	41.2
安徽	83.7	6.0	46.1	8.5	13.3	4.5	3.7	0.2	1.4
福建	47.9	9.4	29.1	5.8	2.4	1.2	——	——	——
江西	15.2	1.8	6.5	2.8	2.0	1.8	0.3	——	0.1
山东	413.1	44.5	252.1	33.9	51.2	15.5	5.4	1.0	9.5
河南	75.0	13.2	41.2	6.6	5.0	6.9	1.2	——	1.0
湖北	81.4	6.3	54.3	8.1	5.4	2.7	0.4	——	4.3
湖南	47.8	0.7	37.7	3.4	1.9	0.4	0.5	——	3.3
广东	302.1	31.2	198.9	20.3	31.8	12.6	0.4	——	6.9
广西	30.7	1.6	18.9	5.3	1.0	2.6	——	——	1.1
海南	0.6	——	——	——	——	0.6	——	——	——
重庆	391.8	15.0	275.1	29.6	46.2	9.5	0.1	——	16.3
四川	501.3	32.6	355.3	32.8	46.6	11.9	5.1	——	16.9
贵州	21.8	0.4	13.8	1.6	2.3	2.8	0.7	——	0.3
云南	227.8	14.3	115.8	29.7	24.2	11.6	2.5	——	29.7
西藏	11.9	1.3	6.3	2.9	0.3	0.7	——	——	0.4
陕西	59.0	0.5	39.4	8.1	7.0	2.8	0.3	——	1.0
甘肃	8.0	0.2	5.1	0.3	1.7	——	——	——	0.7
青海	11.8	0.2	9.3	0.1	0.1	0.5	0.1	1.2	0.3
宁夏	27.0	1.2	18.2	3.0	2.1	1.3	0.6	——	0.6
新疆	14.5	1.5	9.5	1.1	1.1	0.4	——	——	1.0

3—20　各地区私营企业各种用途的房屋建筑竣工面积占全部的比重

单位:%

地　区	厂　房	住　宅	办　公 用　房	商业、居 民服务 业用房	文化教 育用房	医　疗 用　房	科　研 用　房	其　他 用　房
全国总计	**12.0**	**60.6**	**8.5**	**9.1**	**4.4**	**1.1**	**0.1**	**4.1**
北　京	1.0	88.3	1.9	7.5	0.4	——	——	0.9
天　津	——	——	——	——	——	——	——	——
河　北	6.5	62.1	11.5	8.3	6.3	1.3	0.1	3.9
山　西	2.5	73.3	7.8	8.2	5.6	1.0	——	1.6
内蒙古	6.8	60.4	16.8	8.3	3.7	0.3	——	3.6
辽　宁	3.3	68.3	6.1	17.1	1.5	0.4	0.1	3.2
吉　林	8.2	67.2	5.4	10.6	2.3	0.4	——	6.0
黑龙江	0.9	65.1	9.4	9.7	1.7	8.7	——	4.5
上　海	8.6	67.8	7.3	6.4	3.5	0.5	0.4	5.7
江　苏	20.0	57.0	6.9	4.6	5.4	0.4	0.5	5.2
浙　江	26.2	47.6	6.9	6.5	6.6	1.7	——	4.4
安　徽	7.2	55.0	10.1	15.9	5.4	4.5	0.3	1.7
福　建	19.6	60.7	12.2	4.9	2.6	——	——	——
江　西	11.8	42.9	18.1	13.1	11.9	2.0	——	0.3
山　东	10.8	61.0	8.2	12.4	3.8	1.3	0.2	2.3
河　南	17.6	54.9	8.8	6.7	9.2	1.6	——	1.3
湖　北	7.7	66.6	10.0	6.6	3.3	0.5	——	5.3
湖　南	1.4	78.8	7.0	3.9	0.8	1.1	——	6.9
广　东	10.3	65.8	6.7	10.5	4.2	0.1	——	2.3
广　西	5.3	61.6	17.4	3.4	8.6	——	——	3.7
海　南	——	——	——	——	100.0	——	——	——
重　庆	3.8	70.2	7.5	11.8	2.4	——	——	4.2
四　川	6.5	70.9	6.5	9.3	2.4	1.0	——	3.4
贵　州	1.9	63.1	7.1	10.7	12.8	3.0	——	1.4
云　南	6.3	50.8	13.0	10.6	5.1	1.1	——	13.0
西　藏	10.8	53.0	24.4	2.5	6.1	——	——	3.3
陕　西	0.9	66.7	13.7	11.8	4.7	0.5	——	1.7
甘　肃	2.5	63.6	4.2	20.8	——	——	——	8.8
青　海	1.4	78.6	0.6	1.2	4.2	1.1	10.5	2.3
宁　夏	4.4	67.3	10.9	7.7	4.9	2.4	——	2.4
新　疆	10.1	65.5	7.7	7.6	2.4	——	——	6.6

3－21 各地区私营企业机械设备装备情况

	自有机械设备年末总台数(台)	自有机械设备年末总功率(万千瓦)	#施工机械功率	自有机械设备净值(万元)	技术装备率(元/人)	动力装备率(千瓦/人)
全国总计	**327725**	**368.7**	**300.6**	**628934**	**5762**	**3.4**
北京	5270	4.5	3.7	10658	7863	3.3
天津	69	——	——	260	74286	6.0
河北	16534	18.6	15.5	20475	4637	4.2
山西	2318	2.9	2.3	6147	7829	3.7
内蒙古	14156	22.0	19.4	23656	5556	5.2
辽宁	11436	16.0	12.9	31282	9060	4.6
吉林	1674	4.7	3.6	10559	22034	9.7
黑龙江	4270	8.3	6.4	12883	12605	8.2
上海	3259	2.4	2.1	9239	5007	1.3
江苏	18234	16.7	14.3	36397	5158	2.4
浙江	72759	76.3	60.9	137086	6582	3.7
安徽	6029	6.1	5.8	9141	4542	3.0
福建	6463	6.6	5.4	16062	10384	4.3
江西	633	0.9	0.8	1659	5588	3.0
山东	31450	35.2	27.9	36243	3130	3.0
河南	7005	6.9	5.0	8053	4204	3.6
湖北	8816	7.2	6.4	9918	5853	4.2
湖南	4862	5.3	3.8	10690	7265	3.6
广东	23202	31.5	23.3	47683	4329	2.9
广西	2720	3.7	3.0	4518	6166	5.1
海南	146	0.4	0.3	500	8170	6.5
重庆	16961	20.4	17.9	50619	6199	2.5
四川	31880	30.1	24.8	58129	4231	2.2
贵州	2273	1.4	1.2	2461	4304	2.5
云南	20622	21.7	19.4	43202	7934	4.0
西藏	302	2.9	0.4	761	5106	19.4
陕西	5294	3.1	2.6	8448	5337	1.9
甘肃	1328	0.8	0.7	1711	9163	4.1
青海	1426	1.5	1.3	2015	4806	3.5
宁夏	4445	7.9	6.9	14859	17956	9.5
新疆	1889	2.8	2.5	3620	15497	11.9

3—22 各地区私营企业建筑业增加值及其构成

单位:万元

地 区	建筑业增加值合计	本年提取固定资产折旧	应付工资总额	应付福利费总额
全国总计	**1540482**	**85833**	**749814**	**73654**
北 京	31391	1890	12130	949
天 津	85	8	24	6
河 北	49878	2174	22422	1507
山 西	7998	348	4262	153
内蒙古	68164	3341	36127	2139
辽 宁	62868	4251	27057	3653
吉 林	15436	1103	5853	557
黑龙江	26310	1452	12597	1325
上 海	45216	2277	18348	475
江 苏	92423	4275	45934	3965
浙 江	383014	17123	210524	19126
安 徽	22657	1004	12462	1142
福 建	30478	2462	13660	881
江 西	2171	78	1054	75
山 东	121698	5706	64865	7572
河 南	23224	1459	9950	761
湖 北	20888	1683	9546	649
湖 南	10393	381	4956	292
广 东	129547	8582	44868	10086
广 西	8805	604	5095	208
海 南	885	58	225	50
重 庆	108553	5465	58406	5617
四 川	152322	9138	75702	7888
贵 州	4929	214	2382	234
云 南	75139	7324	29596	2420
西 藏	2257	74	7994	
陕 西	15006	840	7509	718
甘 肃	1707	140	825	62
青 海	4276	499	2334	178
宁 夏	14890	1382	6309	537
新 疆	7873	498	3995	424

3—22 续表 单位:万元

地　　区	工程结算税金及附加	工程结算利润	管理费用中的税金	管理费用中的劳动、待业保险费
全国总计	**165083**	**445525**	**12646**	**7927**
北　　京	3117	12965	261	78
天　　津	1	41	1	4
河　　北	6377	16688	574	136
山　　西	732	2383	109	10
内 蒙 古	7264	18153	698	442
辽　　宁	7202	20208	264	234
吉　　林	1527	6103	80	214
黑 龙 江	3080	7473	186	197
上　　海	5053	18623	315	125
江　　苏	10284	27119	528	319
浙　　江	41028	90304	2170	2739
安　　徽	2319	5504	184	41
福　　建	3379	9830	122	144
江　　西	266	626	44	29
山　　东	11526	30503	1096	430
河　　南	3055	7650	184	165
湖　　北	2404	6374	160	72
湖　　南	1429	3186	132	18
广　　东	14914	48544	1824	729
广　　西	1004	1836	35	24
海　　南	113	435	5	1
重　　庆	11159	26442	1196	268
四　　川	15178	42294	1106	1015
贵　　州	609	1316	71	104
云　　南	7200	27698	631	269
西　　藏	446	885	43	5
陕　　西	1565	4103	222	49
甘　　肃	139	505	37	——
青　　海	454	698	97	16
宁　　夏	1321	5116	2188	
新　　疆	935	1923	53	44

3—23 各地区私营企业建筑业劳动生产率

地区	建筑业企业个数（个）	计算劳动生产率的平均人数（万人）	按总产值计算的劳动生产率（元/人）	按增加值计算的劳动生产率（元/人）	人均竣工产值（元/人）	人均施工面积（平方米/人）	人均竣工面积（平方米/人）
全国总计	**4872**	**109.94**	**49644**	**14013**	**35392**	**71.4**	**40.6**
北京	198	1.57	69731	19956	51790	40.2	21.8
天津	1	——	58000	24229	58000	——	——
河北	136	4.23	44072	11785	29976	62.3	38.8
山西	70	1.16	23264	6890	25361	77.6	48.0
内蒙古	240	6.82	33635	9997	40463	92.1	58.7
辽宁	167	4.68	48672	13444	46177	81.6	49.9
吉林	37	0.89	58609	17319	118836	160.7	112.2
黑龙江	110	1.93	49504	13655	61270	99.6	65.1
上海	84	2.30	85034	19669	61756	61.3	24.1
江苏	285	7.29	52463	12670	41115	64.4	43.9
浙江	872	20.23	66247	18932	45410	85.7	44.6
安徽	74	2.23	36365	10157	28803	67.4	41.6
福建	197	1.75	48834	17418	39973	70.5	30.9
江西	23	0.29	29990	7426	15072	93.4	51.3
山东	475	12.37	34457	9836	25383	63.3	35.7
河南	129	2.75	36222	8431	29478	58.9	39.2
湖北	109	1.78	45644	11760	36422	74.2	48.0
湖南	44	1.38	30127	7544	20965	55.6	32.5
广东	248	5.46	73473	23725	23579	58.8	27.4
广西	45	0.74	42054	11936	31700	71.3	41.9
海南	9	0.07	49029	13018	30467	14.9	10.3
重庆	294	7.55	50629	14385	34196	85.8	48.0
四川	426	12.90	42181	11810	27387	62.7	36.5
贵州	44	0.49	32057	10007	20009	77.1	38.1
云南	260	4.85	52809	15503	37782	59.3	41.8
西藏	7	0.16	50665	13947	52947	80.1	80.1
陕西	95	1.65	31419	9093	21135	78.6	37.3
甘肃	10	0.21	59663	8172	66037	45.8	42.7
青海	25	0.53	21740	8115	21052	48.8	28.2
宁夏	107	1.17	38146	12747	42553	42.7	32.7
新疆	51	0.51	49660	15459	71678	165.1	62.2

3—24 各地区私营企业实收资本及资产构成

单位:万元

地区	实收资本	资产合计	#流动资产小计	#存货	#在建工程	长期投资
全国总计	**1913348**	**5384084**	**3703076**	**1434910**	**912085**	**169764**
北京	57407	118341	86439	30387	8543	3691
天津	300	881	361	361	150	——
河北	64042	127126	72124	20116	5741	5766
山西	12997	28057	16698	6889	2400	345
内蒙古	71926	194243	123378	31909	15271	6525
辽宁	89585	287323	167641	52881	20982	5655
吉林	19167	55784	21336	4283	586	10
黑龙江	38364	94091	63876	16187	4912	325
上海	55106	175014	141534	45925	22443	9304
江苏	105617	323127	244669	104022	72027	5179
浙江	333727	985305	691759	273876	185786	20848
安徽	30622	67383	41498	13018	6617	830
福建	77473	191951	148912	62684	43400	8285
江西	4662	10005	6024	2365	2015	——
山东	107588	412459	300437	124673	73021	7867
河南	32179	79683	47039	17958	10736	4872
湖北	36849	72331	45596	18499	13146	1130
湖南	30891	58761	31391	16889	13367	7049
广东	146868	783001	638127	270122	223135	40774
广西	13389	35562	22146	4304	3296	1362
海南	5628	8904	6796	1660	495	60
重庆	139508	297441	185697	82816	51053	7042
四川	214348	515714	328283	143386	85132	16008
贵州	12804	23820	16479	7767	4983	486
云南	121037	265388	150459	49167	34400	11618
西藏	4716	6288	3528	680	340	307
陕西	24295	54580	34807	14325	4776	800
甘肃	2802	4116	1736	708	477	75
青海	10260	14882	9195	3820	1327	——
宁夏	33888	65080	36846	8905	683	1622
新疆	15305	27442	18264	4330	847	1932

3－24 续表 单位:万元

地　　区	固定资产小计	固定资产原价	＃生产经营用	固定资产折旧	＃本年折旧	无形及递延资产小计	＃无形资产
全国总计	**1320750**	**1653072**	**1259507**	**401275**	**85833**	**127520**	**99868**
北　　京	24952	31216	22261	6585	1890	788	28
天　　津	520	600	560	808	——	——	
河　　北	46484	52820	43157	7875	2174	1710	791
山　　西	10445	11932	9824	1858	348	3762	
内 蒙 古	57612	68659	56824	12869	3341	5789	5243
辽　　宁	90967	108874	63129	18010	4251	22146	21886
吉　　林	24239	30605	23348	8762	1103	4801	592
黑 龙 江	29615	34148	29676	4750	1452	1311	
上　　海	19561	26148	18869	7946	2277	541	260
江　　苏	69719	89349	64927	23859	4275	2027	1376
浙　　江	239071	307475	248299	91572	17123	26366	20222
安　　徽	22166	26293	21472	4127	1004	1690	1553
福　　建	30690	39335	30696	9027	2462	2792	2164
江　　西	3782	4275	2986	615	78	35	15
山　　东	87786	112443	85279	27232	5706	10059	7923
河　　南	24427	27383	22011	5432	1459	875	431
湖　　北	23340	28854	24153	6278	1683	1457	1009
湖　　南	18804	20331	16090	4892	381	683	87
广　　东	91056	128210	93582	39448	8582	10344	6575
广　　西	10578	13008	9080	2992	604	1448	1400
海　　南	2017	1907	831	162	58	——	——
重　　庆	90767	109254	86551	20682	5465	6825	5951
四　　川	139958	183334	128553	45924	9138	22622	19582
贵　　州	5660	6964	4392	1342	214	428	381
云　　南	98797	120507	93500	27080	7324	1625	890
西　　藏	2352	1993	1275	269	74	——	——
陕　　西	14790	18836	16178	13241	840	1178	1057
甘　　肃	2305	2745	2141	493	140	——	——
青　　海	5405	6734	5406	1337	499	567	
宁　　夏	25954	29941	26004	4316	1382	429	370
新　　疆	6931	8901	8451	2219	498	298	72

3—25 各地区私营企业负债及所有者权益

单位:万元

地　　区	负　债 合　计	流动负 债小计	长期负 债小计	所有者权 益合计	#实收资本
全国总计	**3022813**	**2838061**	**184752**	**2361271**	**1913348**
北　京	52884	49041	3843	65458	57407
天　津	13	13	——	868	300
河　北	46421	45764	658	80704	64042
山　西	12937	11868	1069	15120	12997
内蒙古	107817	99413	8404	86427	71926
辽　宁	147561	146258	1304	139762	89585
吉　林	34398	24954	9444	21386	19167
黑龙江	49243	48759	484	44848	38364
上　海	102972	98667	4305	72042	55106
江　苏	194171	191135	3036	128956	105617
浙　江	567226	551559	15667	418079	333727
安　徽	33976	28905	5071	33407	30622
福　建	110004	106476	3528	81947	77473
江　西	5255	5097	158	4750	4662
山　东	279245	257024	22221	133214	107588
河　南	38828	36410	2418	40856	32179
湖　北	29272	27741	1530	43059	36849
湖　南	19869	16221	3648	38892	30891
广　东	577888	536842	41046	205113	146868
广　西	14935	13278	1657	20626	13389
海　南	2407	1050	1357	6497	5628
重　庆	140082	126171	13910	157360	139508
四　川	249416	222851	26565	266298	214348
贵　州	9446	7249	2197	14374	12804
云　南	119660	112965	6695	145729	121037
西　藏	885	885	——	5403	4716
陕　西	27580	25303	2276	27001	24295
甘　肃	1485	1239	246	2631	2802
青　海	4750	4294	456	10133	10260
宁　夏	30340	29068	1272	34740	33888
新　疆	11848	11561	287	15594	15305

3—26 各地区私营企业工程结算收入及工程结算利润

单位:万元

地区	工程结算收入	工程结算成本	工程结算税金及附加	工程结算利润	管理费用	#税金	#财产保险费	#劳动、待业保险费
全国总计	**4544264**	**3933656**	**165083**	**445525**	**259296**	**12646**	**2075**	**7927**
北京	91275	75194	3117	12965	10931	261	14	78
天津	203	161	1	41	7	1	——	4
河北	169734	146669	6377	16688	8276	574	17	136
山西	20307	17192	732	2383	1641	109	12	10
内蒙古	210289	184873	7264	18153	9763	698	61	442
辽宁	202807	175397	7202	20208	11289	264	33	234
吉林	48381	40752	1527	6103	3008	80	26	214
黑龙江	86530	75976	3080	7473	4685	186	12	197
上海	169903	146227	5053	18623	8628	315	61	125
江苏	266507	229104	10284	27119	18296	528	97	319
浙江	1066061	934729	41028	90304	50012	2170	687	2739
安徽	67415	59592	2319	5504	3874	184	17	41
福建	87455	74246	3379	9830	7655	122	66	144
江西	6480	5589	266	626	425	44	10	29
山东	328885	286855	11526	30503	19774	1096	137	430
河南	79911	69206	3055	7650	3841	184	20	165
湖北	61459	52681	2404	6374	4344	160	11	72
湖南	38884	34270	1429	3186	1808	1322	18	
广东	435323	371865	14914	48544	28886	1824	80	729
广西	18795	15956	1004	1836	1723	352	24	
海南	2901	2354	113	435	394561			
重庆	294076	256475	11159	26442	14227	1196	90	268
四川	429498	372026	15178	42294	22616	1106	444	1015
贵州	13816	11891	609	1316	748	71	10	104
云南	220022	185124	7200	27698	13270	631	112	269
西藏	5567	4236	446	885	152	4345		
陕西	43702	38033	1565	4103	2038	222	24	49
甘肃	5875	5231	139	505	278	37	——	——
青海	10036	8884	454	698	764	977	16	
宁夏	39469	33032	1321	5116	2990	21898		
新疆	22698	19840	935	1923	2952	535	44	

3—27 各地区私营企业利润及税金总额

单位:万元

地　　区	利润总额	#应交所得税	税金总额	工程结算税金及附加	管理费用中的税金
全国总计	**144045**	**39262**	**177728**	**165083**	**12646**
北　　京	2622	953	3378	3117	261
天　　津	33	4	2	1	1
河　　北	7034	2406	6951	6377	574
山　　西	454	122	841	732	109
内 蒙 古	7236	1936	7962	7264	698
辽　　宁	4689	1850	7467	7202	264
吉　　林	2358	741	1607	1527	80
黑 龙 江	2298	744	3266	3080	186
上　　海	10391	1635	5368	5053	315
江　　苏	8166	1886	10812	10284	528
浙　　江	34098	8281	43198	41028	2170
安　　徽	1235	364	2503	2319	184
福　　建	1512	615	3501	3379	122
江　　西	119	43	310	266	44
山　　东	9116	3058	12622	11526	1096
河　　南	3526	832	3239	3055	184
湖　　北	1745	315	2564	2404	160
湖　　南	1024	186	1560	1429	132
广　　东	16780	4480	16738	14914	1824
广　　西	376	112	1039	1004	35
海　　南	81	9	118	113	5
重　　庆	8134	2228	12355	11159	1196
四　　川	12245	3926	16284	15178	1106
贵　　州	496	47	680	609	71
云　　南	5895	1829	7831	7200	631
西　　藏	210	102	489	446	43
陕　　西	1390	141	1788	1565	222
甘　　肃	215	6	176	139	37
青　　海	—119	8	552	454	97
宁　　夏	935	370	1539	1321	218
新　　疆	—248	34	988	935	53

3—28 各地区私营企业主要效益指标

地　区	产值利润率(%)	产值利税率(%)	资本利润率(%)	资本利税率(%)	人均利润(元/人)	人均利税(元/人)	资产负债(元/人)
全国总计	**2.6**	**5.9**	**7.5**	**16.8**	**1320**	**2948**	**56.1**
北　京	2.4	5.5	4.6	10.5	1934	4426	44.7
天　津	16.3	17.4	11.0	11.8	9429	10086	1.5
河　北	3.8	7.5	11.0	21.8	1593	3167	36.5
山　西	1.7	4.8	3.5	10.0	579	1650	46.1
内蒙古	3.2	6.6	10.1	21.1	1699	3570	55.5
辽　宁	2.1	5.3	5.2	13.6	1358	3520	51.4
吉　林	4.5	7.6	12.3	20.7	4921	8274	61.7
黑龙江	2.4	5.8	6.0	14.5	2249	5445	52.3
上　海	5.3	8.1	18.9	28.6	5631	8540	58.8
江　苏	2.1	5.0	7.7	18.0	1157	2690	60.1
浙　江	2.5	5.8	10.2	23.2	1637	3711	57.6
安　徽	1.5	4.6	4.0	12.2	613	1857	50.4
福　建	1.8	5.9	2.0	6.5	977	3241	57.3
江　西	1.4	4.9	2.6	9.2	402	1444	52.5
山　东	2.1	5.1	8.5	20.2	787	1877	67.7
河　南	3.5	6.8	11.0	21.0	1841	3532	48.7
湖　北	2.2	5.3	4.7	11.7	1030	2543	40.5
湖　南	2.5	6.2	3.3	8.4	696	1757	33.8
广　东	4.2	8.4	11.4	22.8	1523	3043	73.8
广　西	1.2	4.6	2.8	10.6	513	1931	42.0
海　南	2.4	6.0	1.4	3.5	1328	3253	27.0
重　庆	2.1	5.4	5.8	14.7	996	2509	47.1
四　川	2.3	5.2	5.7	13.3	891	2077	48.4
贵　州	3.1	7.4	3.9	9.2	868	2057	39.7
云　南	2.3	5.4	4.9	11.3	1083	2521	45.1
西　藏	2.6	8.5	4.4	14.8	1407	4687	14.1
陕　西	2.7	6.1	5.7	13.1	878	2007	50.5
甘　肃	1.7	3.1	7.7	14.0	1153	2096	36.1
青　海	−1.0	3.8	−1.2	4.2	−283	1033	31.9
宁　夏	2.1	5.6	2.8	7.3	1130	2990	46.6
新　疆	−1.0	2.9	−1.6	4.8	−1060	3170	43.2

3—29 各地区私营建筑业企业亏损情况

地区	企业个数(个)	#亏损企业个数	亏损金额(万元)	亏损面(%)
全国总计	**4872**	**1010**	**22383**	**20.7**
北京	198	84	1922	42.4
天津	1	——		——
河北	136	8	551	5.9
山西	70	15	105	21.4
内蒙古	240	35	751	14.6
辽宁	167	39	2606	23.4
吉林	37	6	80	16.2
黑龙江	110	25	388	22.7
上海	84	14	227	16.7
江苏	285	56	400	19.6
浙江	872	106	1119	12.2
安徽	74	19	218	25.7
福建	197	67	1133	34.0
江西	23	5	40	21.7
山东	475	109	2175	22.9
河南	129	31	328	24.0
湖北	109	27	352	24.8
湖南	44	9	86	20.5
广东	248	64	3294	25.8
广西	45	15	206	33.3
海南	9	3	19	33.3
重庆	294	51	1124	17.3
四川	426	80	1878	18.8
贵州	44	5	47	11.4
云南	260	43	1498	16.5
西藏	7	——		——
陕西	95	9	127	9.5
甘肃	10	——		——
青海	25	11	190	44.0
宁夏	107	45	773	42.1
新疆	51	29	747	56.9

3—30 各地区私营企业建筑材料消耗情况

地　区	一、价值量				二、实物量		
	材料费用合计(万元)	钢材	木材	水泥	钢材(万吨)	木材(万立方米)	水泥(万吨)
全国总计	**2623700**	**711972**	**210343**	**467214**	**281.87**	**214.67**	**1650.18**
北　京	37458	6141	2889	2978	2.31	2.87	9.77
天　津	1802	2008	1594	0.07	——	6.38	
河　北	87690	18977	6209	12279	7.99	6.21	48.56
山　西	12581	4194	836	3148	1.76	0.92	12.97
内蒙古	135943	24519	7002	14660	9.40	9.41	48.88
辽　宁	114229	28432	8752	17160	11.23	9.14	59.24
吉　林	26804	6882	2029	6728	2.43	2.74	19.60
黑龙江	53632	9222	2737	8749	3.54	3.51	23.19
上　海	63057	12949	4339	10181	4.86	3.06	33.25
江　苏	149010	62140	9796	24905	24.37	7.49	94.57
浙　江	723913	190815	54356	141062	73.98	50.91	510.29
安　徽	37535	9114	3242	5898	4.31	3.40	22.20
福　建	32885	13512	3946	7476	6.58	4.66	22.72
江　西	3998	873	321	2288	0.37	0.56	5.82
山　东	159084	46779	15702	28134	19.18	14.97	123.28
河　南	56929	30144	3548	13172	11.22	5.69	32.52
湖　北	49131	8547	7905	4714	3.33	9.33	17.61
湖　南	17216	3396	1728	3024	1.51	1.99	12.68
广　东	159063	51375	24736	32840	20.66	23.84	110.69
广　西	19469	6922	2423	2494	3.74	3.82	7.61
海　南	1481	67	118	51	0.03	0.21	0.14
重　庆	179074	42402	11791	34703	16.57	11.81	134.13
四　川	312668	81066	22841	51200	31.91	23.32	167.12
贵　州	6585	2821	703	1961	1.07	0.92	7.16
云　南	114673	34721	6926	22843	13.39	8.25	78.95
西　藏	5218	1365	884	2904	0.57	0.93	4.50
陕　西	22185	6056	2086	4460	2.37	2.24	16.29
甘　肃	1849	511	175	380	0.18	0.17	1.38
青　海	4507	1615	392	885	0.62	0.36	2.78
宁　夏	21460	3920	1484	2890	1.52	1.48	10.63
新　疆	12574	2293	438	1452	0.79	0.46	5.28

3—31 各地区联营企业建筑业总产值和竣工产值

单位:万元

地　　区	建筑业总产值	建筑工程产值	安装工程产值	房屋构筑物修理产值	非标准设备制造产值	竣　工产　值
全国总计	**1118941**	**900680**	**184518**	**21719**	**12025**	**797308**
北　　京	31722	26783	76	4862	——	20315
天　　津	22671	21247	510	914	——	16538
河　　北	42055	40518	1526	11	——	24604
山　　西	793	793	——	——	——	310
内 蒙 古	5416	5332	85	——	——	4966
辽　　宁	23735	23735	——	——	——	18961
吉　　林	4417	389	3962	——	66	4417
黑 龙 江	21011	19246	1615	150	——	17080
上　　海	125475	103796	17907	3072	700	79154
江　　苏	190634	172214	17162	420	839	118013
浙　　江	74174	64868	9178	128	——	35454
安　　徽	46481	44551	1806	109	14	36281
福　　建	94020	80103	13917	——	——	61343
江　　西	639	634	5	——	——	493
山　　东	196135	106270	79238	6273	4354	179593
河　　南	5135	4665	370	100	——	4191
湖　　北	18135	15980	1062	40	1053	13380
湖　　南	20538	18819	1360	359	——	15375
广　　东	84965	55079	27181	675	2030	58419
广　　西	3344	2072	1074	198	——	1905
海　　南	8460	7594	865	——	——	5189
重　　庆	9716	5405	2641	720	950	6557
四　　川	43267	40194	276	2797	——	37561
贵　　州	1023	1023	——	——	——	965
云　　南	1418	1140	116	162	——	954
西　　藏	——	——	——	——	——	——
陕　　西	9646	9465	80	101	——	5372
甘　　肃	8596	3625	2506	626	1839	7694
青　　海	——	——	——	——	——	——
宁　　夏	22231	22051	——	——	180	19957
新　　疆	3088	3088	——	——	——	2268

3—32 各地区联营企业单位工程个数及工程质量

地　区	单位工程施工个数（个）	#本年新开工个数	#投标承包个数	#本年新开工	单位工程竣工个数（个）	#优良品	工程质量优良品率（%）	投标承包个数占单位工程施工个数的比重（%）
全国总计	**10358**	**8730**	**2542**	**1770**	**8854**	**2082**	**23.5**	**24.5**
北　京	64	36	32	15	45	20	44.4	50.0
天　津	150	128	63	53	123	9	7.3	42.0
河　北	162	80	152	78	95	63	66.3	93.8
山　西	10	3	10	3	2	——	——	100.0
内蒙古	22	13	17	8	20	7	35.0	77.3
辽　宁	35	25	7	5	19	2	10.5	20.0
吉　林	9	7	1	1	9	6	66.7	11.1
黑龙江	79	54	56	46	33	12	36.4	70.9
上　海	536	263	106	81	379	33	8.7	19.8
江　苏	1086	764	632	469	808	261	32.3	58.2
浙　江	210	144	130	74	119	24	20.2	61.9
安　徽	452	350	253	222	355	54	15.2	56.0
福　建	1187	1056	195	101	1067	44	4.1	16.4
江　西	17	7	17	7	12	1	8.3	100.0
山　东	5287	5106	380	267	5067	1352	26.7	7.2
河　南	53	32	44	28	30	11	36.7	83.0
湖　北	184	111	107	69	126	27	21.4	58.2
湖　南	73	53	51	32	47	14	29.8	69.9
广　东	152	98	40	27	92	30	32.6	26.3
广　西	53	27	6	5	11	——	——	11.3
海　南	30	18	18	10	18	10	55.6	60.0
重　庆	26	13	3	1	19	4	21.1	11.5
四　川	241	183	104	79	181	56	30.9	43.2
贵　州	78	67	14	13	65	4	6.2	17.9
云　南	24	12	——	——	16	6	37.5	——
西　藏	——	——	——	——	——	——	——	——
陕　西	37	17	35	16	17	11	64.7	94.6
甘　肃	35	33	33	33	32	15	46.9	94.3
青　海	——	——	——	——	——	——	——	——
宁　夏	35	25	31	22	21	6	28.6	88.6
新　疆	31	5	5	5	26	——	——	16.1

3—33 各地区联营企业房屋建筑面积和工程质量

地区	房屋建筑施工面积(万平方米)	#本年新开工面积	#投标承包面积	#本年新开工	房屋建筑竣工面积(万平方米)	#优良品	房屋建筑面积优良品率(%)	投标承包面积占房屋建筑施工面积的比重(%)
全国总计	**1254.4**	**723.8**	**953.5**	**593.0**	**626.0**	**238.6**	**38.1**	**76.0**
北京	28.0	4.8	26.8	3.9	12.1	0.3	2.4	95.4
天津	47.8	25.1	19.7	12.9	28.2	6.0	21.4	41.2
河北	66.9	31.9	65.0	31.8	27.5	18.2	66.0	97.1
山西	2.8	0.5	2.8	0.5	0.7	——	——	100.0
内蒙古	8.6	4.3	6.9	2.5	7.9	2.5	32.1	79.4
辽宁	2.0	0.7	0.7	0.7	——	——	——	35.7
吉林	0.4	0.4	0.4	0.4	0.4	——	——	100.0
黑龙江	30.6	20.7	24.7	19.6	15.5	4.7	30.3	80.9
上海	83.7	58.5	52.9	41.5	30.6	11.1	36.3	63.2
江苏	335.8	204.2	309.9	193.0	173.5	88.9	51.3	92.3
浙江	33.1	16.7	15.1	8.2	16.3	4.5	27.6	45.6
安徽	87.8	58.8	53.8	37.0	43.0	16.0	37.2	61.3
福建	134.7	74.5	102.1	58.3	69.4	17.0	24.4	75.8
江西	2.1	0.8	2.1	0.8	1.6	0.1	8.7	100.0
山东	116.6	67.6	99.1	59.3	50.1	16.5	33.0	85.0
河南	16.2	6.2	12.3	5.8	10.9	2.5	23.2	76.0
湖北	35.2	20.7	22.0	18.8	25.4	4.5	17.8	62.5
湖南	24.6	18.2	22.3	17.2	9.0	4.0	44.5	90.5
广东	58.7	20.6	17.2	13.8	18.7	12.6	67.5	29.2
广西	3.5	2.0	1.3	0.3	1.7	——	——	38.0
海南	12.0	5.8	10.7	5.8	6.3	——	0.4	89.6
重庆	8.9	3.4	0.8	——	6.0	2.6	43.1	9.4
四川	72.4	53.7	50.0	39.4	47.1	16.9	36.0	69.1
贵州	2.9	2.1	1.5	1.5	1.3	0.5	36.1	52.2
云南	3.3	1.3	——	——	2.5	0.5	18.8	——
西藏	——	——	——	——	——	——	——	——
陕西	20.1	10.3	19.9	10.2	7.9	5.0	64.1	98.8
甘肃	3.7	3.2	3.2	3.2	3.7	1.7	45.7	85.2
青海	——	——	——	——	——	——	——	——
宁夏	8.7	4.6	7.9	4.3	5.4	1.7	31.0	91.0
新疆	3.2	2.4	2.4	2.4	3.2	——	——	75.0

3—34 各地区联营企业按主要用途分的房屋建筑竣工面积

单位:万平方米

地区	合计	厂房	住宅	办公用房	商业、居民服务业用房	文化教育用房	医疗用房	科研用房	其他用房
全国总计	**626.0**	**65.3**	**367.5**	**50.7**	**52.7**	**50.0**	**6.1**	**0.5**	**33.2**
北京	12.1	0.6	10.2	0.3	0.3	0.4	——	——	0.3
天津	28.2	1.3	21.2	0.3	1.2	2.2	0.5	——	1.4
河北	27.5	0.2	16.5	1.6	6.2	1.7	——	——	1.3
山西	0.7	——	0.7	——	——	——	——	——	——
内蒙古	7.9	——	3.9	0.3	1.1	1.7	——	——	0.8
辽宁	——	——	——	——	——	——	——	——	——
吉林	0.4	——	0.4	——	——	——	——	——	——
黑龙江	15.5	6.9	7.5	0.5	0.6	——	——	——	——
上海	30.6	14.0	14.2	0.1	0.8	1.0	0.1	——	0.5
江苏	173.5	7.8	94.2	22.2	21.5	18.5	0.2	——	9.1
浙江	16.3	2.8	8.0	0.9	1.8	2.0	——	——	0.7
安徽	43.0	0.5	30.0	1.9	3.5	2.2	1.2	——	3.5
福建	69.4	7.4	37.8	7.4	2.5	4.8	1.6	——	7.9
江西	1.6	——	1.5	——	0.1	——	——	——	——
山东	50.1	2.1	38.1	4.3	0.9	2.0	1.5	——	1.1
河南	10.9	0.2	9.2	0.1	0.3	0.3	0.3	——	0.4
湖北	25.4	1.2	15.2	1.0	4.9	0.5	0.4	——	2.3
湖南	9.0	0.3	5.7	1.0	1.1	0.5	——	——	0.3
广东	18.7	15.3	1.1	0.8	——	1.5	——	——	——
广西	1.7	——	0.3	1.0	0.1	0.2	——	——	0.1
海南	6.3	0.5	4.9	——	——	0.9	——	——	——
重庆	6.0	——	5.3	0.1	0.4	——	——	——	0.3
四川	47.1	3.8	25.9	4.2	4.6	6.5	——	——	2.1
贵州	1.3	——	0.7	0.1	0.3	0.2	——	——	——
云南	2.5	——	1.6	0.6	——	0.1	——	——	0.1
西藏	——	——	——	——	——	——	——	——	——
陕西	7.9	0.1	4.9	0.2	0.5	1.8	——	0.5	——
甘肃	3.7	0.3	2.1	0.4	——	——	——	——	0.9
青海	——	——	——	——	——	——	——	——	——
宁夏	5.4	——	3.4	1.0	0.1	0.8	0.2	——	——
新疆	3.2	——	2.9	0.3	——	——	——	——	——

3—35 各地区联营企业各种用途的房屋建筑竣工面积占全部的比重

单位:%

地区	厂房	住宅	办公用房	商业、居民服务业用房	文化教育用房	医疗用房	科研用房	其他用房
全国总计	**10.4**	**58.7**	**8.1**	**8.4**	**8.0**	**1.0**	**0.1**	**5.3**
北京	5.2	84.4	2.4	2.2	3.3	——	——	2.4
天津	4.5	75.3	1.2	4.3	7.8	1.7	——	5.1
河北	0.8	59.9	6.0	22.5	6.1	——	——	4.8
山西	——	100.0	——	——	——	——	——	——
内蒙古	——	50.0	4.2	14.2	21.0	——	——	10.6
辽宁	——	——	——	——	——	——	——	——
吉林	——	100.0	——	——	——	——	——	——
黑龙江	44.3	48.6	3.2	3.9	——	——	——	——
上海	45.7	46.5	0.3	2.5	3.2	0.3	——	1.6
江苏	4.5	54.3	12.8	12.4	10.6	0.1	——	5.2
浙江	17.4	49.2	5.8	10.9	12.5	——	——	4.1
安徽	1.3	69.8	4.4	8.2	5.2	2.9	——	8.2
福建	10.6	54.4	10.7	3.6	7.0	2.4	——	11.4
江西	——	95.5	1.3	3.1	——	——	——	——
山东	4.3	76.2	8.5	1.8	4.1	2.9	——	2.2
河南	2.2	84.0	1.3	3.1	3.0	2.7	——	3.6
湖北	4.6	59.8	3.8	19.1	2.0	1.6	——	9.1
湖南	3.8	62.7	11.0	12.5	5.2	0.3	0.5	3.9
广东	81.5	5.9	4.3	——	8.1	——	——	0.1
广西	——	19.9	57.0	6.4	12.1	——	——	4.7
海南	8.0	77.8	——	——	14.2	——	——	——
重庆	——	88.0	1.7	6.2	——	——	——	4.2
四川	8.1	55.0	8.9	9.7	13.8	——	——	4.5
贵州	——	50.1	10.4	22.7	16.7	——	——	——
云南	——	64.9	25.3	——	6.0	——	——	3.8
西藏	——	——	——	——	——	——	——	——
陕西	0.8	61.9	2.2	6.6	22.4	——	6.1	——
甘肃	7.6	57.2	10.5	——	——	——	——	24.8
青海	——	——	——	——	——	——	——	——
宁夏	——	62.3	17.6	1.4	15.6	3.1	——	——
新疆	——	90.0	10.0	——	——	——	——	——

3—36　各地区联营企业机械设备装备情况

地　区	自有机械设备年末总台数(台)	自有机械设备年末总功率(万千瓦)	#施工机械功率	自有机械设备净值(净值)	技术装备率(元/人)	动力装备率(千瓦/人)
全国总计	**60010**	**90.7**	**72.8**	**125342**	**7672**	**5.6**
北　京	768	0.9	0.8	1289	6169	4.5
天　津	1061	1.4	1.3	2058	7101	4.7
河　北	1657	2.6	1.7	1789	4741	6.9
山　西	91	——	——	50	1429	0.7
内蒙古	474	0.3	0.2	200	1284	1.9
辽　宁	2156	5.1	4.8	7805	23536	15.5
吉　林	134	0.5	0.3	104	2196	11.5
黑龙江	3609	4.0	3.8	5957	10434	7.0
上　海	4588	7.9	5.4	14107	15433	8.6
江　苏	9304	9.6	9.0	13578	5398	3.8
浙　江	3596	5.6	4.3	9116	9377	5.7
安　徽	5237	3.3	2.9	5476	3834	2.3
福　建	2243	9.8	8.9	10588	7890	7.3
江　西	39	——	——	22	627	0.5
山　东	6373	17.8	12.2	22697	7851	6.2
河　南	823	0.5	0.4	791	4172	2.7
湖　北	5039	3.0	2.2	2696	5105	5.7
湖　南	1928	2.1	1.7	3026	6407	4.5
广　东	4386	3.1	2.3	4837	7665	5.0
广　西	383	0.9	0.7	668	8039	10.9
海　南	284	0.9	0.9	682	4112	5.3
重　庆	1167	0.8	0.7	2927	18587	5.2
四　川	2424	3.1	3.1	3096	2251	2.3
贵　州	194	0.3	0.2	231	3034	3.9
云　南	224	0.2	0.2	421	5434	2.4
西　藏	——	——	——	——	——	——
陕　西	275	0.4	0.3	340	1640	2.0
甘　肃	666	2.0	0.3	4318	39396	18.4
青　海	——	——	——	——	——	——
宁　夏	795	4.0	3.8	6017	47413	31.8
新　疆	92	0.4	0.4	456	20652	17.5

3－37 各地区联营企业建筑业增加值及其构成

单位:万元

地区	建筑业增加值合计	本年提取固定资产折旧	应付工资总额	应付福利费总额
全国总计	**264178**	**16334**	**123267**	**12478**
北京	7961	491	2976	247
天津	4609	163	2044	142
河北	6229	462	2214	233
山西	102	－5	——	
内蒙古	818	34	456	16
辽宁	5469	607	2065	226
吉林	1012	32	469	66
黑龙江	6990	174	4908	613
上海	22371	2066	9858	510
江苏	36953	1454	20124	3018
浙江	18194	1145	7618	778
安徽	11789	625	7013	543
福建	21905	1377	12096	764
江西	215	135	42	——
山东	54642	3919	25011	2552
河南	2477	106	1042	122
湖北	6705	289	2930	317
湖南	6498	296	3346	264
广东	16981	786	5474	616
广西	1069	58	405	20
海南	1870	28	1192	25
重庆	2623	130	946	227
四川	13483	719	7689	840
贵州	324	10	1785	
云南	838	28	367	23
西藏	——	——	——	——
陕西	1029	68	542	50
甘肃	1195	123	110	——
青海	——	——	——	——
宁夏	8875	991	1635	194
新疆	949	21	511	67

3—37 续表 单位:万元

地 区	工程结算税金及附加	工程结算利润	管理费用中的税金	管理费用中的劳动、待业保险费
全国总计	**31755**	**74418**	**1570**	**4355**
北 京	916	2901	28	404
天 津	598	1506	65	92
河 北	1313	1895	78	35
山 西	26	70	——	——
内 蒙 古	103	167	8	34
辽 宁	688	1592	11	278
吉 林	134	308	3	——
黑 龙 江	632	626	4	33
上 海	2276	7776	—241	126
江 苏	3592	8376	94	296
浙 江	2596	4924	306	826
安 徽	1640	1683	44	242
福 建	2790	4657	47	174
江 西	13	20	5	——
山 东	6134	15187	568	1272
河 南	272	905	25	5
湖 北	670	2373	88	38
湖 南	674	1864	28	28
广 东	3298	6403	138	267
广 西	111	397	41	38
海 南	268	315	20	22
重 庆	217	1091	12	——
四 川	1129	2861	123	122
贵 州	48	70	4	8
云 南	295	89	35	1
西 藏	——	——	——	——
陕 西	266	65	31	6
甘 肃	252	710	——	——
青 海	——	——	——	——
宁 夏	722	5327	5	2
新 疆	82	261	2	6

3—38 各地区联营企业建筑业劳动生产率

地区	建筑业企业个数（个）	计算劳动生产率的平均人数（万人）	按总产值计算的劳动生产率（元/人）	按增加值计算的劳动生产率（元/人）	人均竣工产值（元人）	人竣施工面积（平方米/人）	人均竣工面积（平方米/人）
全国总计	**374**	**17.62**	**63518**	**14996**	**48803**	**76.8**	**38.3**
北京	18	0.44	71349	17906	97249	134.2	57.9
天津	9	0.47	47971	9753	57047	165.0	97.2
河北	9	0.51	82802	12265	65210	177.3	72.9
山西	1	0.04	19349	2476	8857	79.3	18.9
内蒙古	3	0.13	40361	6098	31912	55.5	50.7
辽宁	4	0.33	71576	16494	57181	6.0	——
吉林	2	0.08	52460	12024	92992	7.8	7.8
黑龙江	7	0.56	37360	12430	29918	53.5	27.1
上海	51	1.43	87500	15600	86592	91.6	33.5
江苏	34	2.54	74929	14524	46912	133.5	69.0
浙江	25	0.88	84097	20628	36471	34.1	16.7
安徽	22	1.47	31727	8047	25403	61.5	30.1
福建	27	1.21	77909	18151	45714	100.4	51.7
江西	2	0.01	45657	15386	14051	59.3	45.9
山东	21	2.91	67482	18800	62119	40.3	17.3
河南	6	0.20	25778	12436	22103	85.5	57.7
湖北	22	0.49	36726	13578	25332	66.7	48.2
湖南	12	0.51	40612	12850	32561	52.1	19.1
广东	35	0.61	139378	27855	92581	93.0	29.7
广西	8	0.08	40097	12823	22924	41.9	20.6
海南	6	0.17	50116	11075	31276	72.2	37.8
重庆	8	0.16	61925	16719	41630	56.8	38.4
四川	20	1.38	31387	9781	27315	52.7	34.2
贵州	5	0.07	14175	4494	12701	38.6	17.7
云南	5	0.06	25055	14809	12303	42.1	32.1
西藏	——	——	——	——	——	——	——
陕西	3	0.19	51942	5541	25877	96.9	37.9
甘肃	1	0.33	26082	3625	70197	33.9	33.9
青海	——	——	——	——	——	——	——
宁夏	5	0.30	75004	29942	157266	68.8	42.8
新疆	3	0.05	63533	19533	102624	144.4	144.4

3—39 各地区联营企业实收资本及资产构成

单位:万元

地区	实收资本	资产合计	#流动资产小计	#存货	#在建工程	长期投资
全国总计	**325686**	**1211249**	**920195**	**308053**	**238082**	**32826**
北京	12771	74039	61310	12179	5919	826
天津	6279	12714	9276	2292	1850	226
河北	12388	78976	70573	20964	17653	949
山西	123	1250	1079	——	——	11
内蒙古	673	1419	1116	116	21	——
辽宁	8121	32503	19862	6741	5181	30
吉林	1232	1340	986	424	——	66
黑龙江	16333	40600	29696	7778	6758	2756
上海	40497	121549	94444	25614	20277	4522
江苏	21346	85932	66637	34256	28012	491
浙江	18704	51695	34038	6271	4663	132
安徽	11939	32020	19273	3056	1888	2136
福建	35736	204912	172631	109701	106540	6873
江西	92	1438	490	357	348	45
山东	51271	231664	175530	14364	4184	4484
河南	1990	7236	3965	1508	714	10
湖北	11538	19829	10196	4656	3184	216
湖南	5754	11063	6128	2799	2000	560
广东	23887	88818	72504	27966	15456	2489
广西	3128	8916	6186	3744	3068	——
海南	1828	11446	9984	3327	3290	162
重庆	5613	13235	5736	2059	758	2594
四川	12534	22447	15183	8662	5174	443
贵州	470	1589	1017	605	558	17
云南	1105	1540	775	458	376	77
西藏	——	——	——	——	——	——
陕西	3449	11792	8125	379	197	52
甘肃	4902	7240	2171	——	——	58
青海	——	——	——	——	——	——
宁夏	11179	31036	18957	6930	11	2601
新疆	806	3012	2327	849	——	——

单位:万元

地区	固定资产小计	固定资产原价	#生产经营用	固定资产折旧	#本年折旧	无形及递延资产小计	#无形资产
全国总计	**231007**	**313774**	**257068**	**98000**	**16334**	**16484**	**12477**
北京	8295	11147	7499	2851	491	2985	2959
天津	3116	4098	2682	1073	163	——	——
河北	7304	8208	6883	2926	462	——	——
山西	159	220	60	61	——	——	——
内蒙古	302	518	474	228	34	——	——
辽宁	10472	15295	13206	4824	607	185	181
吉林	285	416	356	131	32	——	——
黑龙江	7207	9568	8915	2497	174	941	——
上海	20598	29603	24442	9427	2066	1372	228
江苏	18284	27159	21976	9745	1454	289	253
浙江	14352	20933	17798	6582	1145	3124	3112
安徽	9813	14126	10807	4312	625	146	82
福建	24783	25255	21381	6113	1377	364	235
江西	904	905	710	707	135	——	——
山东	44717	71198	60059	26843	3919	4490	3895
河南	3224	3825	3467	600	106	37	——
湖北	8610	9686	7711	1930	289	588	247
湖南	4375	5585	4717	1655	296	——	——
广东	10856	14506	8605	4752	786	1074	513
广西	2176	2674	1339	527	581	——	——
海南	1261	1529	1037	268	28	19	18
重庆	4901	6521	4375	1735	130	——	——
四川	6432	8906	8155	2973	719	164	140
贵州	472	596	547	130	10	——	——
云南	688	778	572	125	28	——	——
西藏	——	——	——	——	——	——	——
陕西	3004	3699	3009	705	68	91	——
甘肃	4398	3460	3460	938	123	614	614
青海	——	——	——	——	——	——	——
宁夏	9377	12618	12215	3242	991	——	——
新疆	643	742	611	100	21	——	——

3—40 各地区联营企业负债及所有者权益

单位:万元

地区	负债合计	流动负债小计	长期负债小计	所有者权益合计	#实收资本
全国总计	**812620**	**785443**	**27177**	**398629**	**325686**
北京	55641	54615	1026	18399	12771
天津	6410	6066	344	6304	6279
河北	61720	62812	—1093	17257	12388
山西	1126	1126	——	123	123
内蒙古	728	689	39	691	673
辽宁	22526	22476	50	9977	8121
吉林	11	11	——	1328	1232
黑龙江	24026	22078	1949	16574	16333
上海	75343	69541	5802	46206	40497
江苏	57730	56302	1428	28202	21346
浙江	29866	28032	1834	21829	18704
安徽	20773	16674	4099	11247	11939
福建	160186	160348	—162	44726	35736
江西	566	541	26	872	92
山东	169656	163457	6199	62008	51271
河南	2537	2274	263	4699	1990
湖北	6831	6399	433	12997	11538
湖南	4977	4750	227	6086	5754
广东	54676	53720	956	34143	23887
广西	4633	4133	500	4283	3128
海南	9636	9624	13	1810	1828
重庆	7132	4982	2150	6103	5613
四川	10014	9332	683	12432	12534
贵州	764	764	——	826	470
云南	435	421	14	1105	1105
西藏	——	——	——	——	——
陕西	7866	7707	158	3926	3449
甘肃	1786	1700	86	5454	4902
青海	——	——	——	——	——
宁夏	11999	11843	156	19037	11179
新疆	3026	3026	——	—14	806

3—41 各地区联营企业工程结算收入及工程结算利润

单位:万元

地 区	工程结算收入	工程结算成本	工程结算税金及附加	工程结算利润	管理费用	#税金	#财产保险费	#劳动、待业保险费
全国总计	**966370**	**860197**	**31755**	**74418**	**52433**	**1570**	**484**	**4355**
北 京	28356	24539	916	2901	2647	28	18	404
天 津	20008	17905	598	1506	1090	65	29	92
河 北	42007	38799	1313	1895	1796	78	——	35
山 西	793	697	26	70	72	——	——	——
内蒙古	2296	2026	103	167	121	8	——	34
辽 宁	23504	21223	688	1592	1116	11	——	278
吉 林	4420	3978	134	308	199	3	5	——
黑龙江	19164	17905	632	626	808	4	19	33
上 海	112752	102700	2276	7776	6188	—241	33	126
江 苏	92557	80589	3592	8376	5597	94	——	296
浙 江	67159	59638	2596	4924	3517	306	99	826
安 徽	43388	40065	1640	1683	1402	44	4	242
福 建	93372	85925	2790	4657	3851	47	4	174
江 西	453	420	13	20	33	5	——	——
山 东	188897	167576	6134	15187	10330	568	139	1272
河 南	7803	6625	272	905	340	25	9	5
湖 北	19110	16068	670	2373	1507	88	3	38
湖 南	17549	15012	674	1864	1035	28	——	28
广 东	87331	77630	3298	6403	5367	138	11	267
广 西	3071	2563	111	397	362	41	4	38
海 南	8200	7617	268	315	316	20	4	22
重 庆	8051	6743	217	1091	1015	12	——	——
四 川	34809	30819	1129	2861	1890	123	24	122
贵 州	955	837	48	70	114	4	——	8
云 南	1523	1139	295	89	52	35	——	1
西 藏	——	——	——	——	——	——	——	——
陕 西	8772	8441	266	65	510	31	5	6
甘 肃	5870	4908	252	710	500	——	61	——
青 海	——	——	——	——	——	——	——	——
宁 夏	21072	15023	722	5327	404	5	——	2
新 疆	3131	2788	82	261	252	2	11	6

3—42 各地区联营企业利润及税金总额

单位：万元

地区	利润总额	#应交所得税	税金总额	工程结算税金及附加	管理费用中的税金
全国总计	**29745**	**6637**	**33325**	**31755**	**1570**
北京	692	190	943	916	28
天津	395	85	662	598	65
河北	446	137	1391	1313	78
山西	70	——	26	26	——
内蒙古	84	52	111	103	8
辽宁	496	207	699	688	11
吉林	156	69	138	134	3
黑龙江	—477	1	636	632	4
上海	2727	575	2035	2276	—241
江苏	2207	618	3686	3592	94
浙江	1625	475	2902	2596	306
安徽	236	168	1684	1640	44
福建	1631	367	2837	2790	47
江西	—6	——	18	13	5
山东	6085	2024	6702	6134	568
河南	449	36	297	272	25
湖北	734	247	758	670	88
湖南	444	91	701	674	28
广东	5182	895	3435	3298	138
广西	36	10	152	111	41
海南	—130	7	288	268	20
重庆	53	30	229	217	12
四川	789	210	1252	1129	123
贵州	—16	4	52	48	4
云南	50	16	330	295	35
西藏	——	——	——	——	——
陕西	8	4	297	266	31
甘肃	292	115	252	252	——
青海	——	——	——	——	——
宁夏	5491	4	726	722	5
新疆	—3	2	84	82	2

3—43 各地区联营企业主要效益指标

地区	产值利润率(%)	产值利税率(%)	资本利润率(%)	资本利税率(%)	人均利润(元/人)	人均利税(元/人)	资产负债(元/人)
全国总计	**2.7**	**5.6**	**9.1**	**19.4**	**1821**	**3861**	**67.1**
北京	2.2	5.2	5.4	12.8	3311	7825	75.2
天津	1.7	4.7	6.3	16.8	1362	3647	50.4
河北	1.1	4.4	3.6	14.8	1181	4867	78.1
山西	8.8	12.2	56.8	78.3	2000	2757	90.1
内蒙古	1.5	3.6	12.4	28.9	537	1248	51.3
辽宁	2.1	5.0	6.1	14.7	1497	3606	69.3
吉林	3.5	6.6	12.6	23.8	3278	6173	0.8
黑龙江	−2.3	0.8	−2.9	1.0	−836	278	59.2
上海	2.2	3.8	6.7	11.8	2983	5209	62.0
江苏	1.2	3.1	10.3	27.6	877	2343	67.2
浙江	2.2	6.1	8.7	24.2	1672	4657	57.8
安徽	0.5	4.1	2.0	16.1	165	1345	64.9
福建	1.7	4.8	4.6	12.5	1216	3330	78.2
江西	−1.0	1.9	−6.8	13.2	−177	345	39.4
山东	3.1	6.5	11.9	24.9	2105	4423	73.2
河南	8.7	14.5	22.6	37.5	2367	3936	35.1
湖北	4.0	8.2	6.4	12.9	1390	2824	34.5
湖南	2.2	5.6	7.7	19.9	939	2424	45.0
广东	6.1	10.1	21.7	36.1	8213	13657	61.6
广西	1.1	5.6	1.2	6.0	437	2272	52.0
海南	−1.5	1.9	−7.1	8.6	−787	947	84.2
重庆	0.5	2.9	0.9	5.0	336	1792	53.9
四川	1.8	4.7	6.3	16.3	574	1484	44.6
贵州	−1.5	3.5	−3.4	7.7	−208	476	48.0
云南	3.5	26.8	4.5	34.4	639	4899	28.3
西藏	——	——	——	——	——	——	——
陕西	0.1	3.2	0.2	8.9	40	1472	66.7
甘肃	3.4	6.3	6.0	11.1	2667	4969	24.7
青海	——	——	——	——	——	——	——
宁夏	24.7	28.0	49.1	55.6	43273	48995	38.7
新疆	−0.1	2.6	−0.4	10.0	−136	3656	100.5

3—44 各地区联营建筑业企业亏损情况

地　区	企业个数(个)	#亏损企业个数	亏损金额(万元)	亏损面(%)
全国总计	**374**	**75**	**3786**	**20.1**
北　京	18	5	253	27.8
天　津	9	——		——
河　北	9	——		——
山　西	1	——		——
内蒙古	3	——		——
辽　宁	4	1	40	25.0
吉　林	2	——		——
黑龙江	7	4	688	57.1
上　海	51	11	929	21.6
江　苏	34	11	212	32.4
浙　江	25	4	62	16.0
安　徽	22	3	346	13.6
福　建	27	5	223	18.5
江　西	2	1	9	50.0
山　东	21	5	443	23.8
河　南	6	——		——
湖　北	22	1	96	4.5
湖　南	12	——		——
广　东	35	5	112	14.3
广　西	8	2	24	25.0
海　南	6	2	206	33.3
重　庆	8	3	44	37.5
四　川	20	7	63	35.0
贵　州	5	3	19	60.0
云　南	5	——		——
西　藏	——	——		——
陕　西	3	1	2	33.3
甘　肃	1	——		——
青　海	——	——		——
宁　夏	5	——		——
新　疆	3	1	16	33.3

3—45 各地区联营企业建筑材料消耗情况

地 区	一、价值量				二、实物量		
	材料费用合计(万元)	钢材	木材	水泥	钢材(万吨)	木材(万立方米)	水泥(万吨)
全国总计	**536630**	**149395**	**37136**	**93562**	**55.48**	**36.67**	**331.93**
北 京	12190	2920	793	1233	1.12	0.57	4.02
天 津	8281	1728	473	1252	0.75	0.46	4.65
河 北	30877	6387	2685	13599	3.17	3.74	54.83
山 西	156	867	62	0.03	0.01	0.27	
内蒙古	1076	569	57	422	0.21	0.07	1.03
辽 宁	15612	1371	92	1994	0.50	0.10	5.86
吉 林	2503	239	28	85	0.06	0.02	0.27
黑龙江	4437	1724	595	1215	0.71	0.82	3.44
上 海	49551	25106	1929	6237	8.00	1.38	18.72
江 苏	107460	21204	7777	18517	8.82	5.52	70.31
浙 江	27943	9485	1398	5954	3.54	1.54	19.75
安 徽	19278	3914	2300	3147	1.72	1.79	10.39
福 建	40763	13753	4711	6242	5.32	5.71	16.42
江 西	577	249	30	59	0.08	0.04	0.21
山 东	108644	33849	4874	13625	10.79	4.11	54.62
河 南	3808	942	260	1509	0.36	0.21	5.80
湖 北	6701	2557	800	1414	0.95	1.04	5.09
湖 南	10094	1643	473	2059	0.60	0.79	7.33
广 东	30982	4063	2135	1870	1.50	2.42	6.10
广 西	2167	670	413	136	0.29	0.86	0.52
海 南	6396	2656	852	2796	1.13	1.09	8.50
重 庆	4170	694	231	362	0.29	0.17	1.35
四 川	24052	9442	1298	4205	3.80	1.10	11.67
贵 州	916	396	120	336	0.26	0.25	1.28
云 南	770	320	67	237	0.11	0.08	0.72
西 藏	——	——	——	——	——	——	——
陕 西	4995	1311	2254	934	0.54	2.25	3.33
甘 肃	1760	713	39	1008	0.31	0.13	3.60
青 海	——	——	——	——	——	——	——
宁 夏	8282	1007	432	2849	0.38	0.40	11.13
新 疆	2190	398	14	204	0.12	0.01	0.72

3—46 各地区股份制企业建筑业总产值和竣工产值

单位:万元

地区	建筑业总产值	建筑工程产值	安装工程产值	房屋构筑物修理产值	非标准设备制造产值	竣工产值
全国总计	**31802990**	**28304628**	**3029695**	**386555**	**82112**	**22538400**
北京	1956695	1870797	81293	4606	——	1184240
天津	827953	704104	120563	1286	2000	681538
河北	764589	731742	28623	3065	1159	544728
山西	170942	142402	27566	957	18	121940
内蒙古	433823	407816	22844	2698	465	354108
辽宁	1313798	1190049	108251	12698	2800	930895
吉林	325895	299080	22710	3143	962	266080
黑龙江	669035	595652	56036	16238	1108	557208
上海	3060077	2553152	413069	78057	15799	2139455
江苏	4024088	3598091	376849	43944	5203	3235537
浙江	6782212	5996545	703332	65458	16877	4395029
安徽	488379	396943	75070	13794	2571	402434
福建	594238	512993	71858	8520	867	440156
江西	93698	90337	2591	299	471	34512
山东	1910152	1660786	207036	34158	8172	1290545
河南	353846	295420	53956	2667	1802	249287
湖北	718390	639088	62999	13223	3080	533588
湖南	376409	329118	33952	10607	2732	296148
广东	1934907	1683157	224899	26708	144	1393063
广西	150071	121716	25557	1842	956	120890
海南	17100	15955	1135	10	——	7502
重庆	1106531	1043437	51895	7861	3338	684905
四川	1839856	1714634	106433	13107	5682	1170805
贵州	66005	54214	10404	932	454	39560
云南	433868	388465	39413	5694	295	324452
西藏	20183	18720	——	1463	——	20183
陕西	313176	304753	7864	529	30	266855
甘肃	360908	314834	36816	6090	3168	296950
青海	47209	38954	7361	797	96	33232
宁夏	129003	107613	20338	440	613	102101
新疆	519956	484060	28984	5663	1248	420474

3—47　各地区股份制企业单位工程个数及工程质量

地　区	单位工程施工个数（个）	＃本年新开工个数	＃投标承包个数	＃本年新开工	单位工程竣工个数（个）	＃优良品	工程质量优良品率（%）	投标承包个数占单位工程施工个数的比重（%）
全国总计	**151898**	**99647**	**73086**	**48149**	**97640**	**33715**	**34.5**	**48.1**
北　京	5175	3252	1900	1115	2850	818	28.7	36.7
天　津	4525	3094	1455	933	3272	1466	44.8	32.2
河　北	4124	2540	3167	1961	2580	1437	55.7	76.8
山　西	1198	731	590	359	566	179	31.6	49.2
内蒙古	2506	1834	1212	935	1865	844	45.3	48.4
辽　宁	5233	3953	2809	2084	3516	1059	30.1	53.7
吉　林	2045	1436	851	646	1375	369	26.8	41.6
黑龙江	3029	2532	1334	928	2460	1105	44.9	44.0
上　海	12080	7859	5241	3333	6821	2336	34.2	43.4
江　苏	18809	14125	8923	6557	14327	5218	36.4	47.4
浙　江	24897	15730	13752	8460	15102	4612	30.5	55.2
安　徽	6384	4508	2172	1400	4390	757	17.2	34.0
福　建	3781	2073	1445	957	2352	419	17.8	38.2
江　西	966	431	776	325	477	323	67.7	80.3
山　东	11446	7992	6069	4354	6961	2975	42.7	53.0
河　南	3327	2255	1780	1099	2181	781	35.8	53.5
湖　北	4245	2660	1648	1142	2697	1309	48.5	38.8
湖　南	2520	1680	1294	857	1637	433	26.5	51.3
广　东	6745	3362	2505	1520	3454	1102	31.9	37.1
广　西	2389	1477	475	247	1610	236	14.7	19.9
海　南	67	42	31	16	36	20	55.6	46.3
重　庆	4536	2726	2416	1774	2630	811	30.8	53.3
四　川	8976	5259	5150	3179	5596	2417	43.2	57.4
贵　州	1042	880	307	261	777	101	13.0	29.5
云　南	3211	1480	904	651	2415	708	29.3	28.2
西　藏	39	30	19	16	27	20	74.1	48.7
陕　西	2388	1146	1321	492	1168	653	55.9	55.3
甘　肃	2059	1406	1214	858	1406	359	25.5	59.0
青　海	417	318	202	142	308	85	27.6	48.4
宁　夏	1130	896	464	335	888	186	20.9	41.1
新　疆	2609	1940	1660	1213	1896	577	30.4	63.6

3—48 各地区股份制企业房屋建筑面积和工程质量

地区	房屋建筑施工面积(万平方米)	#本年新开工面积	#投标承包面积	#本年新开工	房屋建筑竣工面积(万平方米)	#优良品	房屋建筑面积优良品率(%)	投标承包面积占房屋建筑施工面积的比重(%)
全国总计	**43989.7**	**23984.2**	**31869.7**	**18573.8**	**20677.4**	**10873.7**	**52.6**	**72.4**
北京	2108.9	867.7	1796.6	781.5	685.3	445.3	65.0	85.2
天津	1052.3	413.7	566.5	343.9	412.1	230.3	55.9	53.8
河北	1383.4	765.7	1214.0	678.7	732.1	462.9	63.2	87.8
山西	286.2	117.4	228.3	102.1	127.6	63.1	49.5	79.8
内蒙古	741.8	493.7	427.1	319.0	490.0	251.6	51.4	57.6
辽宁	2109.0	1343.0	1801.3	1125.2	1002.2	491.9	49.1	85.4
吉林	447.6	323.1	341.9	236.4	296.7	133.5	45.0	76.4
黑龙江	790.1	511.1	578.5	384.2	515.3	265.6	51.6	73.2
上海	2670.8	1119.8	2232.7	993.6	975.0	584.5	59.9	83.6
江苏	6526.5	3975.3	4777.3	3071.1	3611.8	2153.1	59.6	73.2
浙江	8321.9	4772.2	6621.9	3849.8	3394.1	1813.0	53.4	79.6
安徽	903.7	516.3	483.9	306.5	505.4	163.3	32.3	53.5
福建	1055.5	617.2	571.2	363.9	492.5	92.7	18.8	54.1
江西	83.6	45.9	40.2	30.0	48.6	20.7	42.6	48.1
山东	2738.4	1737.7	2144.3	1382.0	1361.6	753.9	55.4	78.3
河南	662.5	305.6	541.7	268.8	319.5	165.0	51.7	81.8
湖北	913.2	462.4	567.7	359.2	467.7	213.5	45.7	62.2
湖南	653.0	339.8	458.3	269.7	327.2	174.6	53.4	70.2
广东	3373.9	1417.0	1865.0	819.7	1223.8	715.0	58.4	55.3
广西	239.0	86.2	109.4	56.8	121.3	40.5	33.4	45.8
海南	31.3	14.0	21.0	7.2	11.0	6.7	60.4	67.2
重庆	2224.6	1167.4	1460.8	917.1	1040.6	488.2	46.9	65.7
四川	2370.4	1287.6	1486.7	997.4	1249.3	564.8	45.2	62.7
贵州	147.7	66.7	55.5	36.8	56.4	15.5	27.4	37.5
云南	398.4	211.6	198.0	128.8	250.4	132.9	53.1	49.7
西藏	4.7	4.3	3.0	2.5	3.7	0.6	15.5	63.0
陕西	209.3	101.1	167.3	92.4	105.2	59.8	56.8	79.9
甘肃	671.5	363.3	458.8	253.4	399.1	140.2	35.1	68.3
青海	67.3	38.4	53.7	29.4	36.3	15.3	42.2	79.8
宁夏	158.4	104.4	110.9	78.0	97.1	41.3	42.6	70.0
新疆	644.8	394.6	486.1	288.8	318.6	174.3	54.7	75.4

3—49 各地区股份制企业按主要用途分的房屋建筑竣工面积

单位:万平方米

地区	合计	厂房	住宅	办公用房	商业、居民服务业用房	文化教育用房	医疗用房	科研用房	其他用房
全国总计	**20677.4**	**1850.0**	**12823.4**	**1711.6**	**1894.1**	**1076.5**	**236.0**	**75.9**	**1009.9**
北京	685.3	31.1	490.5	70.4	36.2	15.8	3.9	5.9	31.5
天津	412.1	16.4	253.2	15.5	19.1	23.4	4.7	2.2	77.6
河北	732.1	38.5	495.0	66.0	60.9	28.8	13.0	0.3	29.5
山西	127.6	10.5	90.1	15.8	2.8	4.9	0.2	——	3.2
内蒙古	490.0	12.2	327.7	50.1	55.0	25.1	2.1	0.2	17.6
辽宁	1002.2	67.2	677.6	51.6	105.0	49.9	7.4	9.2	34.2
吉林	296.7	9.2	248.1	7.9	18.1	2.0	0.7	0.2	10.5
黑龙江	515.3	16.4	381.1	32.8	52.7	17.8	3.5	——	10.9
上海	975.0	102.7	524.7	109.2	77.3	94.3	12.8	3.0	51.0
江苏	3611.8	373.6	2093.3	306.0	399.3	190.1	45.7	23.5	180.2
浙江	3394.1	540.1	1755.2	338.4	287.8	239.3	57.9	15.7	159.8
安徽	505.4	37.8	332.2	43.3	51.7	19.3	2.9	0.2	18.1
福建	492.5	30.9	327.6	36.7	56.7	20.2	2.9	0.4	17.1
江西	48.6	1.0	37.0	5.6	4.2	0.3	——	——	0.5
山东	1361.6	147.2	842.4	98.8	114.5	83.9	15.5	5.4	53.9
河南	319.5	25.6	201.7	35.4	17.7	21.6	4.9	0.1	12.5
湖北	467.7	26.7	302.5	54.7	28.5	23.9	8.0	2.1	21.3
湖南	327.2	18.7	181.9	27.9	42.1	19.1	3.4	1.0	33.1
广东	1223.8	160.4	773.3	59.3	94.0	48.2	7.6	0.1	80.8
广西	121.3	1.9	85.5	8.7	13.5	2.7	0.9	——	8.2
海南	11.0	2.0	8.7	——	——	——	——	——	0.2
重庆	1040.6	53.1	722.7	94.7	95.4	28.7	9.0	——	36.9
四川	1249.3	74.0	842.1	76.6	135.2	47.4	13.0	2.9	58.2
贵州	56.4	2.4	35.0	3.4	2.5	6.8	0.1	——	6.3
云南	250.4	12.8	154.7	22.2	25.9	19.5	2.8	0.3	12.3
西藏	3.7	——	1.2	1.4	0.5	0.3	0.2	——	0.2
陕西	105.2	2.3	78.3	8.1	5.6	5.6	1.2	0.4	3.6
甘肃	399.1	21.8	265.1	33.1	40.2	9.7	3.3	0.1	25.8
青海	36.3	0.4	25.0	2.8	2.1	2.0	2.8	——	1.1
宁夏	97.1	4.7	54.1	9.2	14.6	9.0	0.8	1.6	3.0
新疆	318.6	8.3	215.9	25.8	35.1	16.8	4.9	1.2	10.6

3—50 各地区股份制企业各种用途的房屋建筑竣工面积占全部的比重

单位:%

地区	厂房	住宅	办公用房	商业、居民服务业用房	文化教育用房	医疗用房	科研用房	其他用房
全国总计	**8.9**	**62.0**	**8.3**	**9.2**	**5.2**	**1.1**	**0.4**	**4.9**
北京	4.5	71.6	10.3	5.3	2.3	0.6	0.9	4.6
天津	4.0	61.4	3.8	4.6	5.7	1.1	0.5	18.8
河北	5.3	67.6	9.0	8.3	3.9	1.8	——	4.0
山西	8.2	70.6	12.4	2.2	3.8	0.2	——	2.5
内蒙古	2.5	66.9	10.2	11.2	5.1	0.4	——	3.6
辽宁	6.7	67.6	5.1	10.5	5.0	0.7	0.9	3.4
吉林	3.1	83.6	2.7	6.1	0.7	0.2	0.1	3.6
黑龙江	3.2	74.0	6.4	10.2	3.5	0.7	——	2.1
上海	10.5	53.8	11.2	7.9	9.7	1.3	0.3	5.2
江苏	10.3	58.0	8.5	11.1	5.3	1.3	0.7	5.0
浙江	15.9	51.7	10.0	8.5	7.0	1.7	0.5	4.7
安徽	7.5	65.7	8.6	10.2	3.8	0.6	——	3.6
福建	6.3	66.5	7.4	11.5	4.1	0.6	0.1	3.5
江西	2.0	76.2	11.5	8.7	0.5	——	——	1.0
山东	10.8	61.9	7.3	8.4	6.2	1.1	0.4	4.0
河南	8.0	63.1	11.1	5.5	6.8	1.5	——	3.9
湖北	5.7	64.7	11.7	6.1	5.1	1.7	0.4	4.6
湖南	5.7	55.6	8.5	12.9	5.8	1.1	0.3	10.1
广东	13.1	63.2	4.8	7.7	3.9	0.6	——	6.6
广西	1.6	70.4	7.1	11.1	2.2	0.7	——	6.8
海南	18.5	79.3	0.3	0.4	——	——	——	1.5
重庆	5.1	69.5	9.1	9.2	2.8	0.9	——	3.5
四川	5.9	67.4	6.1	10.8	3.8	1.0	0.2	4.7
贵州	4.2	62.0	6.0	4.5	12.1	0.1	——	11.1
云南	5.1	61.8	8.9	10.3	7.8	1.1	0.1	4.9
西藏	——	31.5	38.8	13.0	6.8	5.7	——	4.2
陕西	2.2	74.5	7.7	5.3	5.3	1.2	0.4	3.5
甘肃	5.5	66.4	8.3	10.1	2.4	0.8	——	6.5
青海	1.0	69.0	7.7	5.9	5.6	7.8	——	3.0
宁夏	4.8	55.7	9.5	15.0	9.3	0.9	1.7	3.1
新疆	2.6	67.8	8.1	11.0	5.3	1.5	0.4	3.3

3—51 各地区股份制企业机械设备装备情况

地　区	自有机械设备年末总台数(台)	自有机械设备年末总功率(万千瓦)	#施工机械功率	自有机械设备净值(净值)	技术装备率(元/人)	动力装备率(千瓦/人)
全国总计	**1233099**	**1743.0**	**1364.1**	**2753504**	**6466**	**4.1**
北　京	31496	73.2	51.5	105062	10779	7.5
天　津	15191	39.3	26.4	83566	19410	9.1
河　北	64888	90.0	71.4	90772	6203	6.1
山　西	9570	15.1	12.1	28189	7940	4.2
内蒙古	28828	42.6	37.4	39539	4727	5.1
辽　宁	44714	96.0	64.1	114458	7801	6.5
吉　林	10299	18.9	15.5	30004	7215	4.5
黑龙江	27967	66.0	51.6	94871	10557	7.3
上　海	47503	75.9	55.1	147624	9942	5.1
江　苏	151263	166.2	144.2	291458	4933	2.8
浙　江	210356	258.6	205.1	539726	7036	3.4
安　徽	42624	35.0	30.5	48102	4044	2.9
福　建	41557	51.0	44.1	91161	8282	4.6
江　西	3897	5.9	5.0	11492	8377	4.3
山　东	80608	132.4	104.9	145413	3726	3.4
河　南	30957	32.7	23.0	44658	4691	3.4
湖　北	39634	49.7	37.6	82876	7959	4.8
湖　南	33011	37.7	31.5	42907	4736	4.2
广　东	78111	117.0	85.8	168747	8212	5.7
广　西	12089	19.3	12.8	29046	8686	5.8
海　南	724	1.3	1.1	2496	7909	4.0
重　庆	49287	62.4	48.9	106339	4820	2.8
四　川	79477	106.7	94.1	205929	5866	3.0
贵　州	3260	6.7	3.8	4882	3452	4.7
云　南	25640	35.6	28.2	74513	9021	4.3
西　藏	574	4.0	0.4	3933	14573	14.9
陕　西	9858	21.8	16.0	31564	7773	5.4
甘　肃	31482	36.0	30.0	37000	3148	3.1
青　海	4151	3.8	3.4	5512	3721	2.6
宁　夏	6821	11.4	9.5	14133	7233	5.9
新　疆	17262	30.8	19.1	37533	9532	7.8

3—52 各地区股份制企业建筑业增加值及其构成

单位:万元

地　　区	建筑业增加值合计	本年提取固定资产折旧	应付工资总额	应付福利费总额
全国总计	**7968130**	**424653**	**3768858**	**365132**
北　　京	452500	20470	132264	14761
天　　津	175628	17653	51398	6470
河　　北	174223	10145	83435	7184
山　　西	51056	2956	20638	2432
内 蒙 古	122344	5098	66112	5602
辽　　宁	311593	16826	153333	15716
吉　　林	95048	4384	43858	5170
黑 龙 江	183734	12460	84558	9866
上　　海	604508	29584	218047	23439
江　　苏	978002	47227	556111	57288
浙　　江	1638067	72862	889280	78296
安　　徽	140718	7104	68139	7622
福　　建	165059	8935	88862	4834
江　　西	20455	1430	7904	1138
山　　东	535480	23862	257611	23611
河　　南	107183	5567	54930	5070
湖　　北	185208	13595	62135	6287
湖　　南	102664	5106	52406	4401
广　　东	559923	37805	239986	26485
广　　西	47990	3248	22961	1531
海　　南	4743	321	2353	204
重　　庆	284796	15113	149426	14566
四　　川	506355	32087	230396	22657
贵　　州	21502	575	8587	853
云　　南	110312	9504	49595	4042
西　　藏	5919	143	1275	——
陕　　西	73330	6464	31032	2986
甘　　肃	114450	4655	54278	3524
青　　海	13837	1177	6850	589
宁　　夏	41616	1667	21504	1697
新　　疆	139887	6630	59592	6810

地区	工程结算税金及附加	工程结算利润	管理费用中的税金	管理费用中的劳动、待业保险费
全国总计	**890352**	**2280720**	**46277**	**192140**
北京	53081	211775	1294	18855
天津	17542	63361	2476	16728
河北	20468	48957	1000	3035
山西	5498	16205	447	2878
内蒙古	13168	29256	1138	1970
辽宁	37942	80729	1501	5545
吉林	9992	27450	666	3526
黑龙江	21513	51607	750	2980
上海	76645	235897	3107	17789
江苏	91709	210489	3915	11263
浙江	193868	376925	7136	19698
安徽	16462	36379	1249	3764
福建	21042	37592	969	2825
江西	2488	7189	189	118
山东	51790	161060	3973	13573
河南	9497	26936	639	4545
湖北	21383	70488	2159	9162
湖南	11832	26554	657	1707
广东	67963	168307	3245	16132
广西	4055	13472	470	2252
海南	448	1325	56	36
重庆	30259	68831	1594	5006
四川	50870	153909	2614	13824
贵州	2433	8556	190	308
云南	11955	32717	581	1918
西藏	277	4090	45	89
陕西	8082	19910	1214	3642
甘肃	16777	30508	1983	2724
青海	1439	3330	186	267
宁夏	3582	12392	157	618
新疆	16292	44526	676	5361

3—53 各地区股份制企业建筑业劳动生产率

地　　区	建筑业企业个数(个)	计算劳动生产率的平均人数(万人)	按总产值计算的劳动生产率(元/人)	按增加值计算的劳动生产率(元/人)	人均竣工产值(元/人)	人均施工面积(平方米/人)	人均竣工面积(平方米/人)
全国总计	**9736**	**460.13**	**69117**	**17317**	**52924**	**103.3**	**48.6**
北　　京	369	17.40	112431	26001	121498	216.4	70.3
天　　津	74	8.24	100526	21324	158299	244.4	95.7
河　　北	290	16.60	46063	10496	37225	94.5	50.0
山　　西	89	3.77	45366	13549	34345	80.6	35.9
内 蒙 古	349	12.27	35350	9969	42333	88.7	58.6
辽　　宁	415	22.31	58891	13967	63450	143.7	68.3
吉　　林	113	6.26	52044	15179	63980	107.6	71.4
黑 龙 江	404	14.27	46895	12879	62006	87.9	57.3
上　　海	616	25.79	118667	23442	144089	179.9	65.7
江　　苏	993	52.88	76101	18495	54757	110.5	61.1
浙　　江	1386	74.01	91641	22134	57295	108.5	44.2
安　　徽	305	12.03	40600	11698	33837	76.0	42.5
福　　建	373	9.98	59546	16540	39990	95.9	44.7
江　　西	52	1.35	69488	15170	25158	60.9	35.4
山　　东	697	37.79	50552	14171	33069	70.2	34.9
河　　南	183	9.15	38684	11718	26188	69.6	33.6
湖　　北	245	10.81	66450	17131	51243	87.7	44.9
湖　　南	193	9.27	40607	11075	32688	72.1	36.1
广　　东	484	20.87	92731	26834	67794	164.2	59.6
广　　西	146	3.13	47935	15329	36150	71.5	36.3
海　　南	9	0.29	59314	16453	23769	99.1	34.9
重　　庆	437	21.37	51774	13325	31045	100.8	47.2
四　　川	778	34.16	53863	14824	33350	67.5	35.6
贵　　州	62	1.37	48137	15681	27972	104.5	39.9
云　　南	197	7.33	59165	15043	39282	48.2	30.3
西　　藏	8	0.25	79900	23431	74778	17.4	13.8
陕　　西	96	4.38	71452	16731	65712	51.5	25.9
甘　　肃	112	11.17	32318	10249	25267	57.1	34.0
青　　海	54	1.66	28502	8354	22434	45.5	24.5
宁　　夏	97	3.00	42969	13862	52250	81.0	49.7
新　　疆	110	6.99	74386	20012	106787	163.7	80.9

3—54 各地区股份制企业实收资本及资产构成

单位:万元

地区	实收资本	资产合计	#流动资产小计	#存货	#在建工程	长期投资
全国总计	**8447799**	**35696930**	**26488589**	**8796905**	**5810487**	**1865919**
北京	456557	2423543	1997435	570849	305728	133728
天津	221563	1133576	845003	150559	71254	40246
河北	260159	863456	604750	151665	90902	16164
山西	50510	267354	198314	44910	16120	2345
内蒙古	123594	412868	286799	71544	24963	8469
辽宁	377725	1419381	1052899	192534	103700	41720
吉林	75017	353248	245929	35389	11166	2543
黑龙江	288653	815697	560780	124542	56722	11298
上海	724152	4023507	3131655	893295	666686	419335
江苏	749553	3651566	2964810	1424194	1162717	103691
浙江	1195747	4642146	3385207	1244273	895295	248409
安徽	178058	554135	402969	119616	71729	12858
福建	313012	1016778	763859	369562	272166	35184
江西	25878	81989	52581	20447	9036	996
山东	368881	2010150	1483950	350906	190938	56792
河南	122654	356089	228086	90932	56330	7018
湖北	242231	979816	656222	160387	70515	83720
湖南	135289	364042	241091	77179	56781	17273
广东	525324	4669627	3901854	1485628	978978	198977
广西	674990	1028265	330736	136377	88786	286548
海南	13901	69599	61047	35095	26195	397
重庆	315827	896573	592263	223372	128787	10091
四川	515511	1639210	1058106	381137	220254	66366
贵州	22968	99067	76677	25078	21144	4970
云南	148195	574606	389099	201663	103962	33677
西藏	13619	25119	14217	3658	22	730
陕西	72120	345220	264509	59996	21169	1223
甘肃	73146	342524	244992	50321	23840	3339
青海	13794	49166	32415	13473	9907	1702
宁夏	46332	181597	131145	54107	39636	7751
新疆	102839	407017	289188	34216	15057	8357

3—54 续表

单位:万元

地区	固定资产小计	固定资产原价	#生产经营用	固定资产折旧	#本年折旧	无形及递延资产小计	#无形资产
全国总计	**6195644**	**8413344**	**6687651**	**2466575**	**424653**	**645656**	**518340**
北京	217928	345082	277850	131503	20470	27008	16767
天津	227584	285122	244377	114806	17653	8365	6300
河北	218472	278978	211307	67432	10145	17148	11261
山西	58979	77808	55040	19565	2956	1436	1088
内蒙古	104128	133929	100801	32993	5098	11404	11099
辽宁	247613	339618	267054	108121	16826	62615	60032
吉林	86581	111383	92520	26813	4384	4423	2919
黑龙江	233364	296171	261842	63663	12460	6528	4717
上海	321483	535045	417861	222104	29584	68199	39234
江苏	521576	753411	582061	251711	47227	33533	29089
浙江	866362	1170954	981474	324432	72862	70858	54482
安徽	121188	166704	123722	45516	7104	5138	3722
福建	191914	240158	188400	54372	8935	14931	11637
江西	23805	30032	23269	6368	1430	2535	2313
山东	369699	543258	423091	183575	23862	78084	72641
河南	101486	134426	90823	35304	5567	10865	10288
湖北	212439	286335	224819	85710	13595	16934	12830
湖南	95123	124434	90229	32095	5106	6858	6046
广东	425666	623905	441190	228749	37805	82090	60655
广西	401565	419787	383906	25028	3248	5836	4374
海南	6459	8854	5094	2404	321	91	73
重庆	252118	324735	255177	80568	15113	26627	25255
四川	433709	575260	483143	150686	32087	53670	47316
贵州	15532	19106	14939	3652	575	1517	1097
云南	132248	176403	144190	47003	9504	11144	8923
西藏	9718	16431	10499	6914	143	443	442
陕西	69640	104094	69434	35199	6464	3278	3003
甘肃	83892	104014	78112	26805	4655	1880	1845
青海	13585	17861	13464	4667	1177	74	53
宁夏	40856	50757	40003	10397	1667	1408	1034
新疆	90932	119289	91958	38419	6630	10737	7805

3—55 各地区股份制企业负债及所有者权益

单位:万元

地　　区	负债合计	流动负债小计	长期负债小计	所有者权益合计	＃实收资本
全国总计	**24613576**	**23545083**	**1068493**	**11083354**	**8447799**
北　　京	1817858	1750078	67780	605685	456557
天　　津	912142	885577	26565	221434	221563
河　　北	522123	509560	12563	341333	260159
山　　西	211460	206119	5340	55894	50510
内 蒙 古	264684	254818	9866	148184	123594
辽　　宁	918873	822730	96143	500508	377725
吉　　林	261831	258325	3506	91418	75017
黑 龙 江	495406	485627	9779	320291	288653
上　　海	2850496	2771774	78722	1173011	724152
江　　苏	2726936	2671154	55782	924630	749553
浙　　江	3027780	2890420	137360	1614366	1195747
安　　徽	377156	344170	32986	176979	178058
福　　建	662675	649726	12948	354103	313012
江　　西	53448	51440	2008	28540	25878
山　　东	1467025	1392027	74998	543125	368881
河　　南	210633	203082	7551	145456	122654
湖　　北	646280	582451	63829	333535	242231
湖　　南	207642	192094	15548	156399	135289
广　　东	3736668	3584741	151927	932959	525324
广　　西	352972	314063	38909	675293	674990
海　　南	45367	453643	24232	13901	
重　　庆	495472	459830	35642	401102	315827
四　　川	940651	889192	51458	698559	515511
贵　　州	63326	54082	9244	35742	22968
云　　南	393065	382671	10394	181542	148195
西　　藏	8736	7687	1048	16383	13619
陕　　西	265416	245098	20318	79804	72120
甘　　肃	224786	217383	7402	117738	73146
青　　海	32795	30775	2020	16372	13794
宁　　夏	130050	127973	2077	51547	46332
新　　疆	289827	265051	24776	117190	102839

3－56　各地区股份制企业工程结算收入及工程结算利润

单位:万元

地　区	工程结算收入	工程结算成本	工程结算税金及附加	工程结算利润	管理费用	#税　金	#财产保险费	#劳动、待业保险费
全国总计	**27392131**	**24221059**	**890352**	**2280720**	**1544920**	**46277**	**10773**	**192140**
北　京	1854886	1590030	53081	211775	147917	1294	296	18855
天　津	809973	729070	17542	63361	51645	2476	160	16728
河　北	605294	535869	20468	48957	34492	1000	129	3035
山　西	164148	142445	5498	16205	12949	447	285	2878
内蒙古	389952	347529	13168	29256	23822	1138	166	1970
辽　宁	1194237	1075566	37942	80729	55493	1501	294	5545
吉　林	321142	283699	9992	27450	21793	666	46	3526
黑龙江	650853	577734	21513	51607	42586	750	229	2980
上　海	3006391	2693849	76645	235897	168161	3107	871	17789
江　苏	2688983	2386785	91709	210489	139277	3915	622	11263
浙　江	5379885	4809091	193868	376925	222279	7136	2032	19698
安　徽	463493	410652	16462	36379	27868	1249	198	3764
福　建	555056	496423	21042	37592	28981	969	50	2825
江　西	72490	62813	2488	7189	5745	189	13	118
山　东	1583688	1370837	51790	161060	90775	3973	834	13573
河　南	290079	253646	9497	26936	20162	639	85	4545
湖　北	658568	566698	21383	70488	51539	2159	495	9162
湖　南	330714	292328	11832	26554	16809	657	141	1707
广　东	2159940	1923670	67963	168307	120388	3245	635	16132
广　西	129164	111636	4055	13472	15417	470	64	2252
海　南	14278	12505	448	1325	1494	562	36	
重　庆	866478	767388	30259	68831	42981	1594	269	5006
四　川	1492816	1288037	50870	153909	93429	2614	1556	13824
贵　州	68215	57226	2433	8556	3349	190	50	308
云　南	380548	335876	11955	32717	19105	581	83	1918
西　藏	20149	15782	277	4090	2071	456	89	
陕　西	274657	246665	8082	19910	20135	1214	64	3642
甘　肃	321744	274459	16777	30508	18813	1983	552	2724
青　海	43350	38581	1439	3330	2913	186	26	267
宁　夏	107404	91430	3582	12392	8855	157	32	618
新　疆	493556	432738	16292	44526	33678	676	489	5361

3—57 各地区股份制企业利润及税金总额

单位:万元

地区	利润总额	#应交所得税	税金总额	工程结算税金及附加	管理费用中的税金
全国总计	**775495**	**204761**	**936628**	**890352**	**46277**
北京	56519	17704	54375	53081	1294
天津	20031	5305	20018	17542	2476
河北	13020	5138	21468	20468	1000
山西	1558	442	5945	5498	447
内蒙古	1598	1601	14306	13168	1138
辽宁	30792	7594	39443	37942	1501
吉林	9195	2384	10659	9992	666
黑龙江	7638	2813	22262	21513	750
上海	120000	18019	79752	76645	3107
江苏	70529	19606	95625	91709	3915
浙江	161559	41778	201004	193868	7136
安徽	6687	2353	17712	16462	1249
福建	11161	4955	22010	21042	969
江西	1069	262	2677	2488	189
山东	55538	17127	55764	51790	3973
河南	3730	1286	10136	9497	639
湖北	15257	2747	23542	21383	2159
湖南	9604	2532	12489	11832	657
广东	60174	13852	71208	67963	3245
广西	—2808	736	4526	4055	470
海南	—154	69	504	448	56
重庆	21393	6301	31854	30259	1594
四川	51468	16525	53483	50870	2614
贵州	4409	500	2623	2433	190
云南	11865	3650	12536	11955	581
西藏	2013	11	322	277	45
陕西	790	483	9295	8082	1214
甘肃	16564	3579	18760	16777	1983
青海	454	159	1625	1439	186
宁夏	3032	1181	3739	3582	157
新疆	10811	4068	16967	16292	676

3—58　各地区股份制企业主要效益指标

地　　区	产值利润率(%)	产值利税率(%)	资本利润率(%)	资本利税率(%)	人均利润(元/人)	人均利税(元/人)	资产负债(元/人)
全国总计	**2.4**	**5.4**	**9.2**	**20.3**	**1821**	**4020**	**69.0**
北　　京	2.9	5.7	12.4	24.3	5799	11377	75.0
天　　津	2.4	4.8	9.0	18.1	4653	9302	80.5
河　　北	1.7	4.5	5.0	13.3	890	2357	60.5
山　　西	0.9	4.4	3.1	14.9	439	2113	79.1
内 蒙 古	0.4	3.7	1.3	12.9	191	1901	64.1
辽　　宁	2.3	5.3	8.2	18.6	2099	4787	64.7
吉　　林	2.8	6.1	12.3	26.5	2211	4774	74.1
黑 龙 江	1.1	4.5	2.6	10.4	850	3327	60.7
上　　海	3.9	6.5	16.6	27.6	8082	13453	70.8
江　　苏	1.8	4.1	9.4	22.2	1194	2812	74.7
浙　　江	2.4	5.3	13.5	30.3	2106	4727	65.2
安　　徽	1.4	5.0	3.8	13.7	562	2051	68.1
福　　建	1.9	5.6	3.6	10.6	1014	3014	65.2
江　　西	1.1	4.0	4.1	14.5	779	2731	65.2
山　　东	2.9	5.8	15.1	30.2	1423	2852	73.0
河　　南	1.1	3.9	3.0	11.3	392	1457	59.2
湖　　北	2.1	5.4	6.3	16.0	1465	3726	66.0
湖　　南	2.6	5.9	7.1	16.3	1060	2439	57.0
广　　东	3.1	6.8	11.5	25.0	2928	6394	80.0
广　　西	−1.9	1.1	−0.4	0.3	−840	514	34.3
海　　南	−0.9	2.0	−1.1	2.5	−488	1108	65.2
重　　庆	1.9	4.8	6.8	16.9	970	2414	55.3
四　　川	2.8	5.7	10.0	20.4	1466	2989	57.4
贵　　州	6.7	10.7	19.2	30.6	3118	4972	63.9
云　　南	2.7	5.6	8.0	16.5	1437	2954	68.4
西　　藏	10.0	11.6	14.8	17.1	7458	8651	34.8
陕　　西	0.3	3.2	1.1	14.0	195	2483	76.9
甘　　肃	4.6	9.8	22.6	48.3	1409	3006	65.6
青　　海	1.0	4.4	3.3	15.1	307	1403	66.7
宁　　夏	2.4	5.2	6.5	14.6	1552	3465	71.6
新　　疆	2.1	5.3	10.5	27.0	2746	7055	71.2

3—59 各地区股份制企业建筑业企业亏损情况

地　　区	企业个数(个)	#亏损企业个数	亏损金额(万元)	亏损面(%)
全国总计	**9736**	**1843**	**101880**	**18.9**
北　　京	369	110	6760	29.8
天　　津	74	17	3489	23.0
河　　北	290	47	6016	16.2
山　　西	89	25	1404	28.1
内 蒙 古	349	69	5618	19.8
辽　　宁	415	98	2981	23.6
吉　　林	113	27	1456	23.9
黑 龙 江	404	98	5611	24.3
上　　海	616	87	7054	14.1
江　　苏	993	160	4064	16.1
浙　　江	1386	160	4319	11.5
安　　徽	305	62	3571	20.3
福　　建	373	76	2051	20.4
江　　西	52	9	81	17.3
山　　东	697	124	6840	17.8
河　　南	183	65	2510	35.5
湖　　北	245	40	6490	16.3
湖　　南	193	24	906	12.4
广　　东	484	114	8891	23.6
广　　西	146	53	6617	36.3
海　　南	9	4	351	44.4
重　　庆	437	55	1812	12.6
四　　川	778	155	4163	19.9
贵　　州	62	13	909	21.0
云　　南	197	36	2160	18.3
西　　藏	8	1	25	12.5
陕　　西	96	19	1718	19.8
甘　　肃	112	15	1346	13.4
青　　海	54	16	256	29.6
宁　　夏	97	28	1384	28.9
新　　疆	110	36	1028	32.7

3—60 各地区股份制企业建筑材料消耗情况

地区	一、价值量				二、实物量		
	材料费用合计(万元)	钢材	木材	水泥	钢材(万吨)	木材(万立方米)	水泥(万吨)
全国总计	**15020244**	**4370153**	**969620**	**2556836**	**1754.20**	**966.49**	**8739.93**
北京	640391	216637	28330	57443	79.22	26.38	194.87
天津	233062	91706	4988	29856	31.67	3.92	97.01
河北	363388	102511	26822	57798	46.13	23.84	252.62
山西	76078	21285	2772	8035	8.13	2.53	33.83
内蒙古	266050	56878	20783	43752	23.53	20.97	146.19
辽宁	635650	215360	62144	106814	83.88	61.36	346.93
吉林	178479	37485	20543	27684	13.93	19.77	80.78
黑龙江	345590	79308	24033	70540	29.05	30.61	182.09
上海	901952	278186	43673	112103	112.57	31.95	355.42
江苏	1692279	500647	128637	331277	194.39	105.67	1245.40
浙江	3848207	1160912	228875	765676	453.22	211.34	2567.12
安徽	245050	66820	18580	39356	26.75	16.99	149.29
福建	271315	101580	30354	57033	40.82	39.67	162.30
江西	30602	8999	1844	5516	3.04	2.51	18.32
山东	802498	221358	58444	106912	94.30	50.35	452.83
河南	186679	57634	14561	35087	22.91	11.26	138.79
湖北	557351	81801	16527	45800	30.95	24.36	167.98
湖南	246483	55451	14656	28234	22.62	23.15	107.60
广东	1019770	250336	82329	182090	139.32	108.02	604.29
广西	96517	27294	8662	19071	11.10	11.85	66.49
海南	2936	1838	270	782	0.66	0.31	2.63
重庆	501978	148257	32222	89184	57.96	35.32	336.24
四川	1044586	350590	60766	206111	140.89	60.85	611.30
贵州	24496	8981	1903	5641	3.42	1.95	19.24
云南	212940	59456	10851	41709	23.05	14.50	124.07
西藏	4107	805	435	1193	0.22	0.38	1.88
陕西	104937	31366	3516	15634	10.11	3.40	50.85
甘肃	137058	47756	8365	24864	19.15	9.50	90.91
青海	24082	5196	1627	3696	2.13	1.39	11.58
宁夏	52387	11100	2571	7887	4.22	2.04	28.11
新疆	273347	72620	9539	30054	24.83	10.32	92.98

四
外商投资、港澳台投资和其他建筑业企业

4—1 各地区外商投资企业建筑业总产值和竣工产值

单位：万元

地　　区	建筑业总产值	建筑工程产值	安装工程产值	房屋构筑物修理产值	非标准设备制造产值	竣　工产　值
全国总计	**674862**	**584386**	**66757**	**23420**	**300**	**379432**
北　京	148083	135987	11373	723	——	71500
天　津	11058	10599	458	——	——	2105
河　北	6035	5103	632	——	300	3848
山　西	356	——	356	——	——	356
内 蒙 古	1501	1469	——	32	——	1521
辽　宁	54836	45630	8825	381	——	48450
吉　林	244	244	——	——	——	244
黑 龙 江	1970	814	1076	80	——	1579
上　海	112976	77526	15420	20030	——	77377
江　苏	102334	91332	8926	2077	——	74036
浙　江	70405	65450	4955	——	——	37475
安　徽	6116	5602	468	46	——	1129
福　建	21442	19506	1935	——	——	12007
江　西	282	262	20	——	——	150
山　东	17902	16475	1415	12	——	12441
河　南	7298	6522	7679	——	5421	
湖　北	6937	6274	633	30	——	4847
湖　南	——	——	——	——	——	——
广　东	82672	78383	4289	——	——	11351
广　西	5807	4432	1375	——	——	4218
海　南	540	483	57	——	——	57
重　庆	8964	8964	——	——	——	4102
四　川	5544	3127	2417	——	——	4176
贵　州	——	——	——	——	——	——
云　南	1259	——	1259	——	——	740
西　藏	——	——	——	——	——	——
陕　西	——	——	——	——	——	——
甘　肃	114	16	98	——	——	114
青　海	——	——	——	——	——	——
宁　夏	187	187	——	——	——	187
新　疆	——	——	——	——	——	——

4—2 各地区外商投资企业单位工程个数及工程质量

地区	单位工程施工个数（个）	#本年新开工个数	#投标承包个数	#本年新开工	单位工程竣工个数（个）	#优良品	工程质量优良品率（%）	投标承包个数占单位工程施工个数的比重（%）
全国总计	**1766**	**1228**	**578**	**384**	**1053**	**248**	**23.6**	**32.7**
北京	241	155	30	16	107	10	9.3	12.4
天津	26	16	5	2	4	——	——	19.2
河北	23	16	12	12	8	5	62.5	52.2
山西	——	——	——	——	——	——	——	——
内蒙古	9	4	4	4	4	1	25.0	44.4
辽宁	206	152	83	38	171	2	1.2	40.3
吉林	——	——	——	——	——	——	——	——
黑龙江	18	18	7	7	17	1	5.9	38.9
上海	245	185	100	75	112	38	33.9	40.8
江苏	187	120	61	31	138	69	50.0	32.6
浙江	363	272	164	139	196	73	37.2	45.2
安徽	37	35	29	27	29	21	72.4	78.4
福建	109	33	12	6	44	1	2.3	11.0
江西	4	3	3	3	2	2	100.0	75.0
山东	79	51	43	4	48	9	18.8	54.4
河南	64	58	2	1	56	——	——	3.1
湖北	11	7	5	2	8	1	12.5	45.5
湖南	——	——	——	——	——	——	——	——
广东	23	10	15	14	12	6	50.0	65.2
广西	15	10	2	2	9	1	11.1	13.3
海南	15	7	——	——	4	——	——	——
重庆	2	1	——	——	1	——	——	——
四川	69	65	1	1	65	4	6.2	1.4
贵州	——	——	——	——	——	——	——	——
云南	8	——	——	——	6	——	——	——
西藏	——	——	——	——	——	——	——	——
陕西	——	——	——	——	——	——	——	——
甘肃	12	10	——	——	12	4	33.3	——
青海	——	——	——	——	——	——	——	——
宁夏	——	——	——	——	——	——	——	——
新疆	——	——	——	——	——	——	——	——

4—3 各地区外商投资企业房屋建筑面积和工程质量

地区	房屋建筑施工面积(万平方米)	#本年新开工面积	#投标承包面积	#本年新开工	房屋建筑竣工面积(万平方米)	#优良品	房屋建筑面积优良品率(%)	投标承包面积占房屋建筑施工面积的比重(%)
全国总计	**429.4**	**225.8**	**209.2**	**139.3**	**154.9**	**63.7**	**41.1**	**48.7**
北京	59.3	13.7	27.6	13.0	11.5	7.0	60.5	46.6
天津	30.1	1.2	1.2	1.2	1.2	——	——	4.2
河北	6.0	4.9	4.9	4.9	0.9	0.4	42.5	81.2
山西	——	——	——	——	——	——	——	——
内蒙古	2.7	1.3	1.3	1.3	1.8	0.5	26.2	49.8
辽宁	25.3	20.2	19.3	14.8	21.0	0.6	3.0	76.3
吉林	——	——	——	——	——	——	——	——
黑龙江	——	——	——	——	——	——	100.0	100.0
上海	37.1	21.8	21.3	15.7	12.1	4.3	35.9	57.3
江苏	114.6	61.2	42.0	22.4	43.9	31.1	70.8	36.6
浙江	88.2	68.2	74.6	57.7	40.6	17.4	42.7	84.6
安徽	6.5	3.3	2.6	1.8	1.7	0.4	22.0	39.3
福建	41.2	19.0	2.9	1.3	10.0	——	——	7.1
江西	1.4	1.2	1.2	1.2	0.4	0.4	100.0	83.6
山东	7.4	5.2	4.6	1.0	5.3	1.2	22.5	61.8
河南	0.9	——	0.9	——	——	——	——	100.0
湖北	4.3	2.7	4.3	2.7	0.7	0.3	36.8	100.0
湖南	——	——	——	——	——	——	——	——
广东	0.7	0.3	0.4	——	0.3	——	——	50.3
广西	2.1	1.6	0.1	0.1	1.9	0.2	9.4	5.0
海南	0.1	——	——	——	——	——	——	——
重庆	1.4	——	——	——	1.4	——	——	——
四川	——	——	——	——	——	——	——	——
贵州	——	——	——	——	——	——	——	——
云南	——	——	——	——	——	——	——	——
西藏	——	——	——	——	——	——	——	——
陕西	——	——	——	——	——	——	——	——
甘肃	——	——	——	——	——	——	——	——
青海	——	——	——	——	——	——	——	——
宁夏	——	——	——	——	——	——	——	——
新疆	——	——	——	——	——	——	——	——

4—4　各地区外商投资企业按主要用途分的房屋建筑竣工面积

单位:万平方米

地　区	合　计	厂　房	住　宅	办　公 用　房	商业、居 民服务 业用房	文化教 育用房	医　疗 用　房	科　研 用　房	其　他 用　房
全国总计	**154.9**	**37.0**	**63.0**	**17.7**	**16.2**	**4.6**	**1.5**	**1.6**	**13.2**
北　京	11.5	2.1	2.3	1.4	2.7	——	0.7	1.6	0.7
天　津	1.2	1.2	——	——	——	——	——	——	——
河　北	0.9	——	0.9	——	——	——	——	——	——
山　西	——	——	——	——	——	——	——	——	——
内蒙古	1.8	——	——	0.1	1.3	——	——	——	0.4
辽　宁	21.0	2.1	16.9	1.3	0.1	——	0.6	——	——
吉　林	——	——	——	——	——	——	——	——	——
黑龙江	——	——	——	——	——	——	——	——	——
上　海	12.1	0.7	3.3	0.8	5.2	0.6	——	——	1.4
江　苏	43.9	8.3	16.6	2.8	4.8	2.2	——	——	9.2
浙　江	40.6	21.7	12.1	5.6	0.3	0.3	——	——	0.7
安　徽	1.7	0.4	0.6	0.3	——	0.1	0.2	——	——
福　建	10.0	0.3	1.2	4.9	1.4	1.4	——	——	0.8
江　西	0.4	——	0.4	——	——	——	——	——	——
山　东	5.3	——	5.3	——	——	——	——	——	——
河　南	——	——	——	——	——	——	——	——	——
湖　北	0.7	——	0.4	——	0.3	——	——	——	——
湖　南	——	——	——	——	——	——	——	——	——
广　东	0.3	0.3	——	——	——	——	——	——	——
广　西	1.9	——	1.5	0.4	——	——	——	——	——
海　南	——	——	——	——	——	——	——	——	——
重　庆	1.4	——	1.4	——	——	——	——	——	——
四　川	——	——	——	——	——	——	——	——	——
贵　州	——	——	——	——	——	——	——	——	——
云　南	——	——	——	——	——	——	——	——	——
西　藏	——	——	——	——	——	——	——	——	——
陕　西	——	——	——	——	——	——	——	——	——
甘　肃	——	——	——	——	——	——	——	——	——
青　海	——	——	——	——	——	——	——	——	——
宁　夏	——	——	——	——	——	——	——	——	——
新　疆	——	——	——	——	——	——	——	——	——

4—5 各地区外商投资企业各种用途的房屋建筑竣工面积占全部的比重

单位:%

地　　区	厂房	住宅	办　公 用　房	商业、居民 服务业用房	文化教 育用房	医　疗 用　房	科　研 用　房	其　他 用　房
全国总计	**23.9**	**40.7**	**11.4**	**10.5**	**3.0**	**1.0**	**1.0**	**8.5**
北　京	18.4	20.0	12.5	23.3	——	6.2	13.6	6.0
天　津	100.0	——	——	——	——	——	——	——
河　北	——	94.8	——	3.5	——	——	1.8	——
山　西	——	——	——	——	——	——	——	——
内蒙古	——	——	5.8	72.1	——	——	——	22.1
辽　宁	9.9	80.4	6.1	0.6	——	3.0	——	——
吉　林	——	——	——	——	——	——	——	——
黑龙江	——	——	100.0	——	——	——	——	——
上　海	6.0	27.2	6.8	43.5	5.3	——	——	11.2
江　苏	18.9	37.8	6.5	11.0	5.0	——	——	20.8
浙　江	53.3	29.8	13.7	0.8	0.6	——	——	1.8
安　徽	23.7	39.2	17.7	——	8.8	10.6	——	——
福　建	3.0	12.0	48.9	14.0	13.7	——	——	8.3
江　西	——	100.0	——	——	——	——	——	——
山　东	——	99.6	0.4	——	——	——	——	——
河　南	——	——	——	——	——	——	——	——
湖　北	——	63.2	——	36.8	——	——	——	——
湖　南	——	——	——	——	——	——	——	——
广　东	84.7	——	——	——	——	——	——	15.3
广　西	——	78.9	21.1	——	——	——	——	——
海　南	——	——	——	——	——	——	——	——
重　庆	——	100.0	——	——	——	——	——	——
四　川	——	——	——	——	——	——	——	——
贵　州	——	——	——	——	——	——	——	——
云　南	——	——	——	——	——	——	——	——
西　藏	——	——	——	——	——	——	——	——
陕　西	——	——	——	——	——	——	——	——
甘　肃	——	——	——	——	——	——	——	——
青　海	——	——	——	——	——	——	——	——
宁　夏	——	——	——	——	——	——	——	——
新　疆	——	——	——	——	——	——	——	——

4—6　各地区外商投资企业机械设备装备情况

地　　区	自有机械设备年末总台数(台)	自有机械设备年末总功率(万千瓦)	＃施工机械功率	自有机械设备净值(万元)	技术装备率(元/人)	动力装备率(千瓦/人)
全国总计	**20723**	**19.9**	**16.5**	**52894**	**12008**	**4.5**
北　　京	3257	2.2	1.7	4306	12315	6.3
天　　津	6	——	——	2	126	——
河　　北	238	0.3	0.3	755	6101	2.5
山　　西	15	——	——	1	647	0.9
内 蒙 古	110	0.2	0.2	191	6403	8.1
辽　　宁	1394	1.7	1.4	4810	9488	3.3
吉　　林	41	0.3	0.220	5289	66.9	
黑 龙 江	115	0.1	0.1	970	34650	3.9
上　　海	4267	1.8	1.5	8522	19709	4.2
江　　苏	2570	1.8	1.6	6914	9023	2.3
浙　　江	2504	4.0	3.3	11070	15585	5.6
安　　徽	564	0.2	0.1	364	1541	0.8
福　　建	1295	1.9	1.5	5047	18272	6.8
江　　西	1	——	——	1	289	0.1
山　　东	446	0.9	0.9	1469	5631	3.5
河　　南	708	1.1	0.9	743	10396	14.7
湖　　北	671	0.2	0.1	579	7212	2.0
湖　　南	——	——	——	——	——	——
广　　东	1566	1.7	1.3	4868	25199	8.7
广　　西	282	0.4	0.4	716	6905	3.9
海　　南	20	0.3	0.2	129	15000	34.9
重　　庆	283	0.3	0.3	767	5989	2.3
四　　川	209	0.1	0.1	331	5654	1.6
贵　　州	——	——	——	——	——	——
云　　南	30	0.2	0.236	11613	69.7	
西　　藏	——	——	——	——	——	——
陕　　西	——	——	——	——	——	——
甘　　肃	106	0.2	0.2	273	58085	50.8
青　　海	——	——	——	——	——	——
宁　　夏	25	——	——	8	1681	1.0
新　　疆	——	——	——	——	——	——

4—7 各地区外商投资企业建筑业增加值及其构成

单位:万元

地区	建筑业增加值合计	本年提取固定资产折旧	应付工资总额	应付福利费总额
全国总计	**153276**	**13125**	**54628**	**4846**
北京	31192	1849	6596	888
天津	1242	78	262	26
河北	1734	115	985	108
山西	5858	——		
内蒙古	496	25	348	28
辽宁	15524	1482	5425	397
吉林	683	182		
黑龙江	1380	742	188	26
上海	23214	1746	9309	309
江苏	19192	1217	9798	814
浙江	17484	1320	8815	827
安徽	2093	244	1026	138
福建	6128	729	2497	82
江西	54	——	241	
山东	5870	354	2199	303
河南	2509	675	473	14
湖北	1917	116	927	67
湖南	——	——	——	——
广东	14549	1991	3243	611
广西	2139	84	934	84
海南	542	50	140	——
重庆	2033	78	837	58
四川	3384	96	513	49
贵州	——	——	——	——
云南	336	67	22	11
西藏	——	——	——	——
陕西	——	——	——	——
甘肃	71	5751		
青海	——	——	——	——
宁夏	681	373		
新疆	——	——	——	——

4—7 续表 单位:万元

地　区	工程结算税金及附加	工程结算利润	管理费用中的税金	管理费用中的劳动、待业保险费
全国总计	**16293**	**62281**	**852**	**1251**
北　京	3941	17738	87	94
天　津	85	773	4	13
河　北	101	414	2	9
山　西	14	31	——	——
内蒙古	43	52	1	——
辽　宁	1723	6310	65	123
吉　林	4	40	——	——
黑龙江	205	200	2	17
上　海	2562	8880	105	303
江　苏	1846	5440	38	39
浙　江	1770	4597	56	99
安　徽	304	370	11	——
福　建	787	1952	26	55
江　西	10	15	2	2
山　东	750	2069	55	141
河　南	172	1118	2	55
湖　北	211	556	35	6
湖　南	——	——	——	——
广　东	1139	7000	339	226
广　西	111	899	3	25
海　南	25	314	8	4
重　庆	210	832	126	
四　川	232	2458	——	34
贵　州	——	——	——	——
云　南	38	198	——	——
西　藏	——	——	——	——
陕　西	——	——	——	——
甘　肃	3	5	——	——
青　海	——	——	——	——
宁　夏	6	20	——	——
新　疆	——	——	——	——

4—8 各地区外商投资企业建筑业劳动生产率

地　区	建筑业企业个数(个)	计算劳动生产率的平均人数(万人)	按总产值计算的劳动生产率(元/人)	按增加值计算的劳动生产率(元/人)	人均竣工产值(元/人)	人均施工面积(平方米/人)	人均竣工面积(平方米/人)
全国总计	**319**	**6.71**	**100621**	**22853**	**86139**	**97.5**	**35.2**
北　京	53	0.93	158768	33443	204461	169.4	33.0
天　津	9	0.06	183985	20666	115038	1642.1	65.6
河　北	4	0.13	46457	13349	31081	48.4	7.6
山　西	1	——	209706	34118	209706	——	——
内蒙古	1	0.05	29033	9602	51040	90.6	61.2
辽　宁	30	0.63	87513	24775	95582	50.0	41.5
吉　林	1	——	49755	13816	64158	——	——
黑龙江	6	0.04	44258	31000	56393	0.9	0.9
上　海	56	1.09	103600	21287	178948	85.7	27.9
江　苏	32	0.87	117088	21958	96627	149.6	57.4
浙　江	19	0.86	82258	20428	52759	124.2	57.2
安　徽	2	0.27	22789	7798	4772	27.7	7.0
福　建	23	0.42	51642	14759	43471	149.3	36.3
江　西	1	——	70500	13575	39474	370.5	108.4
山　东	23	0.33	54332	17815	47686	28.3	20.4
河　南	10	0.08	89435	30746	75817	12.7	——
湖　北	7	0.09	80944	22370	60364	53.3	8.7
湖　南	——	——	——	——	——	——	——
广　东	12	0.53	155487	27364	58753	3.6	1.7
广　西	7	0.11	50936	18764	40672	20.5	18.8
海　南	3	0.01	36507	36608	6616	17.4	——
重　庆	9	0.12	71826	16292	32024	10.7	10.7
四　川	7	0.05	101917	62199	71270	——	——
贵　州	——	——	——	——	——	——	——
云　南	1	——	419700	112033	238581	——	——
西　藏	——	——	——	——	——	——	——
陕　西	——	——	——	——	——	——	——
甘　肃	1	——	63611	39222	24362	——	——
青　海	——	——	——	——	——	——	——
宁　夏	1	0.01	33339	12054	39723	——	——
新　疆	——	——	——	——	——	——	——

4—9　各地区外商投资企业实收资本及资产构成

单位:万元

地　区	实收资本	资产合计	#流动资产小计	#存 货	#在建工程	长期投资
全国总计	**267649**	**799054**	**634319**	**188314**	**82799**	**10609**
北　京	50672	131814	108238	26365	11730	1682
天　津	4925	9322	8970	697	444	——
河　北	2548	7056	4900	539	452	
山　西	130	211	180	47	——	——
内蒙古	872	1551	953	213	——	400
辽　宁	26107	77892	62454	13959	6167	665
吉　林	101	240	220	101	——	——
黑龙江	4031	7283	4400	1029	——	——
上　海	58452	138635	112026	38514	21256	630
江　苏	18482	129641	115024	38028	8535	355
浙　江	21240	67075	42937	12792	6928	1974
安　徽	1568	7347	4782	113	43	170
福　建	18696	44947	35087	11557	7487	515
江　西	156	585	572	81	501	
山　东	7970	33000	27146	9781	1282	1579
河　南	3962	11525	9809	1907	1637	50
湖　北	4245	11529	9760	2916	2604	76
湖　南	——	——	——	——	——	——
广　东	30005	74694	51750	20382	9117	494
广　西	2835	8508	7496	1935	1539	——
海　南	2224	2975	1125	105	25	885
重　庆	1894	9968	8176	3547	3035	——
四　川	3944	18429	15234	2248	559	52
贵　州	——	——	——	——	——	——
云　南	1206	3047	1584	160	160	1080
西　藏	——	——	——	——	——	——
陕　西	——	——	——	——	——	——
甘　肃	1268	1550	1276	1256	158	——
青　海	——	——	——	——	——	——
宁　夏	117	230	219	42	——	——
新　疆	——	——	——	——	——	——

单位:万元

地　　区	固定资产小计	固定资产原价	#生产经营用	固定资产折旧	#本年折　旧	无形及递延资产小	#无形资　产
全国总计	**119245**	**179286**	**115714**	**64097**	**13125**	**12016**	**8308**
北　　京	14324	22365	11695	8566	1849	1353	727
天　　津	330	775	562	444	78	18	——
河　　北	920	1642	1340	722	115	740	58
山　　西	31	60	60	295	——	——	
内 蒙 古	197	311	311	114	25	——	——
辽　　宁	12828	18592	15592	5765	1482	1200	916
吉　　林	20	53	53	333	——	——	
黑 龙 江	2322	3541	1887	1219	742	511	500
上　　海	17049	27740	21702	10773	1746	1202	159
江　　苏	11514	16516	10693	5230	1217	1399	1167
浙　　江	16435	24603	21561	8195	1320	1097	900
安　　徽	1981	2824	1983	843	244	256	256
福　　建	8878	12532	4820	3789	729	461	88
江　　西	11	12	111	——	——	——	
山　　东	3425	6142	3951	2862	354	361	294
河　　南	1456	2767	1844	1311	675	291	
湖　　北	1495	1929	1705	434	116	46	42
湖　　南	——	——	——	——	——	——	——
广　　东	21131	29762	10335	11392	1991	993	920
广　　西	983	1351	664	516	84	26	——
海　　南	705	894	848	189	506	——	
重　　庆	1790	2472	1946	682	781	——	
四　　川	829	1444	1202	615	96	2314	2281
贵　　州	——	——	——	——	——	——	——
云　　南	303	470	470	167	675	——	
西　　藏	——	——	——	——	——	——	——
陕　　西	——	——	——	——	——	——	——
甘　　肃	275	472	463	198	57	——	——
青　　海	——	——	——	——	——	——	——
宁　　夏	11	16	1491	——	——		
新　　疆	——	——	——	——	——	——	——

4—10 各地区外商投资企业负债及所有者权益

单位:万元

地区	负债合计	流动负债小计	长期负债小计	所有者权益合计	#实收资本
全国总计	**499710**	**490527**	**9182**	**299345**	**267649**
北京	75531	74776	754	56283	50672
天津	4894	4879	15	4428	4925
河北	3118	3081	37	3938	2548
山西	65	65	——	146	130
内蒙古	708	708	——	843	872
辽宁	45888	45040	848	32004	26107
吉林	136	93	44	104	101
黑龙江	4562	2902	1660	2722	4031
上海	78966	77968	998	59669	58452
江苏	109826	107337	2489	19816	18482
浙江	41153	40583	570	25922	21240
安徽	5265	4854	411	2082	1568
福建	23181	22051	1130	21766	18696
江西	348	348	——	236	156
山东	26322	26166	156	6679	7970
河南	8595	8590	5	2930	3962
湖北	7666	7666	——	3863	4245
湖南	——	——	——	——	——
广东	34444	34444	——	40250	30005
广西	5310	5257	53	3198	2835
海南	1740	1740	——	1235	2224
重庆	7220	7207	13	2748	1894
四川	13640	13640	——	4789	3944
贵州	——	——	——	——	——
云南	381	381	——	2666	1206
西藏	——	——	——	——	——
陕西	——	——	——	——	——
甘肃	617	617	——	934	1268
青海	——	——	——	——	——
宁夏	134	134	——	96	117
新疆	——	——	——	——	——

4—11 各地区外商投资企业工程结算收入及工程结算利润

单位:万元

地区	工程结算收入	工程结算成本	工程结算税金及附加	工程结算利润	管理费用	#税金	#财产保险费	#劳动、待业保险费
全国总计	**583134**	**504560**	**16293**	**62281**	**47523**	**852**	**355**	**1251**
北京	159182	137503	3941	17738	13617	87	94	94
天津	3550	2691	85	773	1028	4	——	13
河北	3954	3439	101	414	490	2	1	9
山西	475	429	14	31	32	——	——	——
内蒙古	1503	1408	43	52	52	1	——	——
辽宁	48078	40046	1723	6310	4200	65	6	123
吉林	144	100	4	40	44	——	1	——
黑龙江	1988	1584	205	200	249	2	2	17
上海	96638	85196	2562	8880	7347	105	26	303
江苏	67716	60430	1846	5440	5204	38	51	39
浙江	61312	54945	1770	4597	2332	56	37	99
安徽	5695	5021	304	370	250	11	4	——
福建	22660	19921	787	1952	1728	26	8	55
江西	201	176	10	15	29	2	——	2
山东	15797	12978	750	2069	2206	55	19	141
河南	5567	4276	172	1118	888	2	15	55
湖北	6729	5962	211	556	544	35	5	6
湖南	——	——	——	——	——	——	——	——
广东	60632	52493	1139	7000	3995	339	56	226
广西	3972	2962	111	899	600	3	——	25
海南	886	546	25	314	272	8	6	4
重庆	6664	5622	210	832	640	12	——	6
四川	8233	5542	232	2458	1551	——	24	34
贵州	——	——	——	——	——	——	——	——
云南	1259	1023	38	198	196	——	——	——
西藏	——	——	——	——	——	——	——	——
陕西	——	——	——	——	——	——	——	——
甘肃	114	106	3	5	10	——	——	——
青海	——	——	——	——	——	——	——	——
宁夏	187	161	6	20	20	——	——	——
新疆	——	——	——	——	——	——	——	——

4—12 各地区外商投资企业利润及税金总额

单位：万元

地区	利润总额	#应交所得税	税金总额	工程结算税金及附加	管理费用中的税金
全国总计	**13084**	**3886**	**17145**	**16293**	**852**
北京	4096	1297	4028	3941	87
天津	—155	4	89	85	4
河北	—92	5	103	101	2
山西	——	——	14	14	——
内蒙古	1	——	44	43	1
辽宁	1126	312	1788	1723	65
吉林	—4	——	4	4	——
黑龙江	—121	4	206	205	2
上海	1241	748	2667	2562	105
江苏	—188	202	1883	1846	38
浙江	1738	375	1827	1770	56
安徽	30	10	316	304	11
福建	360	139	812	787	26
江西	—19	——	12	10	2
山东	—295	58	805	750	55
河南	532	6	174	172	2
湖北	—226	12	245	211	35
湖南	——	——	——	——	——
广东	4475	493	1478	1139	339
广西	111	34	114	111	3
海南	51	12	33	25	8
重庆	18	18	222	210	12
四川	484	152	232	232	——
贵州	——	——	——	——	——
云南	13	3	38	38	——
西藏	——	——	——	——	——
陕西	——	——	——	——	——
甘肃	—91	——	3	3	——
青海	——	——	——	——	——
宁夏	1	——	6	6	——
新疆	——	——	——	——	——

4—13 各地区外商投资企业主要效益指标

地　　区	产值利润率(%)	产值利税率(%)	资本利润率(%)	资本利税率(%)	人均利润(元/人)	人均利税(元/人)	资产负债率(%)
全国总计	**1.9**	**4.5**	**4.9**	**11.3**	**2970**	**6863**	**62.5**
北　　京	2.8	5.5	8.1	16.0	11713	23230	57.3
天　　津	—1.4	—0.6	—3.1	—1.3	—8475	—3590	52.5
河　　北	—1.5	0.2	—3.6	0.5	—739	94	44.2
山　　西	0.1	4.1	0.3	11.2	235	8588	30.8
内 蒙 古	0.1	3.0	0.1	5.1	44	1503	45.7
辽　　宁	2.1	5.3	4.3	11.2	2221	5748	58.9
吉　　林	—1.5	0.2	—3.7	0.6	—974	158	56.8
黑 龙 江	—6.1	4.3	—3.0	2.1	—4321	3046	62.6
上　　海	1.1	3.5	2.1	6.7	2870	9038	57.0
江　　苏	—0.2	1.7	—1.0	9.2	—245	2213	84.7
浙　　江	2.5	5.1	8.2	16.8	2447	5018	61.4
安　　徽	0.5	5.6	1.9	22.0	125	1459	71.7
福　　建	1.7	5.5	1.9	6.3	1302	4242	51.6
江　　西	—6.6	—2.5	—12.0	—4.6	—4921	—1868	59.6
山　　东	—1.7	2.8	—3.7	6.4	—1132	1952	79.8
河　　南	7.3	9.7	13.4	17.8	7435	9876	74.6
湖　　北	—3.3	0.3	—5.3	0.4	—2818	238	66.5
湖　　南	——	——	——	——	——	——	——
广　　东	5.4	7.2	14.9	19.8	23163	30815	46.1
广　　西	1.9	3.9	3.9	7.9	1068	2165	62.4
海　　南	9.4	15.5	2.3	3.8	5930	9767	58.5
重　　庆	0.2	2.7	1.0	12.7	142	1875	72.4
四　　川	8.7	12.9	12.3	18.2	8251	12218	74.0
贵　　州	——	——	——	——	——	——	——
云　　南	1.0	4.1	1.1	4.2	4097	16452	12.5
西　　藏	——	——	——	——	——	——	——
陕　　西	——	——	——	——	——	——	——
甘　　肃	—79.7	—76.8	—7.2	—6.9	—19426	—18702	39.8
青　　海	——	——	——	——	——	——	——
宁　　夏	0.3	3.4	0.5	5.4	128	1340	58.1
新　　疆	——	——	——	——	——	——	——

4－14　各地区外商投资建筑业企业亏损情况

地　区	企业个数(个)	#亏损企业个数	亏损金额(万元)	亏损面(%)
全国总计	**319**	**142**	**7254**	**44.5**
北　京	53	22	1598	41.5
天　津	9	7	169	77.8
河　北	4	3	106	75.0
山　西	1	——	——	
内蒙古	1	——	——	
辽　宁	30	13	540	43.3
吉　林	1	1	4	100.0
黑龙江	6	2	133	33.3
上　海	56	20	1188	35.7
江　苏	32	15	1020	46.9
浙　江	19	6	445	31.6
安　徽	2	1	1	50.0
福　建	23	11	238	47.8
江　西	1	1	19	100.0
山　东	23	12	725	52.2
河　南	10	8	94	80.0
湖　北	7	3	263	42.9
湖　南	——	——	——	
广　东	12	1	18	8.3
广　西	7	5	63	71.4
海　南	3	1	31	33.3
重　庆	9	6	173	66.7
四　川	7	3	333	42.9
贵　州	——	——	——	
云　南	1	——	——	
西　藏	——	——	——	
陕　西	——	——	——	
甘　肃	1	1	91	100.0
青　海	——	——	——	
宁　夏	1	——	——	
新　疆	——	——	——	

4—15 各地区外商投资企业建筑材料消耗情况

地区	一、价值量				二、实物量		
	材料费用合计(万元)	钢材	木材	水泥	钢材(万吨)	木材(万立方米)	水泥(万吨)
全国总计	**233126**	**50098**	**19474**	**30393**	**18.19**	**17.87**	**93.36**
北京	50921	9181	5197	5016	3.64	4.10	14.63
天津	934	7	30	7	——	0.02	0.02
河北	1433	226	130	132	0.09	0.37	0.59
山西	216	——	79	135	——	0.22	0.56
内蒙古	969	181	11	130	0.08	0.01	0.43
辽宁	21133	2751	186	1563	1.27	0.17	5.70
吉林	100	——	100	——	——	0.05	——
黑龙江	1190	132	44	70	0.06	0.07	0.18
上海	35456	4586	3341	3751	1.69	2.41	10.90
江苏	22890	5558	2883	5320	2.07	2.81	17.70
浙江	38756	11461	2944	9161	3.91	2.80	27.11
安徽	2421	977	246	385	0.33	0.25	1.28
福建	9565	3483	1131	1497	1.36	1.45	4.22
江西	157	43	4	10	0.02	0.01	0.03
山东	5968	751	873	747	0.29	0.56	2.16
河南	4163	3237	40	69	0.71	0.03	0.26
湖北	1496	162	10	90	0.06	0.01	0.29
湖南	——	——	——	——	——	——	——
广东	25631	4338	792	1583	1.49	0.88	5.24
广西	3693	1073	1246	243	0.39	1.52	0.95
海南	42	21	11	8	0.01	0.02	0.03
重庆	2598	338	61	118	0.16	0.04	0.22
四川	2896	1188	100	356	0.48	0.08	0.84
贵州	——	——	——	——	——	——	——
云南	372	371	——	——	0.09	——	——
西藏	——	——	——	——	——	——	——
陕西	——	——	——	——	——	——	——
甘肃	8	2	——	——	——	——	——
青海	——	——	——	——	——	——	——
宁夏	121	33	15	3	0.01	0.01	0.01
新疆	——	——	——	——	——	——	——

4—16 各地区港、澳、台投资企业建筑业总产值和竣工产值

单位:万元

地区	建筑业总产值	建筑工程产值	安装工程产值	房屋构筑物修理产值	非标准设备制造产值	竣工产值
全国总计	**991805**	**666081**	**253406**	**35372**	**36947**	**636400**
北京	100970	64917	30100	5953	——	73322
天津	12213	11537	591	85	——	8829
河北	6379	2804	3574	——	——	6486
山西	6237	6027	211	——	——	——
内蒙古	2690	2690	——	——	——	1895
辽宁	76951	16720	60230	——	——	16365
吉林	303	303	——	——	——	303
黑龙江	18921	18821	100	——	——	3757
上海	198171	143210	29617	25261	83	129397
江苏	98683	77758	20136	788	——	78059
浙江	112836	76006	15624	——	21206	80346
安徽	5586	3172	2401	——	13	3270
福建	59614	51067	8548	——	——	36246
江西	——	——	——	——	——	——
山东	45455	37381	6995	1007	72	31453
河南	31737	6767	9492	85	15392	9317
湖北	26151	11306	13330	1474	40	15019
湖南	13448	13448	——	——	——	1707
广东	117310	68090	48371	708	141	116584
广西	670	670	——	——	——	340
海南	517	517	——	——	——	517
重庆	18505	17390	1105	10	——	369687
四川	20397	18772	1625	——	——	8726
贵州	519	519	——	——	——	519
云南	6465	6465	——	——	——	3070
西藏	——	——	——	——	——	——
陕西	7801	7801	——	——	——	5015
甘肃	727	727	——	——	——	419
青海	225	225	——	——	——	225
宁夏	454	454	——	——	——	227
新疆	1869	515	1354	——	——	1292

4—17 各地区港、澳、台投资企业单位工程个数及工程质量

地区	单位工程施工个数(个)	#本年新开工个数	#投标承包个数	#本年新开工	单位工程竣工个数(个)	#优良品	工程质量优良品率(%)	投标承包个数占单位工程施工个数的比重(%)
全国总计	**2361**	**1484**	**897**	**535**	**1462**	**364**	**24.9**	**38.0**
北京	284	129	123	62	131	38	29.0	43.3
天津	25	10	10	10	2	——	——	40.0
河北	15	9	13	7	8	5	62.5	86.7
山西	90	41	81	41	——	——	——	90.0
内蒙古	6	4	——	——	3	1	33.3	——
辽宁	56	32	17	13	28	——	——	30.4
吉林	——	——	——	——	——	——	——	——
黑龙江	14	7	——	——	8	——	——	——
上海	422	259	131	72	240	25	10.4	31.0
江苏	326	262	160	128	276	90	32.6	49.1
浙江	342	260	120	58	248	22	8.9	35.1
安徽	71	56	10	10	61	46	75.4	14.1
福建	60	28	11	9	36	3	8.3	18.3
江西	——	——	——	——	——	——	——	——
山东	220	150	60	48	162	47	29.0	27.3
河南	105	51	60	15	64	2	3.1	57.1
湖北	25	14	6	3	13	3	23.1	24.0
湖南	17	11	16	10	5	1	20.0	94.1
广东	168	93	43	27	93	53	57.0	25.6
广西	3	——	2	——	3	——	——	66.7
海南	——	——	——	——	——	——	——	——
重庆	40	28	8	8	24	4	16.7	20.0
四川	59	32	26	14	48	23	47.9	44.1
贵州	——	——	——	——	——	——	——	——
云南	——	——	——	——	——	——	——	——
西藏	——	——	——	——	——	——	——	——
陕西	——	——	——	——	——	——	——	——
甘肃	——	——	——	——	——	——	——	——
青海	1	1	——	——	1	——	——	——
宁夏	——	——	——	——	——	——	——	——
新疆	12	7	——	——	8	1	12.5	——

4—18 各地区港、澳、台投资企业房屋建筑面积和工程质量

地区	房屋建筑施工面积(万平方米)	#本年新开工面积	#投标承包面积	#本年新开工	房屋建筑竣工面积(万平方米)	#优良品	房屋建筑面积优良品率(%)	投标承包面积占房屋建筑施工面积的比重(%)
全国总计	**379.5**	**177.9**	**217.5**	**127.5**	**157.7**	**47.1**	**29.9**	**57.3**
北京	13.7	6.4	10.8	5.4	8.4	1.3	15.3	78.7
天津	——	——	——	——	——	——	——	——
河北	7.5	3.5	7.5	3.5	2.6	0.9	34.0	100.0
山西	——	——	——	——	——	——	——	——
内蒙古	1.6	0.8	——	——	0.9	0.4	42.1	——
辽宁	11.3	9.4	3.0	3.0	6.8	——	——	26.6
吉林	——	——	——	——	——	——	——	——
黑龙江	10.9	4.7	——	——	7.7	——	——	——
上海	54.5	17.2	46.7	10.5	17.1	1.7	10.1	85.6
江苏	17.4	8.4	15.5	7.5	11.8	5.5	46.9	89.1
浙江	82.7	57.1	56.8	41.4	26.2	7.7	29.3	68.7
安徽	5.0	3.0	1.9	1.9	3.2	——	——	37.6
福建	20.5	5.3	2.9	2.9	7.8	2.4	30.2	14.3
江西	——	——	——	——	——	——	——	——
山东	25.5	17.7	13.3	10.2	14.7	3.8	26.1	52.0
河南	7.8	1.7	7.8	1.6	4.5	0.4	9.4	99.2
湖北	3.4	1.1	1.1	1.1	0.5	——	——	30.5
湖南	22.1	3.3	4.4	3.1	3.8	——	——	19.9
广东	65.4	30.3	30.9	29.6	35.7	19.3	54.2	47.2
广西	0.6	——	0.6	——	0.6	——	——	100.0
海南	——	——	——	——	——	——	——	——
重庆	15.2	6.2	4.0	4.0	3.3	2.1	63.0	26.2
四川	14.3	1.8	10.5	1.8	2.0	1.5	76.2	73.6
贵州	——	——	——	——	——	——	——	——
云南	——	——	——	——	——	——	——	——
西藏	——	——	——	——	——	——	——	——
陕西	——	——	——	——	——	——	——	——
甘肃	——	——	——	——	——	——	——	——
青海	——	——	——	——	——	——	——	——
宁夏	——	——	——	——	——	——	——	——
新疆	——	——	——	——	——	——	——	——

4—19 各地区港、澳、台投资企业按主要用途分的房屋建筑竣工面积

单位:万平方米

地区	合计	厂房	住宅	办公用房	商业、居民服务业用房	文化教育用房	医疗用房	科研用房	其他用房
全国总计	**157.7**	**20.4**	**84.5**	**27.6**	**14.6**	**7.1**	——	——	**3.5**
北京	8.4	——	6.7	0.9	0.1	0.1	——	——	0.5
天津	——	——	——	——	——	——	——	——	——
河北	2.6	——	2.5	——	——	0.1	——	——	——
山西	——	——	——	——	——	——	——	——	——
内蒙古	0.9	——	0.7	0.1	0.2	——	——	——	——
辽宁	6.8	0.2	4.3	0.3	2.0	——	——	——	——
吉林	——	——	——	——	——	——	——	——	——
黑龙江	7.7	——	4.2	2.4	1.1	——	——	——	——
上海	17.1	6.7	3.2	4.1	0.1	1.8	——	——	1.1
江苏	11.8	2.8	2.8	1.1	3.7	1.4	——	——	——
浙江	26.2	4.7	17.6	1.2	1.6	0.3	——	——	0.8
安徽	3.2	1.8	1.2	——	0.2	——	——	——	——
福建	7.8	1.1	6.5	——	——	0.2	——	——	——
江西	——	——	——	——	——	——	——	——	——
山东	14.7	2.5	8.7	0.5	2.9	——	——	——	0.1
河南	4.5	——	4.2	——	——	0.3	——	——	——
湖北	0.5	——	——	——	0.5	——	——	——	——
湖南	3.8	——	1.5	0.3	1.5	0.2	——	——	0.3
广东	35.7	0.5	17.4	16.6	——	0.5	——	——	0.6
广西	0.6	——	0.6	——	——	——	——	——	——
海南	——	——	——	——	——	——	——	——	——
重庆	3.3	——	0.4	——	0.8	2.1	——	——	0.1
四川	2.0	——	2.0	——	——	——	——	——	——
贵州	——	——	——	——	——	——	——	——	——
云南	——	——	——	——	——	——	——	——	——
西藏	——	——	——	——	——	——	——	——	——
陕西	——	——	——	——	——	——	——	——	——
甘肃	——	——	——	——	——	——	——	——	——
青海	——	——	——	——	——	——	——	——	——
宁夏	——	——	——	——	——	——	——	——	——
新疆	——	——	——	——	——	——	——	——	——

4—20 各地区港、澳、台投资企业各种用途的房屋建筑竣工面积占全部的比重

单位:%

地区	厂房	住宅	办公用房	商业、居民服务业用房	文化教育用房	医疗用房	科研用房	其他用房
全国总计	**12.9**	**53.6**	**17.5**	**9.3**	**4.5**	——	——	**2.2**
北京	——	80.5	10.7	0.6	1.8	——	——	6.4
天津	——	——	——	——	——	——	——	——
河北	——	97.0	——	——	3.0	——	——	——
山西	——	——	——	——	——	——	——	——
内蒙古	——	68.4	10.5	21.1	——	——	——	——
辽宁	3.6	63.3	4.4	28.8	——	——	——	——
吉林	——	——	——	——	——	——	——	——
黑龙江	——	54.2	31.2	14.6	——	——	——	——
上海	39.4	18.7	24.1	0.9	10.5	——	——	6.5
江苏	23.7	23.7	9.6	31.5	11.5	——	——	——
浙江	18.0	67.1	4.6	6.0	1.3	0.1	——	2.9
安徽	55.4	37.5	——	7.1	——	——	——	——
福建	13.9	83.2	——	——	2.9	——	——	——
江西	——	——	——	——	——	——	——	——
山东	17.0	59.2	3.7	19.6	——	——	——	0.6
河南	——	92.1	——	——	6.9	——	——	0.9
湖北	——	——	——	100.0	——	——	——	——
湖南	——	39.4	8.8	38.4	4.7	——	——	8.7
广东	1.5	48.8	46.4	——	1.5	——	——	1.7
广西	——	100.0	——	——	——	——	——	——
海南	——	——	——	——	——	——	——	——
重庆	——	11.6	1.0	23.2	62.3	——	——	1.9
四川	——	100.0	——	——	——	——	——	——
贵州	——	——	——	——	——	——	——	——
云南	——	——	——	——	——	——	——	——
西藏	——	——	——	——	——	——	——	——
陕西	——	——	——	——	——	——	——	——
甘肃	——	——	——	——	——	——	——	——
青海	100.0	——	——	——	——	——	——	——
宁夏	——	——	——	——	——	——	——	——
新疆	——	——	——	——	——	——	——	——

4—21 各地区港、澳、台投资企业机械设备装备情况

地区	自有机械设备年末总台数(台)	自有机械设备年末总功率(万千瓦)	#施工机械功率	自有机械设备净值(万元)	技术装备率(元/人)	动力装备率(千瓦/人)
全国总计	**37046**	**30.5**	**25.3**	**73196**	**8907**	**3.7**
北京	2135	0.9	0.7	3547	6666	1.6
天津	316	0.4	0.4	396	5014	5.2
河北	641	0.5	0.3	807	10151	6.3
山西	325	1.2	1.1	4908	112059	28.4
内蒙古	385	0.2	0.1	509	9759	2.9
辽宁	2092	1.5	1.4	9010	21256	3.5
吉林	12	——	——	86	20000	8.4
黑龙江	150	0.6	0.6	1278	5116	2.2
上海	4929	2.4	2.1	6791	11931	4.3
江苏	5122	3.3	2.8	10893	12421	3.7
浙江	4894	2.9	2.7	7806	9101	3.4
安徽	396	0.2	0.2	608	8522	3.5
福建	1917	1.9	1.8	3804	6596	3.4
江西	——	——	——	——	——	——
山东	1840	3.8	3.1	4782	6331	5.1
河南	729	0.8	0.7	815	1841	1.8
湖北	2328	1.8	1.4	1402	3982	5.1
湖南	478	0.4	0.4	3076	6660	0.9
广东	5422	4.1	2.5	7701	7508	4.0
广西	94	0.1	0.1	133	8104	9.1
海南	12	0.2	0.1	10	3182	48.5
重庆	863	1.2	1.0	1639	6181	4.7
四川	1017	0.6	0.4	1836	7168	2.5
贵州	14	——	——	4	921	0.2
云南	458	0.6	0.6	136	1084	4.6
西藏	——	——	——	——	——	——
陕西	42	——	——	407	7317	0.4
甘肃	251	0.1	0.1	335	35305	8.5
青海	33	——	——	212	28649	3.0
宁夏	33	——	——	42	8750	3.5
新疆	118	0.7	0.6	221	13893	41.5

4—22 各地区港、澳、台投资企业建筑业增加值及其构成

单位:万元

地区	建筑业增加值合计	本年提取固定资产折旧	应付工资总额	应付福利费总额
全国总计	**244552**	**18001**	**86401**	**7936**
北京	24297	1552	6932	833
天津	3704	176	654	48
河北	1274	104	288	10
山西	1922	766	328	32
内蒙古	666	58	227	24
辽宁	23379	2088	2968	168
吉林	99	12	32	4
黑龙江	4473	151	2326	305
上海	37828	2098	14601	428
江苏	24510	2954	9218	523
浙江	25590	1468	12664	1538
安徽	1426	226	511	36
福建	14482	854	4107	786
江西	——	——	——	——
山东	13316	655	4934	444
河南	11234	733	4694	595
湖北	8730	378	4097	476
湖南	5813	99	2670	60
广东	27154	2487	8905	1124
广西	221	43	121	4
海南	178	13	36	——
重庆	3787	319	2358	122
四川	5244	428	1845	84
贵州	170	6	53	17
云南	1930	80	976	216
西藏	——	——	——	——
陕西	1979	148	412	21
甘肃	166	15	66	9
青海	116	13	82	1
宁夏	142	8	66	2
新疆	721	69	229	26

4－22 续表 单位:万元

地　　区	工程结算税金及附加	工程结算利润	管理费用中的税金	管理费用中的劳动、待业保险费
全国总计	**29735**	**98615**	**1449**	**2415**
北　　京	4210	10423	77	269
天　　津	406	2285	14	121
河　　北	196	672	2	2
山　　西	200	551	30	14
内 蒙 古	57	288	8	3
辽　　宁	2275	15673	105	103
吉　　林	37	12	1	——
黑 龙 江	392	1129	5	164
上　　海	4943	15177	316	265
江　　苏	2673	8629	186	328
浙　　江	3399	6145	121	255
安　　徽	153	499	1	1
福　　建	1834	6553	191	157
江　　西	——	——	——	——
山　　东	1112	5769	102	301
河　　南	803	4383	4	23
湖　　北	625	3114	16	24
湖　　南	528	2453	3	——
广　　东	4313	9952	126	247
广　　西	14	36	——	3
海　　南	24	98	1	5
重　　庆	499	408	69	12
四　　川	528	2248	8	104
贵　　州	21	73	——	——
云　　南	186	463	2	8
西　　藏	——	——	——	——
陕　　西	215	1130	51	1
甘　　肃	26	45	5	——
青　　海	7	13	2	——
宁　　夏	5	57	1	4
新　　疆	55	339	1	2

4—23 各地区港、澳、台投资企业建筑业劳动生产率

地　　区	建筑业企业个数(个)	计算劳动生产率的平均人数(万人)	按总产值计算的劳动生产率(元/人)	按增加值计算的劳动生产率(万/人)	人均竣工产值(元/人)	人均施工面积(平方米/人)	人均施工面积(平方米/人)
全国总计	**635**	**10.61**	**93448**	**23042**	**77441**	**46.2**	**19.2**
北　　京	78	0.85	119266	28699	137771	25.7	15.7
天　　津	14	0.14	84283	25559	111756	——	——
河　　北	7	0.06	103384	20643	81581	93.9	32.5
山　　西	8	0.07	87481	26957	——	——	——
内 蒙 古	3	0.05	49905	12347	36301	30.7	18.2
辽　　宁	34	0.54	142475	43286	38605	26.6	16.1
吉　　林	3	——	64489	21085	70488	——	——
黑 龙 江	7	0.40	47553	11243	15045	43.5	30.7
上　　海	106	1.70	116359	22211	227331	95.8	30.0
江　　苏	56	1.01	97273	24160	89006	19.8	13.4
浙　　江	28	0.95	119076	27006	93665	96.4	30.6
安　　徽	9	0.10	57005	14555	45864	70.3	44.9
福　　建	59	0.71	83763	20349	62851	35.6	13.5
江　　西	——	——	——	——	——	——	——
山　　东	55	0.91	50215	14711	41638	33.8	19.5
河　　南	14	0.43	74377	26329	21056	17.7	10.3
湖　　北	32	0.38	67942	22681	42644	9.8	1.4
湖　　南	3	0.47	28324	12243	3696	47.9	8.3
广　　东	58	1.05	111501	25810	113663	63.8	34.8
广　　西	4	0.02	37618	12410	20701	36.6	36.6
海　　南	3	——	156758	53818	156758	——	——
重　　庆	12	0.30	61174	12518	13943	57.4	12.6
四　　川	15	0.26	79274	20380	34059	55.9	7.9
贵　　州	2	0.01	71151	23247	136684	——	——
云　　南	7	0.08	81014	24189	24422	——	——
西　　藏	——	——	——	——	——	——	——
陕　　西	4	0.06	135198	34295	90203	——	——
甘　　肃	3	0.01	56812	12961	44126	——	——
青　　海	2	0.01	31278	16181	30432	0.1	0.1
宁　　夏	2	0.01	51034	15944	47292	——	——
新　　疆	7	0.02	97339	37536	81289	——	——

4—24 各地区港、澳、台投资企业实收资本及资产构成

单位:万元

地区	实收资本	资产合计	#流动资产小计	#存货	#在建工程	长期投资
全国总计	**457444**	**1426338**	**1179435**	**354908**	**177446**	**32641**
北京	66892	170126	153311	32443	18392	2579
天津	6855	25460	23946	10336	6440	——
河北	2116	6385	4827	1288	233	60
山西	7180	19503	14057	11163	8019	——
内蒙古	1738	3757	2727	974	119	——
辽宁	18111	73473	48500	20573	15304	1218
吉林	361	1037	811	57	——	——
黑龙江	5205	14710	12506	6582	2244	15
上海	96121	230912	210225	64897	17023	874
江苏	43580	119478	87972	30179	16146	2061
浙江	15634	90002	75586	33168	24144	585
安徽	4494	10300	7652	1613	628	25
福建	32837	87516	71289	22630	13369	3857
江西	——	——	——	——	——	——
山东	16974	59516	50029	18152	5946	481
河南	5617	49192	41450	7791	692	232
湖北	29075	72385	54472	18416	7973	5748
湖南	6710	9287	5624	4907	4432	——
广东	58868	289801	247566	45979	19775	3588
广西	2735	3483	3124	76	7	——
海南	2728	4200	3588	575	442	——
重庆	11159	22652	16948	5752	5365	116
四川	15021	40297	24194	9634	4757	10474
贵州	204	382	349	176	175	——
云南	1606	6758	6022	1879	1795	3
西藏	——	——	——	——	——	——
陕西	3546	8937	7425	4457	3803	484
甘肃	408	1445	961	535	80	121
青海	252	858	643	99	2	——
宁夏	266	593	438	132	81	20
新疆	1150	3894	3192	443	60	102

4—24 续表

地　区	固定资产小计	固定资产原价	＃生产经营用	固定资产折旧	＃本年折旧	无形及递延资产小计	＃无形资产
全国总计	**177358**	**270605**	**195540**	**96813**	**18001**	**21305**	**13895**
北　京	9783	17945	13793	8217	1552	3460	2893
天　津	1301	2058	1170	758	176	132	——
河　北	1326	1878	1282	552	104	99	47
山　西	5259	8115	6534	2856	766	39	——
内蒙古	1014	1393	788	379	58	16	10
辽　宁	18709	28586	23342	9942	2088	2630	2398
吉　林	226	440	290	214	12	——	——
黑龙江	2173	3063	2883	890	151	16	——
上　海	13908	25756	19514	11851	2098	1832	484
江　苏	26018	37750	31178	12551	2954	1982	1226
浙　江	11543	18159	14121	6685	1468	1380	1218
安　徽	2260	3557	3305	1297	226	114	56
福　建	9897	15066	11175	5408	854	1589	1242
江　西	——	——	——	——	——	——	——
山　东	7958	13533	9780	5726	655	503	325
河　南	6621	10186	9972	3679	733	296	132
湖　北	9541	13956	12094	4430	378	1724	491
湖　南	3654	3681	3360	228	99	——	——
广　东	33671	47505	15846	15356	2487	3619	2034
广　西	144	549	542	405	43	209	154
海　南	379	502	502	123	13	123	——
重　庆	4170	5601	4400	1430	319	663	612
四　川	5066	6535	5450	1470	428	563	324
贵　州	30	52	52	22	6	——	——
云　南	638	1277	714	639	80	62	3
西　藏	——	——	——	——	——	——	——
陕　西	780	1348	1348	881	148	248	247
甘　肃	349	460	454	111	15	2	——
青　海	214	233	233	19	13	——	——
宁　夏	136	197	197	61	8	——	——
新　疆	590	1221	1220	631	69	——	——

4—25 各地区港、澳、台投资企业负债及所有者权益

单位:万元

地区	负债合计	流动负债小计	长期负债小计	所有者权益合计	#实收资本
全国总计	**937263**	**896393**	**40870**	**489075**	**457444**
北京	102538	100544	1993	67588	66892
天津	18618	18330	287	6842	6855
河北	3928	3374	554	2457	2116
山西	14790	14851	—61	4712	7180
内蒙古	2085	2075	10	1672	1738
辽宁	41506	40891	615	31967	18111
吉林	504	504	——	532	361
黑龙江	8963	8663	300	5747	5205
上海	143848	140791	3057	87064	96121
江苏	69727	66906	2821	49752	43580
浙江	69427	65671	3756	20575	15634
安徽	5584	4185	1398	4716	4494
福建	49403	46579	2824	38113	32837
江西	——	——	——	——	——
山东	40159	39659	500	19357	16974
河南	40846	38946	1900	8345	5617
湖北	49488	37303	12185	22897	29075
湖南	2535	2527	8	6752	6710
广东	222225	218254	3971	67576	58868
广西	678	674	4	2805	2735
海南	1195	1195	——	3005	2728
重庆	10746	7978	2768	11905	11159
四川	23906	22400	1507	16390	15021
贵州	96	96	——	286	204
云南	5035	4564	472	1723	1606
西藏	——	——	——	——	——
陕西	5717	5717	——	3220	3546
甘肃	784	784	——	661	408
青海	190	190	——	668	252
宁夏	358	358	——	235	266
新疆	2383	2383	——	1510	1150

4—26 各地区港、澳、台投资企业工程结算收入及工程结算利润

单位:万元

地区	工程结算收入	工程结算成本	工程结算税金及附加	工程结算利润	管理费用	#税金	#财产保险费	#劳动、待业保险费
全国总计	**927478**	**799128**	**29735**	**98615**	**83995**	**1449**	**584**	**2415**
北京	138779	124146	4210	10423	12133	77	77	269
天津	13107	10416	406	2285	1794	14	24	121
河北	6024	5157	196	672	444	2	1	2
山西	6160	5408	200	551	865	30	2	14
内蒙古	1895	1550	57	288	236	8	20	3
辽宁	76870	58922	2275	15673	12069	105	4	103
吉林	303	254	37	12	39	1	——	——
黑龙江	12933	11411	392	1129	641	5	12	164
上海	175997	155877	4943	15177	14994	316	66	265
江苏	80905	69604	2673	8629	6834	186	99	328
浙江	87560	78016	3399	6145	4166	121	98	255
安徽	4267	3615	153	499	472	1	——	1
福建	54009	45622	1834	6553	4278	191	4	157
江西	——	——	——	——	——	——	——	——
山东	38643	31762	1112	5769	3418	102	33	301
河南	29272	24086	803	4383	3664	4	9	23
湖北	19995	16257	625	3114	2505	16	4	24
湖南	13448	10467	528	2453	1133	3	——	——
广东	115234	100970	4313	9952	9765	126	56	247
广西	472	422	14	36	110	——	——	3
海南	710	588	24	98	158	1	——	5
重庆	15254	14347	499	408	1112	69	1	12
四川	17557	14781	528	2248	1864	8	63	104
贵州	701	607	21	73	74	——	——	——
云南	6179	5530	186	463	520	2	7	8
西藏	——	——	——	——	——	——	——	——
陕西	7790	6445	215	1130	287	51	2	1
甘肃	918	847	26	45	46	5	——	——
青海	225	206	7	13	16	2	——	——
宁夏	411	350	5	57	43	1	1	4
新疆	1860	1467	55	339	315	1	1	2

4—27 各地区港、澳、台投资企业利润及税金总额

单位:万元

地区	利润总额	#应交所得税	税金总额	工程结算税金及附加	管理费用中的税金
全国总计	**9856**	**4529**	**31184**	**29735**	**1449**
北京	—924	369	4287	4210	77
天津	531	11	420	406	14
河北	150	50	198	196	2
山西	—885	6	230	200	30
内蒙古	1	——	65	57	8
辽宁	3575	508	2380	2275	105
吉林	—19	——	39	37	1
黑龙江	189	148	398	392	5
上海	166	612	5259	4943	316
江苏	1687	346	2860	2673	186
浙江	1533	260	3520	3399	121
安徽	—2	36	154	153	1
福建	2407	224	2025	1834	191
江西	——	——	——	——	——
山东	2043	325	1214	1112	102
河南	230	313	807	803	4
湖北	—1363	302	641	625	16
湖南	799	162	531	528	3
广东	—199	664	4440	4313	126
广西	—86	——	14	14	——
海南	—48	——	25	24	1
重庆	—491	3	568	499	69
四川	—252	150	536	528	8
贵州	—3	1	21	21	——
云南	—104	11	188	186	2
西藏	——	——	——	——	——
陕西	893	——	267	215	51
甘肃	—3	2	31	26	5
青海	—3	——	8	7	2
宁夏	—3	1	6	5	1
新疆	37	24	56	55	1

4—28 各地区港、澳、台投资企业主要效益指标

地　　区	产值利润率(%)	产值利税率(%)	资本利润率(%)	资本利税率(%)	人均利润(元/人)	人均利税(元/人)	资产负债率(%)
全国总计	**1.0**	**4.1**	**2.2**	**9.0**	**1199**	**4994**	**65.7**
北　　京	—0.9	3.3	—1.4	5.0	—1737	6318	60.3
天　　津	4.3	7.8	7.7	13.9	6720	12030	73.1
河　　北	2.3	5.4	7.1	16.4	1881	4369	61.5
山　　西	—14.2	—10.5	—12.3	—9.1	—20210	—14959	75.8
内 蒙 古	——	2.5	0.1	3.8	21	1268	55.5
辽　　宁	4.6	7.7	19.7	32.9	8435	14049	56.5
吉　　林	—6.2	6.5	—5.2	5.5	—4395	4605	48.6
黑 龙 江	1.0	3.1	3.6	11.3	758	2350	60.9
上　　海	0.1	2.7	0.2	5.6	292	9531	62.3
江　　苏	1.7	4.6	3.9	10.4	1924	5185	58.4
浙　　江	1.4	4.5	9.8	32.3	1787	5890	77.1
安　　徽	——	2.7	——	3.4	—29	2130	54.2
福　　建	4.0	7.4	7.3	13.5	4174	7685	56.5
江　　西	——	——	——	——	——	——	——
山　　东	4.5	7.2	12.0	19.2	2704	4310	67.5
河　　南	0.7	3.3	4.1	18.5	519	2342	83.0
湖　　北	—5.2	—2.8	—4.7	—2.5	—3869	—2049	68.4
湖　　南	5.9	9.9	11.9	19.8	1730	2881	27.3
广　　东	—0.2	3.6	—0.3	7.2	—194	4134	76.7
广　　西	—12.8	—10.7	—3.1	—2.6	—5226	—4360	19.5
海　　南	—9.2	—4.5	—1.8	—0.9	—14485	—7030	28.4
重　　庆	—2.7	0.4	—4.4	0.7	—1853	289	47.4
四　　川	—1.2	1.4	—1.7	1.9	—985	1106	59.3
贵　　州	—0.5	3.5	—1.3	8.9	—711	4789	25.2
云　　南	—1.6	1.3	—6.5	5.2	—827	670	74.5
西　　藏	——	——	——	——	——	——	——
陕　　西	11.5	14.9	25.2	32.7	16068	20863	64.0
甘　　肃	—0.5	3.8	—0.8	6.8	—347	2916	54.2
青　　海	—1.3	2.4	—1.2	2.1	—392	716	22.1
宁　　夏	—0.6	0.6	—1.1	1.1	—604	604	60.3
新　　疆	2.0	5.0	3.2	8.1	2327	5843	61.2

4—29 各地区港、澳、台投资建筑业企业亏损情况

地　区	企业个数(个)	＃亏损企业个数	亏损金额（万元）	亏损面（%）
全国总计	**635**	**276**	**18289**	**43.5**
北　京	78	32	2734	41.0
天　津	14	6	241	42.9
河　北	7	3	82	42.9
山　西	8	5	921	62.5
内蒙古	3	1	4	33.3
辽　宁	34	15	653	44.1
吉　林	3	2	34	66.7
黑龙江	7	1	268	14.3
上　海	106	52	3032	49.1
江　苏	56	15	334	26.8
浙　江	28	5	101	17.9
安　徽	9	5	119	55.6
福　建	59	23	390	39.0
江　西	——	——	——	
山　东	55	27	727	49.1
河　南	14	10	562	71.4
湖　北	32	17	2354	53.1
湖　南	3	1	13	33.3
广　东	58	23	3482	39.7
广　西	4	3	86	75.0
海　南	3	2	48	66.7
重　庆	12	8	533	66.7
四　川	15	6	1270	40.0
贵　州	2	1	6	50.0
云　南	7	3	141	42.9
西　藏	——	——	——	
陕　西	4	1	4	25.0
甘　肃	3	1	10	33.3
青　海	2	1	3	50.0
宁　夏	2	1	14	50.0
新　疆	7	6	123	85.7

4—30 各地区港、澳、台投资企业建筑材料消耗情况

地区	一、价值量				二、实物量		
	材料费用合计(万元)	钢材	木材	水泥	钢材(万吨)	木材(万立方米)	水泥(万吨)
全国总计	**402237**	**63265**	**44374**	**30975**	**21.12**	**35.40**	**98.40**
北京	35163	4213	3779	2284	1.18	1.89	7.51
天津	4494	188	273	83	0.05	0.23	0.24
河北	3343	68	104	115	0.04	0.12	0.53
山西	2314	279	274	298	0.11	0.23	1.12
内蒙古	1736	71	35	24	0.06	0.03	0.09
辽宁	35770	1110	1161	468	0.31	0.75	1.53
吉林	254	——	18	——	——	0.01	——
黑龙江	9300	1145	3138	2239	0.46	3.39	5.74
上海	66435	13230	8599	5344	4.05	5.28	16.10
江苏	47048	4994	6027	2417	1.76	6.22	9.51
浙江	46072	12798	3941	4404	3.92	2.86	14.66
安徽	1333	322	38	264	0.11	0.04	0.92
福建	22985	8587	1773	4439	3.28	1.65	11.87
江西	——	——	——	——	——	——	——
山东	16884	2618	1498	969	0.79	1.28	4.40
河南	15672	726	376	289	0.29	0.23	1.27
湖北	12053	2127	1485	789	0.79	0.98	2.50
湖南	7021	1910	901	1160	0.74	1.50	4.62
广东	45121	4077	7854	2027	1.31	5.53	6.13
广西	478	30	12	31	0.01	0.02	0.12
海南	315	19	41	241	0.01	0.08	0.96
重庆	8578	1883	391	1003	0.71	0.33	3.19
四川	10662	2193	811	915	0.88	0.65	2.29
贵州	1755	165	825	738	0.08	0.75	1.84
云南	4284	325	567	194	0.12	1.02	0.55
西藏	——	——	——	——	——	——	——
陕西	1330	125	240	186	0.06	0.19	0.54
甘肃	430	17	125	8	——	0.07	0.02
青海	107	9	32	36	——	0.02	0.11
宁夏	256	15	14	1	——	0.01	——
新疆	1044	21	42	8	0.01	0.04	0.02

4—31　各地区其他企业建筑业总产值和竣工产值

单位:万元

地　区	建筑业总产值	建筑工程产值	安装工程产值	房屋构筑物修理产值	非标准设备制造产值	竣工产值
全国总计	**183956**	**139482**	**41995**	**2479**	——	**107909**
北　京	92115	84963	7029	122	——	31836
天　津	——	——	——	——	——	——
河　北	——	——	——	——	——	——
山　西	——	——	——	——	——	——
内蒙古	1230	1230	——	——	——	1230
辽　宁	——	——	——	——	——	——
吉　林	——	——	——	——	——	——
黑龙江	——	——	——	——	——	——
上　海	9330	7040	——	2290	——	3688
江　苏	23800	21000	2800	——	——	20977
浙　江	34775	4176	30599	——	——	33101
安　徽	1331	1291	23	17	——	624
福　建	12222	12222	——	——	——	12168
江　西	——	——	——	——	——	——
山　东	526	526	——	——	——	526
河　南	630	630	——	——	——	497
湖　北	4806	4806	——	——	——	387
湖　南	566	566	——	——	——	374
广　东	2293	749	1544	——	——	2170
广　西	——	——	——	——	——	——
海　南	108	108	——	——	——	108
重　庆	——	——	——	——	——	——
四　川	225	175	——	50	——	225
贵　州	——	——	——	——	——	——
云　南	——	——	——	——	——	——
西　藏	——	——	——	——	——	——
陕　西	——	——	——	——	——	——
甘　肃	——	——	——	——	——	——
青　海	——	——	——	——	——	——
宁　夏	——	——	——	——	——	——
新　疆	——	——	——	——	——	——

4—32 各地区其他企业单位工程个数及工程质量

单位:万元

地区	单位工程施工个数(个)	#本年新开工个数	#投标承包个数	#本年新开工	单位工程竣工个数(个)	#优良品	工程质量优良品率(%*10)	投标承包个数占单位工程施工个数的比重(%*10)
全国总计	**641**	**416**	**342**	**303**	**444**	**203**	**45.7**	**53.4**
北京	269	146	130	125	167	26	15.6	48.3
天津	——	——	——	——	——	——	——	——
河北	——	——	——	——	——	——	——	——
山西	——	——	——	——	——	——	——	——
内蒙古	4	4	——	——	4	——	——	——
辽宁	——	——	——	——	——	——	——	——
吉林	——	——	——	——	——	——	——	——
黑龙江	——	——	——	——	——	——	——	——
上海	22	8	4	4	8	7	87.5	18.2
江苏	33	29	33	29	27	23	85.2	100.0
浙江	126	104	104	99	105	86	81.9	82.5
安徽	10	7	8	5	6	1	16.7	80.0
福建	70	52	22	9	53	35	66.0	31.4
江西	——	——	——	——	——	——	——	——
山东	4	4	4	4	4	2	50.0	100.0
河南	16	5	9	3	5	2	40.0	56.2
湖北	14	11	14	11	11	3	27.3	100.0
湖南	7	5	——	——	4	2	50.0	——
广东	60	36	11	11	44	15	34.1	18.3
广西	——	——	——	——	——	——	——	——
海南	——	——	——	——	——	——	——	——
重庆	——	——	——	——	——	——	——	——
四川	6	5	3	3	6	1	16.7	50.0
贵州	——	——	——	——	——	——	——	——
云南	——	——	——	——	——	——	——	——
西藏	——	——	——	——	——	——	——	——
陕西	——	——	——	——	——	——	——	——
甘肃	——	——	——	——	——	——	——	——
青海	——	——	——	——	——	——	——	——
宁夏	——	——	——	——	——	——	——	——
新疆	——	——	——	——	——	——	——	——

4—33 各地区其他企业房屋建筑面积和工程质量

地区	房屋建筑施工面积(万平方米)	#本年新开工面积	#投标承包面积	#本年新开工	房屋建筑竣工面积(万平方米)	#优良品	房屋建筑面积优良品率(%)	投标承包面积占房屋建筑施工面积的比重(%)
全国总计	**106.8**	**61.0**	**80.4**	**48.1**	**68.5**	**48.7**	**71.1**	**75.3**
北京	5.5	0.5	4.3	——	1.3	——	——	78.6
天津	——	——	——	——	——	——	——	——
河北	——	——	——	——	——	——	——	——
山西	——	——	——	——	——	——	——	——
内蒙古	1.6	1.6	——	——	1.6	——	——	——
辽宁	——	——	——	——	——	——	——	——
吉林	——	——	——	——	——	——	——	——
黑龙江	——	——	——	——	——	——	——	——
上海	4.1	1.7	2.2	1.2	2.6	1.1	41.6	54.4
江苏	39.1	28.3	39.1	28.3	30.7	25.9	84.2	100.0
浙江	9.8	1.2	4.0	0.6	4.3	2.1	48.0	40.8
安徽	3.1	2.5	3.1	2.5	1.0	0.2	21.9	100.0
福建	26.5	14.5	17.1	7.7	16.6	15.9	95.7	64.5
江西	——	——	——	——	——	——	——	——
山东	——	——	——	——	——	——	——	——
河南	5.4	1.3	2.3	0.7	0.9	0.6	65.2	42.1
湖北	7.2	6.3	7.2	6.3	5.9	1.3	21.3	100.0
湖南	1.2	0.7	——	——	0.7	0.4	52.6	——
广东	2.7	2.1	0.8	0.8	2.4	1.3	55.1	31.6
广西	——	——	——	——	——	——	——	——
海南	——	——	——	——	——	——	——	——
重庆	——	——	——	——	——	——	——	——
四川	0.5	0.5	0.2	——	0.5	0.1	15.8	45.3
贵州	——	——	——	——	——	——	——	——
云南	——	——	——	——	——	——	——	——
西藏	——	——	——	——	——	——	——	——
陕西	——	——	——	——	——	——	——	——
甘肃	——	——	——	——	——	——	——	——
青海	——	——	——	——	——	——	——	——
宁夏	——	——	——	——	——	——	——	——
新疆	——	——	——	——	——	——	——	——

4—34 各地区其他企业按主要用途分的房屋建筑竣工面积

单位:万平方米

地区	合计	厂房	住宅	办公用房	商业、居民服务业用房	文化教育用房	医疗用房	科研用房	其他用房
全国总计	**68.5**	**10.0**	**49.8**	**0.8**	**2.8**	**3.6**	——	——	**1.5**
北京	1.3	——	——	0.1	——	0.6	——	——	0.6
天津	——	——	——	——	——	——	——	——	——
河北	——	——	——	——	——	——	——	——	——
山西	——	——	——	——	——	——	——	——	——
内蒙古	1.6	——	1.6	——	——	——	——	——	——
辽宁	——	——	——	——	——	——	——	——	——
吉林	——	——	——	——	——	——	——	——	——
黑龙江	——	——	——	——	——	——	——	——	——
上海	2.6	——	——	——	1.5	1.1	——	——	——
江苏	30.7	1.0	29.1	——	——	0.6	——	——	——
浙江	4.3	——	2.4	0.4	0.9	0.6	——	——	——
安徽	1.0	——	0.5	——	——	0.2	——	——	0.3
福建	16.6	8.6	7.6	——	——	——	——	——	0.4
江西	——	——	——	——	——	——	——	——	——
山东	——	——	——	——	——	——	——	——	——
河南	0.9	——	0.6	——	——	0.1	——	——	0.1
湖北	5.9	——	5.9	——	——	——	——	——	——
湖南	0.7	——	——	0.3	0.2	0.2	——	——	——
广东	2.4	0.4	1.8	——	0.1	——	——	——	——
广西	——	——	——	——	——	——	——	——	——
海南	——	——	——	——	——	——	——	——	——
重庆	——	——	——	——	——	——	——	——	——
四川	0.5	——	0.2	——	0.1	0.1	——	——	——
贵州	——	——	——	——	——	——	——	——	——
云南	——	——	——	——	——	——	——	——	——
西藏	——	——	——	——	——	——	——	——	——
陕西	——	——	——	——	——	——	——	——	——
甘肃	——	——	——	——	——	——	——	——	——
青海	——	——	——	——	——	——	——	——	——
宁夏	——	——	——	——	——	——	——	——	——
新疆	——	——	——	——	——	——	——	——	——

4—35　各地区其他企业各种用途的房屋建筑竣工面积占全部的比重

单位:%

地　区	厂　房	住　宅	办公用房	商业、居民服务业用房	文化教育用房	医疗用房	科研用房	其他用房
全国总计	**14.6**	**72.7**	**1.2**	**4.1**	**5.3**	**0.1**	——	**2.1**
北　京	——	——	5.3	——	43.9	——	——	50.8
天　津	——	——	——	——	——	——	——	——
河　北	——	——	——	——	——	——	——	——
山　西	——	——	——	——	——	——	——	——
内蒙古	——	100.0	——	——	——	——	——	——
辽　宁	——	——	——	——	——	——	——	——
吉　林	——	——	——	——	——	——	——	——
黑龙江	——	——	——	——	——	——	——	——
上　海	——	——	——	58.4	41.6	——	——	——
江　苏	3.2	94.8	——	——	2.1	——	——	——
浙　江	——	54.7	9.2	20.8	14.6	——	——	0.7
安　徽	——	51.8	——	——	21.9	——	——	26.4
福　建	51.7	45.8	——	——	——	——	——	2.5
江　西	——	——	——	——	——	——	——	——
山　东	——	——	——	——	——	——	——	——
河　南	——	70.4	——	5.7	10.2	——	——	13.7
湖　北	——	100.0	——	——	——	——	——	——
湖　南	——	——	37.9	28.4	33.7	——	——	——
广　东	17.8	78.0	0.8	3.4	——	——	——	——
广　西	——	——	——	——	——	——	——	——
海　南	——	——	——	——	——	——	——	——
重　庆	——	——	——	——	——	——	——	——
四　川	——	47.2	7.5	9.4	28.3	7.5	——	——
贵　州	——	——	——	——	——	——	——	——
云　南	——	——	——	——	——	——	——	——
西　藏	——	——	——	——	——	——	——	——
陕　西	——	——	——	——	——	——	——	——
甘　肃	——	——	——	——	——	——	——	——
青　海	——	——	——	——	——	——	——	——
宁　夏	——	——	——	——	——	——	——	——
新　疆	——	——	——	——	——	——	——	——

4—36　各地区其他企业机械设备装备情况

地　　区	自有机械设备年末总台数(台)	自有机械设备年末总功率(万千瓦)	#施工机械功率	自有机械设备净值(万元)	技术装备率(万/人)	动力装备率(千瓦/人)
全国总计	**3691**	**6.0**	**3.9**	**5652**	**4477**	**4.8**
北　　京	648	3.1	1.6	2614	5502	6.4
天　　津	——	——	——	——	——	——
河　　北	——	——	——	——	——	——
山　　西	——	——	——	——	——	——
内 蒙 古	9	——	——	6	1500	3.5
辽　　宁	——	——	——	——	——	——
吉　　林	——	——	——	——	——	——
黑 龙 江	——	——	——	——	——	——
上　　海	266	0.4	0.4	354	4275	4.8
江　　苏	608	0.9	0.7	780	4333	4.8
浙　　江	402	0.5	0.2	539	6102	5.9
安　　徽	206	——	——	130	2355	0.7
福　　建	421	0.4	0.3	398	3092	2.8
江　　西	——	——	——	——	——	——
山　　东	18	——	——	146	18731	3.8
河　　南	189	0.1	——	50	1151	1.5
湖　　北	760	0.5	0.4	123	1025	4.1
湖　　南	32	0.1	0.1	64	1991	1.6
广　　东	105	——	——	331	13301	1.7
广　　西	——	——	——	——	——	——
海　　南	10	0.1	0.1	110	55000	50.0
重　　庆	——	——	——	——	——	——
四　　川	17	——	——	7	389	0.5
贵　　州	——	——	——	——	——	——
云　　南	——	——	——	——	——	——
西　　藏	——	——	——	——	——	——
陕　　西	——	——	——	——	——	——
甘　　肃	——	——	——	——	——	——
青　　海	——	——	——	——	——	——
宁　　夏	——	——	——	——	——	——
新　　疆	——	——	——	——	——	——

4—37 各地区其他企业建筑业增加值及其构成

单位:万元

地 区	建筑业增加值合计	本年提取固定资产折旧	应付工资总额	应付福利费总额
全国总计	**36372**	**1378**	**11435**	**1463**
北 京	14135	768	3808	1030
天 津	——	——	——	——
河 北	——	——	——	——
山 西	——	——	——	——
内蒙古	72	3	14	——
辽 宁	——	——	——	——
吉 林	——	——	——	——
黑龙江	——	——	——	——
上 海	2554	100	1208	10
江 苏	4588	127	1682	16
浙 江	9653	67	2273	113
安 徽	214	9	118	16
福 建	2897	150	1770	239
江 西	——	——	——	——
山 东	247	86	24	3
河 南	178	11	15	2
湖 北	1008	20	209	5
湖 南	98	3	29	8
广 东	580	32	198	18
广 西	——	——	——	——
海 南	57	1	40	——
重 庆	——	——	——	——
四 川	91	——	48	2
贵 州	——	——	——	——
云 南	——	——	——	——
西 藏	——	——	——	——
陕 西	——	——	——	——
甘 肃	——	——	——	——
青 海	——	——	——	——
宁 夏	——	——	——	——
新 疆	——	——	——	——

地　区	工程结算税金及附加	工程结算利润	管理费用中的税金	管理费用中的劳动、待业保险费
全国总计	**4414**	**16525**	**174**	**983**
北　京	1720	5843	60	907
天　津	——	——	——	——
河　北	——	——	——	——
山　西	——	——	——	——
内蒙古	27	28	——	——
辽　宁	——	——	——	——
吉　林	——	——	——	——
黑龙江	——	——	——	——
上　海	243	948	19	26
江　苏	1101	1567	56	38
浙　江	813	6373	14	1
安　徽	21	50	——	——
福　建	236	479	16	7
江　西	——	——	——	——
山　东	17	114	——	1
河　南	23	126	1	——
湖　北	115	654	5	——
湖　南	13	42	1	2
广　东	73	256	2	1
广　西	——	——	——	——
海　南	4	12	——	——
重　庆	——	——	——	——
四　川	8	33	——	——
贵　州	——	——	——	——
云　南	——	——	——	——
西　藏	——	——	——	——
陕　西	——	——	——	——
甘　肃	——	——	——	——
青　海	——	——	——	——
宁　夏	——	——	——	——
新　疆	——	——	——	——

4—38　各地区其他企业建筑业劳动生产率

地　　区	建筑业企业个数(个)	计算劳动生产率的平均人数(万人)	按总产值计算的劳动生产率(元/人)	按增加值计算的劳动生产率(无/人)	人均竣工产值(元/人)	人均施工面积(平方米/人)	人均竣工面积(平方米/人)
全国总计	**45**	**1.44**	**127996**	**25308**	**85473**	**84.6**	**54.2**
北　京	10	0.58	159313	24446	67009	11.6	2.7
天　津	——	——	——	——	——	——	——
河　北	——	——	——	——	——	——	——
山　西	——	——	——	——	——	——	——
内蒙古	1	0.01	246000	14400	307500	411.2	411.2
辽　宁	——	——	——	——	——	——	——
吉　林	——	——	——	——	——	——	——
黑龙江	——	——	——	——	——	——	——
上　海	7	0.10	95988	26276	44541	49.7	31.0
江　苏	1	0.13	183077	35288	116539	217.2	170.5
浙　江	8	0.21	164732	45729	374873	110.7	49.0
安　徽	1	0.06	24193	3895	11338	56.8	18.6
福　建	6	0.12	99289	23536	94542	205.8	128.9
江　西	——	——	——	——	——	——	——
山　东	1	0.01	58444	27456	67436	——	——
河　南	1	0.02	28899	8170	11347	123.5	19.5
湖　北	1	0.14	33145	6955	3222	59.9	49.0
湖　南	1	0.03	18993	3275	11651	38.4	23.0
广　东	5	0.02	95525	24162	87129	106.9	94.8
广　西	——	——	——	——	——	——	——
海　南	1	——	53850	28500	53850	——	——
重　庆	——	——	——	——	——	——	——
四　川	1	0.01	37500	15167	12500	29.4	29.4
贵　州	——	——	——	——	——	——	——
云　南	——	——	——	——	——	——	——
西　藏	——	——	——	——	——	——	——
陕　西	——	——	——	——	——	——	——
甘　肃	——	——	——	——	——	——	——
青　海	——	——	——	——	——	——	——
宁　夏	——	——	——	——	——	——	——
新　疆	——	——	——	——	——	——	——

4—39　各地区其他企业实收资本及资产构成

单位:万元

地　区	实收资本	资产合计	#流动资产小计	#存货	#在建工程	长期投资
全国总计	**37608**	**202111**	**163518**	**48840**	**15300**	**7888**
北　京	10768	122017	106108	29441	2257	1794
天　津	——	——	——	——	——	——
河　北	——	——	——	——	——	——
山　西	——	——	——	——	——	——
内蒙古	9	479	390	12	——	——
辽　宁	——	——	——	——	——	——
吉　林	——	——	——	——	——	——
黑龙江	——	——	——	——	——	——
上　海	2700	6681	5172	1131	20	613
江　苏	1528	16587	14450	8910	5540	280
浙　江	13382	34448	20706	719	74	4947
安　徽	300	584	454	307	268	——
福　建	4178	12105	10257	6664	6169	——
江　西	——	——	——	——	——	——
山　东	297	685	532	426	424	——
河　南	82	1185	879	300	——	1
湖　北	1616	3257	1696	——	——	——
湖　南	100	155	74	74	74	——
广　东	1598	2568	1565	849	470	254
广　西	——	——	——	——	——	——
海　南	1000	1283	1173	——	——	——
重　庆	——	——	——	——	——	——
四　川	50	76	63	7	4	——
贵　州	——	——	——	——	——	——
云　南	——	——	——	——	——	——
西　藏	——	——	——	——	——	——
陕　西	——	——	——	——	——	——
甘　肃	——	——	——	——	——	——
青　海	——	——	——	——	——	——
宁　夏	——	——	——	——	——	——
新　疆	——	——	——	——	——	——

4—39 续表 单位:万元

地区	固定资产小计	固定资产原价	#生产经营用	固定资产折旧	#本年折旧	无形及递延资产小计	#无形资产
全国总计	**22020**	**31506**	**25544**	**9935**	**1378**	**3340**	**686**
北京	6634	12998	10175	6446	768	3024	489
天津	——	——	——	——	——	——	——
河北	——	——	——	——	——	——	——
山西	——	——	——	——	——	——	——
内蒙古	89	111	36	22	3	——	——
辽宁	——	——	——	——	——	——	——
吉林	——	——	——	——	——	——	——
黑龙江	——	——	——	——	——	——	——
上海	424	1084	974	660	100	4	——
江苏	1857	2502	1580	646	127	——	——
浙江	8492	9387	8532	896	67	3	——
安徽	130	153	41	24	9	——	——
福建	1816	1991	1397	520	150	21	2
江西	——	——	——	——	——	——	——
山东	146	301	284	154	86	7	——
河南	120	201	77	81	11	185	185
湖北	1376	1769	1565	392	20	85	——
湖南	81	81	75	11	3	——	——
广东	733	811	708	78	32	12	10
广西	——	——	——	——	——	——	——
海南	110	100	90	3	1	——	——
重庆	——	——	——	——	——	——	——
四川	13	16	11	3	——	——	——
贵州	——	——	——	——	——	——	——
云南	——	——	——	——	——	——	——
西藏	——	——	——	——	——	——	——
陕西	——	——	——	——	——	——	——
甘肃	——	——	——	——	——	——	——
青海	——	——	——	——	——	——	——
宁夏	——	——	——	——	——	——	——
新疆	——	——	——	——	——	——	——

4—40 各地区其他企业负债及所有者权益

单位:万元

地区	负债合计	流动负债小计	长期负债小计	所有者权益合计	#实收资本
全国总计	**148736**	**143778**	**4959**	**53374**	**37608**
北京	106062	105715	348	15954	10768
天津	——	——	——	——	——
河北	——	——	——	——	——
山西	——	——	——	——	——
内蒙古	368	298	70	111	9
辽宁	——	——	——	——	——
吉林	——	——	——	——	——
黑龙江	——	——	——	——	——
上海	3351	3048	303	3330	2700
江苏	15044	14826	219	1542	1528
浙江	13336	9317	4019	21112	13382
安徽	284	284	——	300	300
福建	7465	7465	——	4640	4178
江西	——	——	——	——	——
山东	380	380	——	305	297
河南	1098	1098	——	88	82
湖北	——	——	——	3257	1616
湖南	50	50	——	105	100
广东	977	977	——	1590	1598
广西	——	——	——	——	——
海南	283	283	——	1000	1000
重庆	——	——	——	——	——
四川	37	37	——	40	50
贵州	——	——	——	——	——
云南	——	——	——	——	——
西藏	——	——	——	——	——
陕西	——	——	——	——	——
甘肃	——	——	——	——	——
青海	——	——	——	——	——
宁夏	——	——	——	——	——
新疆	——	——	——	——	——

4—41 各地区其他企业工程结算收入及工程结算利润

单位:万元

地区	工程结算收入	工程结算成本	工程结算税金及附加	工程结算利润	管理费用	#税金	#财产保险费	#劳动、待业保险费
全国总计	**130209**	**109270**	**4414**	**16525**	**8393**	**174**	**24**	**983**
北京	53309	45747	1720	5843	4828	60	23	907
天津	——	——	——	——	——	——	——	——
河北	——	——	——	——	——	——	——	——
山西	——	——	——	——	——	——	——	——
内蒙古	990	935	27	28	17	——	——	——
辽宁	——	——	——	——	——	——	——	——
吉林	——	——	——	——	——	——	——	——
黑龙江	——	——	——	——	——	——	——	——
上海	7367	6176	243	948	493	19	——	26
江苏	20012	17344	1101	1567	1201	56	——	38
浙江	34219	27032	813	6373	630	14	——	1
安徽	624	553	21	50	3	——	——	——
福建	6328	5613	236	479	408	16	——	7
江西	——	——	——	——	——	——	——	——
山东	527	395	17	114	82	——	1	1
河南	702	553	23	126	59	1	——	——
湖北	3846	3077	115	654	365	5	——	——
湖南	374	319	13	42	38	1	——	2
广东	1580	1250	73	256	234	2	1	1
广西	——	——	——	——	——	——	——	——
海南	108	92	4	12	32	——	——	——
重庆	——	——	——	——	——	——	——	——
四川	225	184	8	33	4	——	——	——
贵州	——	——	——	——	——	——	——	——
云南	——	——	——	——	——	——	——	——
西藏	——	——	——	——	——	——	——	——
陕西	——	——	——	——	——	——	——	——
甘肃	——	——	——	——	——	——	——	——
青海	——	——	——	——	——	——	——	——
宁夏	——	——	——	——	——	——	——	——
新疆	——	——	——	——	——	——	——	——

4—42 各地区其他企业利润及税金总额

单位:万元

地区	利润总额	#应交所得税	税金总额	工程结算税金及附加	管理费用中的税金
全国总计	**8978**	**3335**	**4588**	**4414**	**174**
北京	1040	817	1779	1720	60
天津	——	——	——	——	——
河北	——	——	——	——	——
山西	——	——	——	——	——
内蒙古	1	——	27	27	——
辽宁	——	——	——	——	——
吉林	——	——	——	——	——
黑龙江	——	——	——	——	——
上海	519	35	262	243	19
江苏	32	10	1157	1101	56
浙江	7246	2365	827	813	14
安徽	8	2	21	21	——
福建	61	66	252	236	16
江西	——	——	——	——	——
山东	29	10	18	17	——
河南	56	19	24	23	1
湖北	——	——	121	115	5
湖南	——	——	14	13	1
广东	−8	9	75	73	2
广西	——	——	——	——	——
海南	−19	——	4	4	——
重庆	——	——	——	——	——
四川	12	2	8	8	——
贵州	——	——	——	——	——
云南	——	——	——	——	——
西藏	——	——	——	——	——
陕西	——	——	——	——	——
甘肃	——	——	——	——	——
青海	——	——	——	——	——
宁夏	——	——	——	——	——
新疆	——	——	——	——	——

4—43 各地区其他企业主要效益指标

单位:万元

地　　区	产值利润率(%)	产值利税率(%)	资本利润率(%)	资本利税率(%)	人均利润(元/人)	人均利税(元/人)	资产负债率(%)
全国总计	**4.9**	**7.4**	**23.9**	**36.1**	**7111**	**10746**	**73.6**
北　京	1.1	3.1	9.7	26.2	2189	5933	86.9
天　津	——	——	——	——	——	——	——
河　北	——	——	——	——	——	——	——
山　西	——	——	——	——	——	——	——
内蒙古	0.1	2.3	10.6	297.9	250	7000	76.8
辽　宁	——	——	——	——	——	——	——
吉　林	——	——	——	——	——	——	——
黑龙江	——	——	——	——	——	——	——
上　海	5.6	8.4	19.2	28.9	6268	9432	50.2
江　苏	0.1	5.0	2.1	77.8	177	6604	90.7
浙　江	20.8	23.2	54.1	60.3	82057	91420	38.7
安　徽	0.6	2.2	2.8	9.7	153	527	48.7
福　建	0.5	2.6	1.5	7.5	476	2435	61.7
江　西	——	——	——	——	——	——	——
山　东	5.6	8.9	9.9	15.8	3769	6026	55.5
河　南	8.9	12.7	68.8	98.2	1281	1826	92.6
湖　北	——	2.5	——	7.5	——	1006	——
湖　南	——	2.6	——	14.5	——	452	32.2
广　东	—0.3	2.9	—0.5	4.2	—301	2711	38.1
广　西	——	——	——	——	——	——	——
海　南	—17.6	—14.3	—1.9	—1.5	—9500	—7700	22.1
重　庆	——	——	——	——	——	——	——
四　川	5.4	9.1	24.4	40.8	678	1133	48.4
贵　州	——	——	——	——	——	——	——
云　南	——	——	——	——	——	——	——
西　藏	——	——	——	——	——	——	——
陕　西	——	——	——	——	——	——	——
甘　肃	——	——	——	——	——	——	——
青　海	——	——	——	——	——	——	——
宁　夏	——	——	——	——	——	——	——
新　疆	——	——	——	——	——	——	——

4—44 各地区其他建筑企业亏损情况

地区	企业个数(个)	#亏损企业个数	亏损金额（万元）	亏损面（%）
全国总计	**45**	**16**	**1530**	**35.6**
北京	10	4	1316	40.0
天津	——	——	——	
河北	——	——	——	
山西	——	——	——	
内蒙古	1	——	——	
辽宁	——	——	——	
吉林	——	——	——	
黑龙江	——	——	——	
上海	7	2	46	28.6
江苏	1	——	——	
浙江	8	3	26	37.5
安徽	1	——	——	
福建	6	3	63	50.0
江西	——	——	——	
山东	1	——	——	
河南	1	——	——	
湖北	1	——	——	
湖南	1	——	——	
广东	5	3	61	60.0
广西	——	——	——	
海南	1	1	19 100.0	
重庆	——	——	——	
四川	1	——	——	
贵州	——	——	——	
云南	——	——	——	
西藏	——	——	——	
陕西	——	——	——	
甘肃	——	——	——	
青海	——	——	——	
宁夏	——	——	——	
新疆	——	——	——	

4—45 各地区其他企业建筑材料消耗情况

地　区	一、价值量				二、实物量		
	材料费用合计(万元)	钢　材	木　材	水　泥	钢　材(万吨)	木材(万立方米)	水　泥(万吨)
全国总计	**63174**	**17974**	**3274**	**7134**	**6.61**	**3.00**	**21.40**
北　京	25030	4666	1226	745	1.56	1.03	2.40
天　津	——	——	——	——	——	——	——
河　北	——	——	——	——	——	——	——
山　西	——	——	——	——	——	——	——
内蒙古	800	36	9	36	0.01	0.01	0.11
辽　宁	——	——	——	——	——	——	——
吉　林	——	——	——	——	——	——	——
黑龙江	——	——	——	——	——	——	——
上　海	2655	303	48	112	0.11	0.04	0.37
江　苏	18564	7119	1079	3540	2.54	0.83	9.32
浙　江	9357	3142	227	942	1.38	0.23	3.09
安　徽	476	267	73	136	0.10	0.07	0.40
福　建	3445	1925	472	916	0.70	0.54	2.71
江　西	——	——	——	——	——	——	——
山　东	300	15	——	246	0.01	——	1.20
河　南	391	61	9	33	0.02	0.01	0.16
湖　北	600	300	64	216	0.12	0.08	0.90
湖　南	294	58	35	79	0.02	0.09	0.30
广　东	1094	48	7	86	0.02	0.02	0.30
广　西	——	——	——	——	——	——	——
海　南	30	15	10	4	0.01	0.02	0.02
重　庆	——	——	——	——	——	——	——
四　川	140	20	17	43	0.01	0.01	0.12
贵　州	——	——	——	——	——	——	——
云　南	——	——	——	——	——	——	——
西　藏	——	——	——	——	——	——	——
陕　西	——	——	——	——	——	——	——
甘　肃	——	——	——	——	——	——	——
青　海	——	——	——	——	——	——	——
宁　夏	——	——	——	——	——	——	——
新　疆	——	——	——	——	——	——	——

五

资质等级一级、二级、三级和四级建筑业企业

5—1 各地区一级企业建筑业总产值和竣工产值

单位:万元

地　　区	建筑业总产值	建筑工程产值	安装工程产值	房屋构筑物修理产值	非标准设备制造产值	竣工产值
全国总计	**54769470**	**47511755**	**6557064**	**383675**	**316976**	**37514210**
北　京	4850485	4498667	303002	45671	3144	3151367
天　津	1649250	1402115	219380	6457	21298	1210700
河　北	2162726	1785093	349575	10510	17548	1532548
山　西	1831899	1637248	188451	3360	2840	1144304
内蒙古	358777	282772	57958	16072	1974	260416
辽　宁	2661254	2226279	382812	34579	17583	1783143
吉　林	1233393	982492	242738	6094	2068	741985
黑龙江	1178557	876605	270102	6376	25475	938545
上　海	3494250	2941287	511593	33469	7901	2174854
江　苏	5414439	4762813	585468	38596	27561	3785181
浙　江	5410278	4733513	601309	38689	36766	3246501
安　徽	1093747	957743	128526	5934	1544	973203
福　建	939962	842028	93654	16	4264	639778
江　西	454692	383979	65002	1946	3763	252234
山　东	2983172	2417144	512153	37635	16240	2271919
河　南	1817369	1444441	348559	8683	15686	1046028
湖　北	2218240	1998780	188317	17583	13560	1414856
湖　南	1301632	1137900	139338	4114	20281	923895
广　东	4183472	3673099	478023	24716	7634	3200063
广　西	621408	544488	64524	1572	10823	644857
海　南	156840	139570	17270	——	——	76307
重　庆	703932	674222	26330	1176	2203	402196
四　川	2421714	2182583	216987	6374	15770	1739833
贵　州	580965	531753	48185	152	875	322234
云　南	1306364	1196328	104274	2291	3471	891131
西　藏	66872	66872	——	——	——	46895
陕　西	1661125	1528383	116552	2368	13822	1063221
甘　肃	548230	407366	136390	1149	3325	450242
青　海	242912	201626	36185	176	4926	95818
宁　夏	190036	167148	22863	——	25	122877
新　疆	1031480	887418	101542	27916	14604	967080

5—2 各地区一级企业单位工程个数及工程质量

地区	单位工程施工个数（个）	#本年新开工个数	#投标承包个数	#本年新开工	单位工程竣工个数（个）	#优良品	工程质量优良品率（%）	投标承包个数占单位工程施工个数的比重（%）
全国总计	**256369**	**103062**	**117924**	**66957**	**171123**	**55473**	**32.4**	**46.0**
北京	9072	5128	5952	3398	3901	1906	48.9	65.6
天津	4993	3066	2831	1745	2924	1753	60.0	56.7
河北	9648	5478	6976	4159	4587	2633	57.4	72.3
山西	9788	5025	7040	2987	4569	3508	76.8	71.9
内蒙古	1999	1026	696	523	1074	753	70.1	34.8
辽宁	8798	5287	5873	3605	4586	2439	53.2	66.8
吉林	4962	2927	4097	2375	2241	1617	72.2	82.6
黑龙江	3075	2253	1479	1011	2071	1175	56.7	48.1
上海	9000	5512	5040	2960	4487	3200	71.3	56.0
江苏	89656	8605	10281	6592	83844	4622	5.5	11.5
浙江	10758	6237	8979	5138	5276	2666	50.5	83.5
安徽	8453	4842	5524	3410	4594	2476	53.9	65.3
福建	3396	1646	2148	1214	1669	897	53.7	63.3
江西	2617	1304	2167	1177	1449	884	61.0	82.8
山东	14942	10939	7237	4508	10509	5398	51.4	48.4
河南	7692	4456	5728	3452	3955	2915	73.7	74.5
湖北	10350	5014	5236	2883	5200	3420	65.8	50.6
湖南	4127	2202	3095	1802	2159	1279	59.2	75.0
广东	9611	4952	5249	2525	4635	2560	55.2	54.6
广西	3157	1281	1635	745	1527	949	62.1	51.8
海南	331	174	261	151	134	71	53.0	78.9
重庆	1676	871	1127	639	728	351	48.2	67.2
四川	9707	5496	6465	3300	5501	2778	50.5	66.6
贵州	1598	693	1002	464	621	334	53.8	62.7
云南	4153	2043	2660	1377	2288	1192	52.1	64.1
西藏	36	17	9	3	19	9	47.4	25.0
陕西	6234	2860	4827	2332	2599	1938	74.6	77.4
甘肃	2223	1101	1254	618	1213	451	37.2	56.4
青海	723	436	705	424	435	286	65.7	97.5
宁夏	714	431	542	303	396	165	41.7	75.9
新疆	2880	1760	1809	1137	1932	848	43.9	62.8

5—3　各地区一级企业房屋建筑面积和工程质量

地　　区	房屋建筑施工面积(万平方米)	#本年新开工面积	#投标承包面积	#本年新开工	房屋建筑竣工面积(万平方米)	#优良品	房屋建筑面积优良品率(%)	投标承包面积占房屋建筑施工面积的比重(%)
全国总计	**53795.5**	**23754.1**	**43077.6**	**20453.6**	**20316.2**	**13163.1**	**64.8**	**80.1**
北　　京	5169.2	2011.8	4602.7	1877.1	1782.3	1270.5	71.3	89.0
天　　津	1371.2	553.2	879.3	494.3	525.9	292.1	55.5	64.1
河　　北	1512.1	678.0	1363.0	633.0	634.7	482.3	76.0	90.1
山　　西	906.4	354.5	670.3	283.8	303.2	161.0	53.1	74.0
内 蒙 古	268.9	151.7	139.7	86.9	104.4	56.8	54.4	51.9
辽　　宁	2281.3	1209.9	2063.8	1139.1	937.8	565.4	60.3	90.5
吉　　林	878.7	384.1	600.0	347.8	454.5	253.2	55.7	68.3
黑 龙 江	792.3	420.6	664.7	358.1	373.7	241.6	64.6	83.9
上　　海	2368.2	862.0	2143.1	814.5	643.1	447.3	69.6	90.5
江　　苏	7399.5	3883.1	6011.3	3258.7	3425.4	2299.2	67.1	81.2
浙　　江	6152.6	3344.0	5386.4	3032.2	2072.0	1308.2	63.1	87.5
安　　徽	825.3	307.0	559.6	263.5	385.4	217.6	56.5	67.8
福　　建	1079.7	511.8	866.2	404.0	419.6	160.8	38.3	80.2
江　　西	524.6	244.7	440.9	230.1	199.6	127.1	63.7	84.1
山　　东	2663.7	1326.9	2442.1	1232.0	1041.5	762.6	73.2	91.7
河　　南	1710.9	746.0	1505.6	719.2	624.0	392.0	62.8	88.0
湖　　北	2007.8	691.8	1697.5	628.9	514.5	364.9	70.9	84.5
湖　　南	1123.3	445.3	842.8	343.7	451.9	330.3	73.1	75.0
广　　东	6441.5	2299.9	3833.3	1483.6	2029.9	1413.2	69.6	59.5
广　　西	677.9	229.1	451.2	188.5	285.5	147.9	51.8	66.6
海　　南	162.1	68.8	133.7	62.0	54.2	32.7	60.4	82.5
重　　庆	1169.9	522.1	931.4	443.9	412.9	250.3	60.6	79.6
四　　川	2140.4	920.5	1719.1	870.4	849.3	488.1	57.5	80.3
贵　　州	588.3	202.5	507.4	187.5	209.1	99.7	47.7	86.2
云　　南	1124.9	334.7	771.3	263.2	582.5	391.4	67.2	68.6
西　　藏	2.7	1.0	——	——	2.0	0.2	12.2	——
陕　　西	842.2	308.9	682.2	290.2	315.1	219.2	69.6	81.0
甘　　肃	751.2	274.0	517.1	177.1	267.5	144.6	54.1	68.8
青　　海	104.8	50.6	103.0	50.2	49.7	29.1	58.6	98.3
宁　　夏	136.4	65.3	127.7	62.7	64.6	39.8	61.6	93.6
新　　疆	617.4	350.3	421.3	227.0	300.3	173.7	57.8	68.2

5—4 各地区一级企业按主要用途分的房屋建筑竣工面积

单位:万平方米

地区	合计	厂房	住宅	办公用房	商业、居民服务业用房	文化教育用房	医疗用房	科研用房	其他用房
全国总计	**20316.2**	**1903.2**	**11415.7**	**2022.9**	**2055.5**	**1280.7**	**277.8**	**139.6**	**1220.8**
北京	1782.3	67.3	1169.0	201.7	120.1	81.5	9.2	14.0	119.6
天津	525.9	34.6	311.4	18.6	35.9	27.6	4.8	2.3	90.7
河北	634.7	54.7	383.7	64.7	49.1	32.3	8.0	2.2	40.1
山西	303.2	42.6	170.9	43.8	13.1	15.7	4.6	0.2	12.4
内蒙古	104.4	7.7	59.2	11.5	14.2	3.3	0.3	——	8.2
辽宁	937.8	81.0	579.7	56.1	114.9	51.2	9.7	16.6	28.5
吉林	454.5	37.5	346.0	10.7	20.8	10.8	3.0	0.3	25.4
黑龙江	373.7	44.6	204.7	16.8	22.2	43.8	5.6	12.5	23.4
上海	643.1	78.6	264.2	99.8	62.8	80.2	12.2	3.1	42.2
江苏	3425.4	354.3	1816.5	349.4	403.1	221.3	58.8	26.3	195.8
浙江	2072.0	214.7	1072.8	232.7	213.9	178.6	34.9	15.1	109.4
安徽	385.4	70.6	193.8	40.5	26.9	29.8	7.0	——	16.8
福建	419.6	44.5	210.6	35.2	85.3	26.0	4.2	0.8	13.1
江西	199.6	13.9	99.3	13.6	37.5	12.0	8.3	0.4	14.6
山东	1041.5	116.5	503.7	122.3	111.1	95.7	24.8	6.0	61.4
河南	624.0	63.2	360.5	72.0	30.7	47.1	10.4	3.8	36.3
湖北	514.5	58.0	280.6	59.0	45.4	32.6	8.3	4.0	26.6
湖南	451.9	34.3	225.1	60.8	47.4	26.7	8.7	3.4	45.5
广东	2029.9	215.4	1224.4	165.9	193.8	99.1	13.6	10.6	107.1
广西	285.5	31.9	162.4	38.0	24.0	13.2	4.2	0.7	11.0
海南	54.2	4.3	33.0	1.2	2.8	0.7	3.3	——	9.0
重庆	412.9	18.0	240.4	34.3	67.9	21.5	5.4	1.2	24.0
四川	849.3	84.4	438.6	97.1	120.6	39.7	8.3	9.4	51.3
贵州	209.1	32.1	118.3	13.4	29.2	3.7	0.1	——	12.3
云南	582.5	26.7	339.6	75.4	60.7	29.1	7.4	0.6	42.9
西藏	2.0	1.0	0.8	——	——	——	——	——	0.2
陕西	315.1	24.7	177.3	33.0	28.7	25.1	4.1	2.8	19.4
甘肃	267.5	12.2	179.4	13.9	31.8	11.1	0.9	1.2	17.1
青海	49.7	1.4	31.1	6.8	7.4	0.7	——	1.0	1.2
宁夏	64.6	9.5	33.3	8.5	3.9	2.7	3.0	0.2	3.7
新疆	300.3	23.1	185.4	26.2	30.2	17.9	4.7	0.8	11.9

5—5 各地区一级企业各种用途的房屋建筑竣工面积占全部的比重

单位:%

地区	厂房	住宅	办公用房	商业、居民服务业用房	文化教育用房	医疗用房	科研用房	其他用房
全国总计	**9.4**	**56.2**	**10.0**	**10.1**	**6.3**	**1.4**	**0.7**	**6.0**
北京	3.8	65.6	11.3	6.7	4.6	0.5	0.8	6.7
天津	6.6	59.2	3.5	6.8	5.2	0.9	0.4	17.3
河北	8.6	60.4	10.2	7.7	5.1	1.3	0.3	6.3
山西	14.0	56.4	14.4	4.3	5.2	1.5	0.1	4.1
内蒙古	7.4	56.8	11.0	13.6	3.1	0.3	——	7.8
辽宁	8.6	61.8	6.0	12.3	5.5	1.0	1.8	3.0
吉林	8.2	76.1	2.3	4.6	2.4	0.7	0.1	5.6
黑龙江	11.9	54.8	4.5	6.0	11.7	1.5	3.3	6.3
上海	12.2	41.1	15.5	9.8	12.5	1.9	0.5	6.6
江苏	10.3	53.0	10.2	11.8	6.5	1.7	0.8	5.7
浙江	10.4	51.8	11.2	10.3	8.6	1.7	0.7	5.3
安徽	18.3	50.3	10.5	7.0	7.7	1.8	——	4.4
福建	10.6	50.2	8.4	20.3	6.2	1.0	0.2	3.1
江西	7.0	49.8	6.8	18.8	6.0	4.2	0.2	7.3
山东	11.2	48.4	11.7	10.7	9.2	2.4	0.6	5.9
河南	10.1	57.8	11.5	4.9	7.5	1.7	0.6	5.8
湖北	11.3	54.5	11.5	8.8	6.3	1.6	0.8	5.2
湖南	7.6	49.8	13.5	10.5	5.9	1.9	0.8	10.1
广东	10.6	60.3	8.2	9.5	4.9	0.7	0.5	5.3
广西	11.2	56.9	13.3	8.4	4.6	1.5	0.2	3.9
海南	7.9	60.9	2.1	5.2	1.3	6.0	——	16.5
重庆	4.4	58.2	8.3	16.4	5.2	1.3	0.3	5.8
四川	9.9	51.6	11.4	14.2	4.7	1.0	1.1	6.0
贵州	15.3	56.6	6.4	14.0	1.8	0.1	——	5.9
云南	4.6	58.3	12.9	10.4	5.0	1.3	0.1	7.4
西藏	48.1	39.7	——	——	——	——	——	12.2
陕西	7.8	56.3	10.5	9.1	8.0	1.3	0.9	6.1
甘肃	4.5	67.1	5.2	11.9	4.1	0.4	0.4	6.4
青海	2.8	62.6	13.7	14.8	1.5	——	2.1	2.5
宁夏	14.7	51.5	13.1	6.0	4.2	4.6	0.3	5.7
新疆	7.7	61.7	8.7	10.1	6.0	1.6	0.3	4.0

5—6 各地区一级企业机械设备装备情况

地区	自有机械设备年末总台数(台)	自有机械设备年末总功率(万千瓦)	#施工机械功率	自有机械设备净值(净值)	技术装备率(元/人)	动力装备率(千瓦/人)
全国总计	**1439970**	**3434.5**	**2407.6**	**4879493**	**8744**	**6.2**
北京	79622	194.9	136.2	268878	8793	6.4
天津	30647	92.0	70.0	146461	13372	8.4
河北	70935	226.9	137.3	242905	10755	10.0
山西	39642	135.9	94.3	205689	10070	6.7
内蒙古	18013	40.2	25.9	51439	7776	6.1
辽宁	77857	245.6	158.8	281412	10048	8.8
吉林	32169	99.4	48.0	76659	7250	9.4
黑龙江	38136	113.9	76.3	171639	12226	8.1
上海	49252	122.6	93.7	196595	14623	9.1
江苏	163431	233.3	190.5	394802	7373	4.4
浙江	99358	140.5	104.7	296385	6006	2.8
安徽	43212	98.4	70.0	120875	8085	6.6
福建	21274	47.4	34.8	69784	7580	5.1
江西	15510	38.6	26.5	43085	6341	5.7
山东	68557	184.2	126.3	255792	7229	5.2
河南	70003	147.8	98.7	200471	8068	5.9
湖北	61433	170.0	128.5	334517	14652	7.4
湖南	56004	129.2	96.5	150708	7803	6.7
广东	161712	291.2	213.6	413489	9979	7.0
广西	20308	54.9	38.1	73445	7435	5.6
海南	4620	21.3	14.8	11360	6237	11.7
重庆	17995	37.8	28.3	61954	5941	3.6
四川	64262	164.8	120.5	244862	7435	5.0
贵州	16021	37.8	21.7	62985	8025	4.8
云南	30796	82.3	52.7	130649	8190	5.2
西藏	1597	6.8	1.1	5021	15052	20.5
陕西	34459	119.0	88.8	143608	8129	6.7
甘肃	20226	49.6	32.4	54608	6006	5.5
青海	10271	23.5	16.5	48281	17541	8.5
宁夏	6453	16.8	13.4	24142	11804	8.2
新疆	16195	68.0	48.7	96996	7835	5.5

5—7　各地区一级企业建筑业增加值及其构成

单位:万元

地　　区	建筑业增加值合计	本年提取固定资产折旧	应付工资总额	应付福利费总额
全国总计	**14383640**	**1089064**	**5839502**	**694625**
北　　京	1216927	71878	398795	43951
天　　津	412568	38538	136236	17292
河　　北	528397	47740	183904	27519
山　　西	488545	47218	147369	19798
内 蒙 古	114379	10980	38111	4824
辽　　宁	677496	61912	270269	32428
吉　　林	332352	19035	145163	18243
黑 龙 江	320812	24527	136277	17692
上　　海	744792	56148	250406	29221
江　　苏	1273154	70001	663355	78234
浙　　江	1206944	50080	636324	55090
安　　徽	310680	27668	108116	15491
福　　建	254642	14639	101010	14450
江　　西	130908	11128	52734	5712
山　　东	805710	54512	340141	39657
河　　南	498627	38855	202338	23845
湖　　北	661518	65260	208921	26489
湖　　南	364121	40587	157184	16672
广　　东	1190555	82201	501585	60891
广　　西	220004	16239	89732	11944
海　　南	30528	3376	11088	747
重　　庆	198193	14598	91399	8709
四　　川	752135	61972	301482	38756
贵　　州	166039	16358	65560	9770
云　　南	323999	30283	114720	14542
西　　藏	12876	2481	4851	——
陕　　西	379396	41258	132509	15271
甘　　肃	196989	12022	90169	11782
青　　海	90053	12572	25264	5345
宁　　夏	52969	3973	19157	1854
新　　疆	427332	41026	215332	28409

5—7 续表 单位:万元

地　区	工程结算税金及附加	工程结算利润	管理费用中的税金	管理费用中的劳动、待业保险费
全国总计	**1528646**	**4336164**	**91397**	**804241**
北　京	143579	492735	5904	60087
天　津	41141	143115	2433	33812
河　北	56495	175780	2769	34189
山　西	52991	173028	15913	32228
内蒙古	9427	37988	1348	11703
辽　宁	73650	193401	3856	41980
吉　林	32466	98623	844	17977
黑龙江	32581	93502	1257	14976
上　海	76244	278346	2608	51819
江　苏	123594	289424	5950	42596
浙　江	150469	286880	3622	24480
安　徽	31703	99643	2634	25425
福　建	48982	61629	1374	12558
江　西	13192	39983	390	7770
山　东	80027	247600	5336	38436
河　南	57669	133447	2061	40411
湖　北	65844	245480	4381	45142
湖　南	30932	96100	2000	20646
广　东	150585	338931	8084	48278
广　西	16642	67078	2721	15648
海　南	4997	9659	293	368
重　庆	19871	50861	774	11981
四　川	68484	221684	3488	56270
贵　州	17677	47097	753	8824
云　南	38170	92803	5590	27892
西　藏	43	5501	——	——
陕　西	41422	116056	2737	30143
甘　肃	15703	51544	547	15222
青　海	7262	30829	295	8487
宁　夏	4374	20507	638	2466
新　疆	22432	96908	796	22428

5—8 各地区一级企业建筑业劳动生产率

地　区	建筑业企业个数(个)	计算劳动生产率的平均人数(万人)	按总产值计算的劳动生产率(元/人)	按增加值计算的劳动生产率(元/人)	人均竣工产值(元/人)	人均施工面积(平方米/人)	人均竣工面积(平方米/人)
全国总计	**2421**	**593.90**	**92220**	**24219**	**67228**	**96.4**	**36.4**
北　京	169	43.80	110754	27787	103052	169.0	58.3
天　津	63	15.62	105616	26420	110538	125.2	48.0
河　北	104	24.01	90087	22010	67855	67.0	28.1
山　西	53	21.61	84786	22611	56024	44.4	14.8
内蒙古	32	6.37	56317	17954	39368	40.7	15.8
辽　宁	144	33.98	78327	19940	63667	81.5	33.5
吉　林	34	13.21	93356	25156	70176	83.1	43.0
黑龙江	84	17.69	66640	18140	66854	56.4	26.6
上　海	134	25.15	138913	29609	161770	176.2	47.8
江　苏	184	53.51	101189	23794	70688	138.2	64.0
浙　江	114	46.83	115523	25771	65784	124.7	42.0
安　徽	68	15.55	70328	19977	65093	55.2	25.8
福　建	54	9.24	101697	27550	69493	117.3	45.6
江　西	26	6.56	69303	19953	37123	77.2	29.4
山　东	114	36.98	80659	21785	64208	75.3	29.4
河　南	103	24.92	72920	20007	42098	68.9	25.1
湖　北	80	21.70	102245	30491	61972	87.9	22.5
湖　南	71	17.66	73709	20620	47836	58.2	23.4
广　东	337	41.19	101557	28902	77229	155.5	49.0
广　西	35	9.24	67281	23820	65281	68.6	28.9
海　南	49	1.88	83603	16273	41897	89.0	29.8
重　庆	46	10.56	66649	18765	38571	112.2	39.6
四　川	99	32.63	74215	23050	52826	65.0	25.8
贵　州	26	7.90	73575	21028	41056	75.0	26.6
云　南	54	14.52	89968	22314	55862	70.5	36.5
西　藏	2	0.43	156904	30210	140572	8.1	6.0
陕　西	56	17.13	96970	22148	60182	47.7	17.8
甘　肃	33	9.42	58221	20920	49522	82.6	29.4
青　海	12	3.27	74260	27530	34811	38.1	18.1
宁　夏	13	2.89	65800	18340	60081	66.7	31.6
新　疆	28	8.47	121754	50442	78114	49.9	24.3

5—9 各地区一级企业实收资本及资产构成

单位：万元

地　区	实收资本	资产合计	#流动资产小计	#存 货	#在建工程	长期投资
全国总计	**10995984**	**70760406**	**52067325**	**13082236**	**7749869**	**3426049**
北　京	1027286	7675747	5991697	1503011	610296	581588
天　津	378340	2159920	1569402	199942	81920	72770
河　北	452893	2901548	2110105	398283	183088	60492
山　西	379730	2357190	1682793	247945	125908	31326
内蒙古	100788	514256	364907	54544	20102	3043
辽　宁	663239	3229971	2304740	427472	206028	52385
吉　林	267581	1453540	976133	147702	54247	25124
黑龙江	288551	1662332	1267960	219198	40081	41568
上　海	860220	5222002	3571944	841628	574849	983800
江　苏	782455	6154291	5088670	2089493	1597958	146956
浙　江	619424	3217465	2406872	679252	490230	200768
安　徽	289819	1347103	975960	177550	81939	20242
福　建	192128	1041050	728459	136167	93124	44056
江　西	93673	662383	463614	183079	151065	24007
山　东	492979	3360247	2522332	366308	173741	64884
河　南	360436	1901271	1289351	266867	112712	23483
湖　北	361845	3037515	1960189	332688	152572	155493
湖　南	244128	1519396	1053398	289537	115540	47063
广　东	1002760	8928971	7190838	2575476	1817224	475038
广　西	124765	1189768	962963	339910	258070	18469
海　南	31524	227312	168215	47964	33467	4818
重　庆	148513	716666	533289	148890	77644	17040
四　川	456272	2604552	1788502	339416	166081	111655
贵　州	71096	806933	621527	128724	82554	21633
云　南	235454	1533241	1104874	289608	145784	49350
西　藏	14137	78058	44998	9371	——	1760
陕　西	246102	1817453	1313022	282168	128767	31415
甘　肃	101955	797759	590985	113933	53926	10140
青　海	53385	355766	237732	36011	14991	12817
宁　夏	49242	214769	129410	32025	16527	9024
新　疆	605265	2071933	1052446	178074	89434	83839

5—9续表 单位:万元

地区	固定资产小计	固定资产原价	#生产经营用	固定资产折旧	#本年折旧	无形及递延资产小计	#无形资产
全国总计	**12721002**	**19645337**	**14667282**	**7489007**	**1089064**	**1203880**	**1008852**
北京	841662	1309979	884210	483467	71878	58187	41396
天津	458406	739578	598740	346211	38538	26746	21845
河北	604591	947456	734960	372710	47740	75320	67132
山西	534191	782558	539513	273951	47218	53784	49094
内蒙古	132102	192137	155652	76485	10980	9239	8383
辽宁	727212	1178742	846932	458208	61912	98675	92043
吉林	377134	500432	349661	136468	19035	20291	17427
黑龙江	335025	508269	426213	175686	24527	10311	6382
上海	413481	804829	677439	406505	56148	176502	144454
江苏	803642	1217036	906841	436000	70001	59100	46226
浙江	518633	753552	612678	250734	50080	42107	32758
安徽	302443	489365	350416	190163	27668	19164	17925
福建	195859	289398	203363	95984	14639	22951	16870
江西	152260	219251	127219	74736	11128	8242	7051
山东	614579	969650	737583	375654	54512	100836	93841
河南	450286	674279	481373	248065	38855	96631	92612
湖北	780500	1200322	938709	447166	65260	43136	35669
湖南	371179	571521	454222	210807	40587	18639	16189
广东	1009118	1584069	1152271	619678	82201	134382	108700
广西	161905	271494	205283	115505	16239	10506	8782
海南	47961	63946	49598	22422	3376	1886	228
重庆	138638	219557	179170	83183	14598	18987	17638
四川	602109	949784	676862	359297	61972	36229	27895
贵州	142349	233324	169515	93354	16358	1033	155
云南	338840	503842	377540	169067	30283	12728	9274
西藏	29494	13662	13662	30594	2481	808	442
陕西	415570	645638	477838	249424	41258	9712	5016
甘肃	169216	251768	150496	85766	12022	14994	13218
青海	86433	134104	97430	49646	12572	1095	234
宁夏	67964	79709	53394	27018	3973	5316	5126
新疆	898222	1346088	1038499	525052	41026	16344	4846

5—10 各地区一级企业负债及所有者权益

单位:万元

地 区	负 债 合 计	流动负 债小计	长期负 债小计	所有者权 益合计	#实收资本
全国总计	**54450179**	**51627395**	**2822695**	**16310227**	**10995984**
北 京	6034651	5622995	411656	1641096	1027286
天 津	1657616	1571490	86125	502304	378340
河 北	2265591	2144610	120981	635957	452893
山 西	1683087	1615580	67507	674103	379730
内蒙古	382570	361928	20642	131686	100788
辽 宁	2399858	2310300	89558	830113	663239
吉 林	1124554	1108755	15798	328986	267581
黑龙江	1360576	1283312	77264	301756	288551
上 海	3557864	3409945	147919	1664138	860220
江 苏	5071396	4936298	135097	1082896	782455
浙 江	2280997	2184211	96786	936468	619424
安 徽	1058710	969863	88848	288393	289819
福 建	768367	733986	34381	272683	192128
江 西	520797	476141	44656	141586	93673
山 东	2704029	2540126	163903	656218	492979
河 南	1413887	1368511	45376	487384	360436
湖 北	2436077	2175410	260667	601438	361845
湖 南	1198779	1064367	134412	320617	244128
广 东	7087338	6803693	283645	1841633	1002760
广 西	988382	944584	43798	201386	124765
海 南	151588	139599	11989	75724	31524
重 庆	549976	515171	34805	166690	148513
四 川	1913410	1816125	97286	691141	456272
贵 州	693801	668719	25082	113132	71096
云 南	1250514	1165057	85457	282727	235454
西 藏	33787	33441	346	44271	14137
陕 西	1517704	1443040	74664	299749	246102
甘 肃	671344	641672	29672	126415	101955
青 海	295330	286343	8987	60437	53385
宁 夏	174504	144606	29809	40265	49242
新 疆	1203095	1147516	55579	868838	605265

5—11　各地区一级企业工程结算收入及工程结算利润

单位:万元

地　区	工程结算收入	工程结算成本	工程结算税金及附加	工程结算利润	管理费用	#税　金	#财产保险费	#劳动、待业保险费
全国总计	**51175602**	**45310791**	**1528646**	**4336164**	**3760344**	**91397**	**24291**	**804241**
北　京	4837381	4201067	143579	492735	411200	5904	1482	60087
天　津	1649866	1465610	41141	143115	128544	2433	1844	33812
河　北	2054645	1822370	56495	175780	150589	2769	1191	34189
山　西	1772110	1546091	52991	173028	168193	15913	478	32228
内蒙古	316430	269016	9427	37988	40877	1348	228	11703
辽　宁	2492698	2225647	73650	193401	184868	3856	806	41980
吉　林	1209098	1078008	32466	98623	91962	844	283	17977
黑龙江	1206836	1080753	32581	93502	93899	1257	572	14976
上　海	3179894	2825304	76244	278346	225928	2608	1261	51819
江　苏	4108382	3695363	123594	289424	236466	5950	1539	42596
浙　江	4400733	3963384	150469	286880	178592	3622	1828	24480
安　徽	1022821	891475	31703	99643	93708	2634	453	25425
福　建	935274	824663	48982	61629	53278	1374	176	12558
江　西	416154	362980	13192	39983	33162	390	304	7770
山　东	2781510	2453883	80027	247600	193942	5336	1333	38436
河　南	1704741	1513625	57669	133447	145046	2061	517	40411
湖　北	2178100	1866776	65844	245480	198296	4381	2314	45142
湖　南	1133278	1006245	30932	96100	90560	2000	758	20646
广　东	4541671	4052155	150585	338931	278460	8084	1311	48278
广　西	620690	536971	16642	67078	59677	2721	347	15648
海　南	137735	123079	4997	9659	6414	293	17	368
重　庆	627804	557072	19871	50861	38813	774	139	11981
四　川	2273856	1983688	68484	221684	191901	3488	1789	56270
贵　州	580998	516223	17677	47097	39110	753	1624	8824
云　南	1263034	1132062	38170	92803	84376	5590	359	27892
西　藏	24424	18880	43	5501	2789	——	——	——
陕　西	1485783	1328305	41422	116056	110745	2737	544	30143
甘　肃	546315	479067	15703	51544	51980	547	149	15222
青　海	230012	191921	7262	30829	27612	295	123	8487
宁　夏	179026	154144	4374	20507	11882	638	69	2466
新　疆	1264305	1144964	22432	96908	137477	796	454	22428

5—12 各地区一级企业利润及税金总额

单位:万元

地区	利润总额	#应交所得税	税金总额	工程结算税金及附加	管理费用中的税金
全国总计	**569481**	**247314**	**1620044**	**1528646**	**91397**
北京	105582	30961	149482	143579	5904
天津	20450	9216	43574	41141	2433
河北	12228	12430	59264	56495	2769
山西	−2024	2958	68904	52991	15913
内蒙古	−2950	365	10775	9427	1348
辽宁	3255	7913	77506	73650	3856
吉林	3821	3731	33310	32466	844
黑龙江	312	2968	33838	32581	1257
上海	126522	14687	78852	76244	2608
江苏	60306	17429	129545	123594	5950
浙江	103432	28270	154091	150469	3622
安徽	−3036	2504	34337	31703	2634
福建	6120	28099	50356	48982	1374
江西	296	1203	13582	13192	390
山东	42352	16655	85363	80027	5336
河南	−9226	3859	59730	57669	2061
湖北	10676	4638	70225	65844	4381
湖南	4966	2895	32932	30932	2000
广东	110826	22253	158669	150585	8084
广西	−602	3379	19363	16642	2721
海南	2937	563	5291	4997	293
重庆	5906	3763	20645	19871	774
四川	16005	11808	71971	68484	3488
贵州	2416	2278	18430	17677	753
云南	14345	7096	43759	38170	5590
西藏	1815	130	43	43	——
陕西	1316	2085	44159	41422	2737
甘肃	−9064	585	16250	15703	547
青海	−24	832	7557	7262	295
宁夏	7861	159	5012	4374	638
新疆	−67338	1602	23229	22432	796

5—13 各地区一级企业主要效益指标

地　区	产值利润率(%)	产值利税率(%)	资本利润率(%)	资本利税率(%)	人均利润(元/人)	人均利税(元/人)	资产负债率(%)
全国总计	**1.0**	**4.0**	**5.2**	**19.9**	**1021**	**3924**	**77.0**
北　京	2.2	5.3	10.3	24.8	3453	8341	78.6
天　津	1.2	3.9	5.4	16.9	1867	5845	76.7
河　北	0.6	3.3	2.7	15.8	541	3165	78.1
山　西	−0.1	3.7	−0.5	17.6	−99	3274	71.4
内蒙古	−0.8	2.2	−2.9	7.8	−446	1183	74.4
辽　宁	0.1	3.0	0.5	12.2	116	2884	74.3
吉　林	0.3	3.0	1.4	13.9	361	3512	77.4
黑龙江	——	2.9	0.1	11.8	22	2433	81.8
上　海	3.6	5.9	14.7	23.9	9411	15276	68.1
江　苏	1.1	3.5	7.7	24.3	1126	3545	82.4
浙　江	1.9	4.8	16.7	41.6	2096	5218	70.9
安　徽	−0.3	2.9	−1.0	10.8	−203	2094	78.6
福　建	0.7	6.0	3.2	29.4	665	6134	73.8
江　西	0.1	3.1	0.3	14.8	44	2043	78.6
山　东	1.4	4.3	8.6	25.9	1197	3609	80.5
河　南	−0.5	2.8	−2.6	14.0	−371	2033	74.4
湖　北	0.5	3.6	3.0	22.4	468	3544	80.2
湖　南	0.4	2.9	2.0	15.5	257	1962	78.9
广　东	2.6	6.4	11.1	26.9	2675	6504	79.4
广　西	−0.1	3.0	−0.5	15.0	−61	1899	83.1
海　南	1.9	5.2	9.3	26.1	1613	4518	66.7
重　庆	0.8	3.8	4.0	17.9	566	2546	76.7
四　川	0.7	3.6	3.5	19.3	486	2671	73.5
贵　州	0.4	3.6	3.4	29.3	308	2656	86.0
云　南	1.1	4.4	6.1	24.7	899	3642	81.6
西　藏	2.7	2.8	12.8	13.1	5441	5569	43.3
陕　西	0.1	2.7	0.5	18.5	75	2574	83.5
甘　肃	−1.7	1.3	−8.9	7.0	−997	790	84.2
青　海	——	3.1	——	14.1	−9	2736	83.0
宁　夏	4.1	6.8	16.0	26.1	3844	6295	81.3
新　疆	−6.5	−4.3	−11.1	−7.3	−5439	−3563	58.1

5—14 各地区一级建筑业企业亏损情况

地　　区	企业个数（个）	#亏损企业个数	亏损金额（万元）	亏损面（%）
全国总计	**2421**	**553**	**406786**	**22.8**
北　京	169	27	13174	16.0
天　津	63	19	10536	30.2
河　北	104	20	26299	19.2
山　西	53	20	14340	37.7
内蒙古	32	8	4860	25.0
辽　宁	144	42	28003	29.2
吉　林	34	11	12740	32.4
黑龙江	84	24	11145	28.6
上　海	134	22	12892	16.4
江　苏	184	26	8826	14.1
浙　江	114	3	2703	2.6
安　徽	68	25	16036	36.8
福　建	54	5	2318	9.3
江　西	26	9	4348	34.6
山　东	114	29	16547	25.4
河　南	103	30	23522	29.1
湖　北	80	28	16959	35.0
湖　南	71	18	11373	25.4
广　东	337	66	12330	19.6
广　西	35	7	10710	20.0
海　南	49	20	794	40.8
重　庆	46	10	6941	21.7
四　川	99	22	21914	22.2
贵　州	26	10	3947	38.5
云　南	54	10	8567	18.5
西　藏	2	——		——
陕　西	56	9	7659	16.1
甘　肃	33	17	11604	51.5
青　海	12	4	2819	33.3
宁　夏	13	4	2258	30.8
新　疆	28	8	80621	28.6

5—15 各地区一级企业建筑材料消耗情况

地区	一、价值量				二、实物量		
	材料费用合计(万元)	钢材	木材	水泥	钢材(万吨)	木材(万立方米)	水泥(万吨)
全国总计	**24397880**	**7325732**	**1036178**	**3666427**	**2709.40**	**1023.87**	**12025.33**
北京	1603339	567443	55920	159482	206.89	54.05	514.85
天津	420629	154310	9005	73254	53.36	7.07	213.17
河北	805714	268944	20796	126707	93.48	20.68	463.86
山西	876065	240665	39143	232317	79.08	38.83	919.13
内蒙古	151376	43739	3385	19273	16.13	3.14	58.90
辽宁	1213764	347886	61668	153625	135.23	57.72	492.41
吉林	739965	150640	15514	82290	53.80	18.05	249.55
黑龙江	570799	124371	16567	84214	41.55	22.31	211.41
上海	1004887	307739	29288	95690	118.56	21.57	305.08
江苏	2197132	675843	139961	378408	253.75	113.94	1368.23
浙江	3274547	944994	183263	584987	359.03	170.36	1905.17
安徽	491904	140842	18358	76774	52.81	15.45	229.36
福建	341865	109651	22056	66462	42.44	31.58	182.18
江西	149322	61089	7713	34133	23.58	11.68	109.35
山东	1161722	352018	44797	121186	126.56	38.31	481.45
河南	863052	280558	34239	107133	103.33	29.76	420.02
湖北	969352	324698	27755	131193	118.29	24.09	422.29
湖南	553744	184031	21198	69124	64.14	29.88	240.53
广东	2673839	600346	153968	326330	261.28	181.40	1002.33
广西	385298	129702	15264	61058	42.39	21.06	217.72
海南	44389	18975	4865	18236	9.30	6.36	60.20
重庆	343569	120904	12868	72141	44.68	12.51	235.40
四川	1320875	485797	47026	236026	187.59	44.15	622.49
贵州	165678	67565	4114	32684	24.91	4.17	104.29
云南	531790	164633	15350	124885	58.00	15.92	404.11
西藏	9794	1509	601	6440	0.38	1.09	9.30
陕西	621165	167701	18644	94318	60.53	17.36	294.24
甘肃	241178	73963	2937	24765	23.79	2.16	79.92
青海	93266	17768	2132	17328	6.82	1.50	44.74
宁夏	91719	27486	1480	13523	7.95	1.34	44.56
新疆	486142	169923	6303	42440	39.76	6.40	119.08

5—16　各地区二级企业建筑业总产值和竣工产值

单位:万元

地区	建筑业总产值	建筑工程产值	安装工程产值	房屋构筑物修理产值	非标准设备制造产值	竣工产值
全国总计	34729477	30315324	3615337	625501	173315	24766584
北　京	1401630	1194832	133877	72817	104	855824
天　津	419387	362779	48798	3559	4251	301842
河　北	1634186	1476512	145854	7759	4062	1210278
山　西	209493	181423	27054	854	161	139914
内蒙古	335948	315512	15539	4780	117	253774
辽　宁	1565395	1223421	279125	44172	18677	1184461
吉　林	440467	388884	49260	1507	815	319501
黑龙江	1221704	1004266	187718	26822	2899	1007791
上　海	1529694	1230218	207373	81094	11009	1101844
江　苏	4874415	4198893	556660	87342	31520	3616248
浙　江	5017960	4651396	297814	60408	8343	3419703
安　徽	910494	776100	109108	19564	5723	645082
福　建	806804	755986	44357	4496	1965	607629
江　西	199296	169749	26670	2829	48	157457
山　东	2513437	2040990	411330	34880	26237	1650377
河　南	760857	662192	72282	9586	16797	539289
湖　北	1022874	886039	100313	26570	9952	705578
湖　南	933707	850383	50769	25339	7216	654266
广　东	2540841	2251428	251660	34155	3597	1934778
广　西	400928	365227	30172	4972	556	291861
海　南	85718	80122	5536	60	——	56634
重　庆	1388677	1254627	109777	18124	6149	837784
四　川	2383145	2104366	246867	24842	7070	1662082
贵　州	189496	176551	11790	367	788	135473
云　南	582513	529040	42239	10404	830	447319
西　藏	34777	28804	4495	1478	——	26476
陕　西	276700	255710	18973	1288	729	196516
甘　肃	359767	314027	33044	9784	2913	285306
青　海	55042	40348	14469	225	——	49708
宁　夏	100902	79444	17627	3768	62	77007
新　疆	533221	466054	64787	1656	725	394781

5—17 各地区二级企业单位工程个数及工程质量

地区	单位工程施工个数（个）	#本年新开工个数	#投标承包个数	#本年新开工	单位工程竣工个数（个）	#优良品	工程质量优良品率（%）	投标承包个数占单位工程施工个数的比重（%）
全国总计	**172791**	**114820**	**87680**	**59270**	**114300**	**41846**	**36.6**	**50.7**
北京	5700	3883	1659	1105	3844	689	17.9	29.1
天津	3101	2239	1126	705	2167	573	26.4	36.3
河北	8371	5521	6106	4071	5484	2498	45.6	72.9
山西	1593	957	955	602	969	324	33.4	59.9
内蒙古	2147	1583	833	615	1653	1025	62.0	38.8
辽宁	8575	6826	3144	2176	6636	1721	25.9	36.7
吉林	2337	1732	830	629	1767	249	14.1	35.5
黑龙江	4536	3900	2202	1523	3884	1734	44.6	48.5
上海	6829	4692	2646	1791	3679	1266	34.4	38.7
江苏	20093	14923	11588	8390	14873	6106	41.1	57.7
浙江	15036	9671	10269	6675	8590	3330	38.8	68.3
安徽	8362	5573	3505	2282	5484	1723	31.4	41.9
福建	5565	3638	1962	1388	4107	760	18.5	35.3
江西	1405	811	850	521	777	350	45.0	60.5
山东	15769	10664	8208	5730	9877	4120	41.7	52.1
河南	5809	3824	3363	2157	3735	1581	42.3	57.9
湖北	6344	4159	3063	2165	4132	1340	32.4	48.3
湖南	4783	2743	2650	1530	2859	1339	46.8	55.4
广东	12019	5454	4410	2621	7312	2410	33.0	36.7
广西	3947	2229	1805	992	2399	873	36.4	45.7
海南	539	350	213	126	345	61	17.7	39.5
重庆	4852	3030	2713	1987	2905	989	34.0	55.9
四川	11787	7513	6386	4515	7708	3401	44.1	54.2
贵州	1403	771	725	446	854	201	23.5	51.7
云南	3656	2262	1698	1171	2566	1229	47.9	46.4
西藏	125	101	82	70	114	44	38.6	65.6
陕西	1605	939	1150	714	877	391	44.6	71.7
甘肃	2023	1349	1405	1031	1374	506	36.8	69.5
青海	428	327	185	125	326	174	53.4	43.2
宁夏	1020	851	282	191	866	120	13.9	27.6
新疆	3032	2305	1667	1226	2137	719	33.6	55.0

5—18　各地区二级企业房屋建筑面积和工程质量

地　　区	房屋建筑施工面积(万平方米)				房屋建筑竣工面积(万平方米)		房屋建筑面积优良品率(%)	投标承包面积占房屋建筑施工面积的比重(%)
		＃本年新开工面积	＃投标承包面积	＃本年新开工		＃优良品		
全国总计	**47609.2**	**26893.7**	**32421.4**	**20347.9**	**24781.9**	**11529.0**	**46.5**	**68.1**
北　　京	1276.4	624.0	849.5	488.8	508.2	173.4	34.1	66.6
天　　津	528.8	237.7	383.9	216.5	278.5	70.3	25.3	72.6
河　　北	2735.2	1614.5	2265.1	1414.7	1569.4	796.5	50.8	82.8
山　　西	383.2	189.3	306.2	156.7	218.6	104.4	47.7	79.9
内 蒙 古	505.8	298.7	288.0	190.2	303.2	207.1	68.3	56.9
辽　　宁	1618.1	1104.6	1250.0	809.8	896.7	442.0	49.3	77.3
吉　　林	371.3	294.9	299.2	221.7	238.6	72.1	30.2	80.6
黑 龙 江	1052.5	724.8	828.0	575.5	708.9	330.3	46.6	78.7
上　　海	1096.4	589.7	751.5	426.0	499.7	226.3	45.3	68.5
江　　苏	6592.0	4182.8	4652.0	3112.1	3805.4	2018.1	53.0	70.6
浙　　江	6038.9	3543.0	4563.4	2896.9	2777.5	1372.8	49.4	75.6
安　　徽	1698.6	959.7	1131.7	697.6	855.6	354.5	41.4	66.6
福　　建	1366.1	694.8	687.0	381.9	601.5	195.4	32.5	50.3
江　　西	457.6	223.5	319.9	169.0	242.0	114.0	47.1	69.9
山　　东	3746.6	2336.5	2673.3	1792.5	2022.8	988.5	48.9	71.4
河　　南	1334.7	701.5	1022.0	597.2	672.0	339.0	50.5	76.6
湖　　北	1573.0	867.0	936.8	608.8	892.5	312.1	35.0	59.6
湖　　南	1301.3	620.3	864.0	440.2	600.6	322.2	53.6	66.4
广　　东	4310.2	1850.5	1896.3	1008.1	1892.6	768.4	40.6	44.0
广　　西	635.1	288.2	431.8	237.4	306.0	137.0	44.8	68.0
海　　南	99.8	44.5	79.7	38.7	45.1	13.6	30.1	79.9
重　　庆	2187.1	1134.5	1332.6	830.1	1027.3	439.0	42.7	60.9
四　　川	3789.6	2182.6	2495.2	1740.1	2136.7	1004.4	47.0	65.8
贵　　州	456.0	182.2	275.7	139.5	214.0	61.5	28.7	60.5
云　　南	674.0	353.0	434.6	277.5	459.9	236.0	51.3	64.5
西　　藏	21.5	16.2	16.8	9.7	20.4	5.5	26.9	78.0
陕　　西	425.3	218.2	330.6	180.7	182.6	95.5	52.3	77.7
甘　　肃	571.9	314.3	465.3	281.8	373.9	140.4	37.5	81.4
青　　海	55.8	26.5	47.1	22.6	35.3	17.3	49.2	84.4
宁　　夏	94.5	60.1	70.9	48.5	52.4	21.7	41.4	75.0
新　　疆	612.2	415.7	473.3	337.1	344.1	149.8	43.5	77.3

5—19 各地区二级企业按主要用途分的房屋建筑竣工面积

单位:万平方米

地区	合计	厂房	住宅	办公用房	商业、居民服务业用房	文化教育用房	医疗用房	科研用房	其他用房
全国总计	**24781.9**	**2140.1**	**15613.6**	**2101.7**	**2154.0**	**1239.6**	**272.2**	**57.7**	**1203.2**
北京	508.2	21.8	357.3	32.6	27.3	15.1	4.9	3.3	45.9
天津	278.5	14.8	210.3	11.2	11.7	11.0	2.3	0.3	16.9
河北	1569.4	108.5	1033.3	141.9	123.7	85.8	17.5	3.1	55.5
山西	218.6	3.9	167.4	15.6	6.1	9.9	1.2	——	14.5
内蒙古	303.2	13.5	187.3	44.8	24.2	20.6	1.8	——	11.0
辽宁	896.7	50.6	642.3	60.7	87.5	30.4	2.6	0.4	22.2
吉林	238.6	17.0	191.6	5.3	7.4	4.8	1.2	——	11.3
黑龙江	708.9	35.3	525.2	38.1	57.3	26.8	8.0	0.8	17.4
上海	499.7	60.3	332.3	35.6	26.3	24.1	5.1	0.6	15.4
江苏	3805.4	387.0	2166.6	319.3	428.8	202.0	47.0	21.9	232.8
浙江	2777.5	468.4	1390.7	269.0	258.4	201.9	37.8	5.7	145.6
安徽	855.6	74.4	491.2	88.4	95.5	54.5	11.9	3.6	36.1
福建	601.5	44.9	387.2	58.6	60.4	27.0	3.1	1.3	19.0
江西	242.0	13.5	153.9	17.9	29.2	13.3	3.5	——	10.7
山东	2022.8	171.6	1304.4	147.5	164.1	98.1	26.0	3.2	108.1
河南	672.0	36.2	481.3	55.6	36.7	36.6	6.4	1.4	17.8
湖北	892.5	26.3	576.9	89.1	68.3	41.0	6.2	3.4	81.2
湖南	600.6	27.2	368.9	72.9	60.6	25.5	8.2	0.8	36.4
广东	1892.6	244.5	1203.7	126.7	142.1	81.5	11.3	0.3	82.4
广西	306.0	20.0	192.7	32.9	27.6	16.3	3.6	0.7	12.3
海南	45.1	0.8	32.1	1.7	6.4	1.8	——	0.2	2.3
重庆	1027.3	73.5	721.7	94.3	78.0	27.6	8.4	——	23.8
四川	2136.7	142.8	1404.4	167.4	196.7	95.2	26.2	4.3	99.7
贵州	214.0	10.6	149.2	21.1	11.0	9.2	3.2	——	9.7
云南	459.9	31.3	268.4	52.3	52.2	25.1	10.7	0.5	19.5
西藏	20.4	1.8	5.9	4.0	4.3	1.9	0.4	0.1	1.9
陕西	182.6	3.0	131.7	15.5	9.0	10.8	3.7	0.4	8.6
甘肃	373.9	22.3	245.4	35.0	25.6	16.2	3.3	——	26.2
青海	35.3	0.6	25.8	3.4	1.6	2.3	0.2	——	1.4
宁夏	52.4	2.6	33.1	3.7	4.9	5.3	0.6	——	2.3
新疆	344.1	11.2	231.4	39.4	21.2	18.0	5.7	1.4	15.7

5—20 各地区二级企业各种用途的房屋建筑竣工面积占全部的比重

单位:%

地区	厂房	住宅	办公用房	商业、居民服务业用房	文化教育用房	医疗用房	科研用房	其他用房
全国总计	**8.6**	**63.0**	**8.5**	**8.7**	**5.0**	**1.1**	**0.2**	**4.9**
北京	4.3	70.3	6.4	5.4	3.0	1.0	0.6	9.0
天津	5.3	75.5	4.0	4.2	3.9	0.8	0.1	6.1
河北	6.9	65.8	9.0	7.9	5.5	1.1	0.2	3.5
山西	1.8	76.6	7.1	2.8	4.5	0.6	——	6.6
内蒙古	4.4	61.8	14.8	8.0	6.8	0.6	——	3.6
辽宁	5.6	71.6	6.8	9.8	3.4	0.3	——	2.5
吉林	7.1	80.3	2.2	3.1	2.0	0.5	——	4.7
黑龙江	5.0	74.1	5.4	8.1	3.8	1.1	0.1	2.5
上海	12.1	66.5	7.1	5.3	4.8	1.0	0.1	3.1
江苏	10.2	56.9	8.4	11.3	5.3	1.2	0.6	6.1
浙江	16.9	50.1	9.7	9.3	7.3	1.4	0.2	5.2
安徽	8.7	57.4	10.3	11.2	6.4	1.4	0.4	4.2
福建	7.5	64.4	9.7	10.0	4.5	0.5	0.2	3.2
江西	5.6	63.6	7.4	12.1	5.5	1.4	——	4.4
山东	8.5	64.5	7.3	8.1	4.8	1.3	0.2	5.3
河南	5.4	71.6	8.3	5.5	5.4	0.9	0.2	2.6
湖北	2.9	64.6	10.0	7.7	4.6	0.7	0.4	9.1
湖南	4.5	61.4	12.1	10.1	4.2	1.4	0.1	6.1
广东	12.9	63.6	6.7	7.5	4.3	0.6	——	4.4
广西	6.5	63.0	10.7	9.0	5.3	1.2	0.2	4.0
海南	1.8	71.1	3.7	14.2	3.9	——	0.3	5.0
重庆	7.2	70.3	9.2	7.6	2.7	0.8	——	2.3
四川	6.7	65.7	7.8	9.2	4.5	1.2	0.2	4.7
贵州	5.0	69.7	9.9	5.1	4.3	1.5	——	4.5
云南	6.8	58.4	11.4	11.4	5.5	2.3	0.1	4.2
西藏	8.8	28.9	19.8	21.3	9.4	2.1	0.6	9.1
陕西	1.6	72.1	8.5	4.9	5.9	2.0	0.2	4.7
甘肃	6.0	65.6	9.4	6.9	4.3	0.9	——	7.0
青海	1.8	73.1	9.7	4.4	6.4	0.6	——	3.9
宁夏	5.0	63.3	7.0	9.3	10.1	1.1	——	4.3
新疆	3.3	67.3	11.4	6.2	5.2	1.7	0.4	4.6

5—21 各地区二级企业机械设备装备情况

地　　区	自有机械设备年末总台数(台)	自有机械设备年末总功率(万千瓦)	#施工机械功率	自有机械设备净值(万元)	技术装备率(元/人)	动力装备率(千瓦/人)
全国总计	**2038349**	**2795.6**	**2228.3**	**3807919**	**6305**	**4.6**
北　京	46991	86.7	69.5	106898	7867	6.4
天　津	21247	34.4	26.6	42476	8828	7.2
河　北	160793	211.2	180.8	182548	5458	6.3
山　西	17224	32.1	24.9	40394	6127	4.9
内蒙古	22269	38.8	34.2	33709	5239	6.0
辽　宁	73233	164.6	118.9	195855	7138	6.0
吉　林	14575	36.6	25.3	59293	11594	7.2
黑龙江	53838	132.4	105.9	183876	11267	8.1
上　海	45338	56.7	45.0	116886	11323	5.5
江　苏	236044	284.6	244.1	456277	6296	3.9
浙　江	234204	274.1	219.8	509294	7860	4.2
安　徽	73116	70.1	56.4	92606	4290	3.2
福　建	41626	60.9	51.4	113134	9237	5.0
江　西	11866	16.5	11.0	23837	5494	3.8
山　东	142998	185.0	140.3	204094	3830	3.5
河　南	82044	106.6	77.0	116143	5632	5.2
湖　北	84839	93.9	77.3	115624	5210	4.2
湖　南	72775	100.2	85.9	132246	6080	4.6
广　东	205189	270.1	206.4	325709	6483	5.4
广　西	38554	59.2	43.7	71996	7950	6.5
海　南	3616	11.1	9.7	14406	10280	7.9
重　庆	66241	88.9	74.2	145916	5413	3.3
四　川	143879	164.1	142.8	240602	4108	2.8
贵　州	11669	17.7	12.1	23928	4824	3.6
云　南	39474	63.5	50.0	89066	7638	5.4
西　藏	753	1.4	1.0	4377	10313	3.4
陕　西	23938	32.0	18.3	44609	7614	5.5
甘　肃	39904	44.4	36.3	53077	5931	5.0
青　海	3530	5.3	4.5	11411	7033	3.3
宁　夏	5071	11.6	8.0	15784	12255	9.0
新　疆	21511	41.0	27.2	41848	7431	7.3

5—22 各地区二级企业建筑业增加值及其构成

单位:万元

地区	建筑业增加值合计	本年提取固定资产折旧	应付工资总额	应付福利费总额
全国总计	**9037505**	**524943**	**4451972**	**440539**
北京	355702	21219	139116	15451
天津	103214	6862	36557	4055
河北	399332	23040	192997	16858
山西	57461	4172	25469	2683
内蒙古	104315	5838	49531	4201
辽宁	445144	29612	208434	22691
吉林	102207	7474	48052	5518
黑龙江	316383	20370	142142	18037
上海	349711	20970	147519	10527
江苏	1174277	63193	640941	65274
浙江	1310298	60719	725083	74949
安徽	223649	12726	112873	11809
福建	197008	11350	97233	7145
江西	53212	3497	26798	1776
山东	668856	35953	317566	35682
河南	218171	15280	102436	8266
湖北	274204	20175	120232	11748
湖南	244342	18236	118515	10418
广东	716410	39279	330348	31362
广西	117856	7902	56436	4053
海南	20451	1507	9365	505
重庆	346564	19731	187729	18059
四川	647550	34882	342957	33991
贵州	54578	2013	29870	2643
云南	147256	12722	66995	6902
西藏	9872	685	3393	188
陕西	72932	5041	32926	3254
甘肃	101426	5690	49541	3865
青海	22193	2350	9358	860
宁夏	34844	2689	16782	1540
新疆	148085	9766	64778	6230

5－22 续表 单位:万元

地　区	工程结算税金及附加	工程结算利润	管理费用中的税金	管理费用中的劳动、待业保险费
全国总计	**977326**	**2408216**	**60640**	**173868**
北　京	38506	131398	1252	8760
天　津	11735	35126	1575	7304
河　北	48305	106159	3248	8726
山　西	7251	15866	515	1505
内蒙古	10178	31978	988	1601
辽　宁	45193	127775	2522	8916
吉　林	11432	27039	678	2014
黑龙江	36940	93336	1403	4155
上　海	38793	123181	1421	7300
江　苏	114368	268193	5158	17151
浙　江	143718	280634	5835	19360
安　徽	25660	53547	1989	5045
福　建	28218	47922	1276	3864
江　西	4634	13460	500	2547
山　东	61928	200836	6025	10866
河　南	21640	62286	2414	5848
湖　北	29898	82741	4040	5370
湖　南	27364	63522	1560	4726
广　东	91912	207055	5691	10763
广　西	13350	31274	1002	3840
海　南	2554	5817	374	329
重　庆	34789	78740	1972	5544
四　川	65250	155552	4173	10746
贵　州	5486	12858	518	1189
云　南	17068	39452	881	3236
西　藏	1181	3778	92	556
陕　西	7306	22330	761	1313
甘　肃	12630	26860	1686	1155
青　海	1426	7275	318	605
宁　夏	2550	9954	236	1092
新　疆	16062	42271	536	8441

5—23 各地区二级企业建筑业劳动生产率

地区	建筑业企业个数（个）	计算劳动生产率的平均人数（万人）	按总产值计算的劳动生产率（元/人）	按增加值计算的劳动生产率（元/人）	人均竣工产值（元/人）	人均施工面积（平方米/人）	人均竣工面积（平方米/人）
全国总计	**8307**	**632.11**	**54942**	**14297**	**41006**	**78.8**	**41.0**
北京	397	18.31	76556	19428	62983	93.9	37.4
天津	102	6.29	66675	16409	62736	109.9	57.9
河北	410	37.79	43247	10568	36186	81.8	46.9
山西	78	5.56	37702	10341	21222	58.1	33.2
内蒙古	96	8.93	37639	11687	39444	78.6	47.1
辽宁	423	30.35	51577	14667	43169	59.0	32.7
吉林	87	7.01	62814	14576	62475	72.6	46.6
黑龙江	329	23.61	51739	13399	61750	64.5	43.4
上海	430	16.28	93962	21481	106738	106.2	48.4
江苏	771	71.49	68186	16426	49900	91.0	52.5
浙江	570	63.44	79093	20653	52776	93.2	42.9
安徽	240	21.56	42236	10375	29881	78.7	39.6
福建	314	11.77	68543	16737	49609	111.5	49.1
江西	59	4.46	44702	11935	36293	105.5	55.8
山东	670	59.06	42558	11325	30974	70.3	38.0
河南	297	20.69	36772	10544	26152	64.7	32.6
湖北	315	22.38	45704	12252	31791	70.9	40.2
湖南	253	20.97	44519	11650	30081	59.8	27.6
广东	613	44.21	57478	16206	38509	85.8	37.7
广西	152	8.86	45274	13309	32229	70.1	33.8
海南	62	1.48	57957	13828	40415	71.2	32.2
重庆	349	27.00	51439	12837	31078	81.1	38.1
四川	640	54.94	43378	11787	28379	64.7	36.5
贵州	88	4.79	39545	11390	27311	91.9	43.1
云南	178	10.36	56234	14216	38361	57.8	39.4
西藏	19	0.55	63741	18095	62385	50.8	48.1
陕西	98	6.88	40229	10603	33543	72.6	31.2
甘肃	110	11.23	32025	9029	31884	63.9	41.8
青海	29	1.83	30066	12123	30637	34.4	21.7
宁夏	43	2.00	50426	17413	59793	73.4	40.6
新疆	85	8.05	66265	18403	70097	108.7	61.1

5－24　各地区二级企业实收资本及资产构成

单位:万元

地区	实收资本	资产合计	＃流动资产小计	＃存货	＃在建工程	长期投资
全国总计	**10435476**	**39205316**	**28286924**	**10177781**	**6695810**	**1315471**
北京	426547	2007292	1652792	507274	215314	60085
天津	140533	603177	461691	117091	74998	18553
河北	500253	1351409	865711	203527	90805	32880
山西	68757	355355	261989	70650	39212	5082
内蒙古	114055	405177	274828	65757	33264	11764
辽宁	493784	1869033	1326144	294024	138666	46863
吉林	84223	395741	257244	33136	12752	3929
黑龙江	416975	1556565	1110489	230352	105204	28152
上海	552342	2269741	1852249	523629	319508	89401
江苏	1127056	4854536	3795932	1726616	1315354	122082
浙江	992055	3846432	2810214	1222602	918623	100760
安徽	241965	903489	643677	214584	140826	12299
福建	389986	1518508	1207401	636810	515970	45164
江西	66644	317916	231231	96861	60672	1282
山东	533132	2559906	1904073	708532	367902	61129
河南	263003	805335	499544	171960	105438	10746
湖北	391419	1103724	675151	232014	124988	26846
湖南	319929	885914	546582	190638	138736	17604
广东	850708	4609603	3677783	1411391	985461	167077
广西	752158	1364554	548665	247088	183162	292839
海南	39355	132865	88861	23696	12799	3529
重庆	364806	1075768	699449	326416	226462	17769
四川	683138	2072393	1358387	506247	311673	73582
贵州	47097	258393	188056	61386	44851	6290
云南	198762	610093	389396	126142	102843	22716
西藏	22649	65957	23681	5303	382	7564
陕西	84210	302285	206955	63138	35250	5557
甘肃	91355	330550	215770	50992	28380	4320
青海	27374	73382	30565	5155	792	845
宁夏	37489	172903	125493	48397	28779	5247
新疆	113716	527320	356921	56374	16744	13514

5-24 续表　　　　　　　　　　　　　　　　单位:万元

地　区	固定资产小计	固定资产原价	#生产经营用	固定资产折旧	#本年折旧	无形及递延资产小计	#无形资产
全国总计	**8423621**	**11394864**	**8873009**	**3320572**	**524943**	**600804**	**459149**
北　京	228913	337888	261811	111463	21219	23230	11332
天　津	98402	148654	123204	53444	6862	11048	10590
河　北	413358	530405	410284	137974	23040	21913	12867
山　西	79516	110164	82362	31295	4172	3874	3519
内蒙古	103823	139815	110274	39069	5838	11607	11525
辽　宁	447659	663444	546167	228065	29612	31627	28828
吉　林	118502	170811	95779	54329	7474	2922	1714
黑龙江	389663	502428	441040	116407	20370	15507	9432
上　海	261718	390402	305719	147379	20970	33614	17879
江　苏	842540	1199864	927044	397786	63193	42862	36044
浙　江	821535	1111029	938699	307860	60719	55992	44631
安　徽	216717	298062	226984	81345	12726	14419	11567
福　建	230656	297574	222511	76792	11350	15573	12128
江　西	73736	99294	64441	32495	3497	7506	6277
山　东	495074	734303	530746	254193	35953	55300	45519
河　南	268780	345792	257587	91109	15280	11177	9017
湖　北	341964	436898	328583	128078	20175	39454	31817
湖　南	288369	383834	289556	112017	18236	13064	9369
广　东	645517	886290	639622	270488	39279	64149	39888
广　西	504547	557572	477274	60627	7902	10874	9663
海　南	36175	43797	32096	9450	1507	1813	1514
重　庆	319058	420588	329867	116947	19731	20586	18376
四　川	537572	736278	583510	216342	34882	54159	46252
贵　州	60280	75991	61522	16912	2013	1061	627
云　南	178653	231355	183377	67912	12722	10683	9372
西　藏	33692	37114	15395	7018	685	10	——
陕　西	75224	102432	77824	28557	5041	7536	5500
甘　肃	98888	124737	102412	38568	5690	4608	4303
青　海	36338	46601	36992	10617	2350	3399	3335
宁　夏	41703	57362	43058	16064	2689	244	186
新　疆	135049	174086	127271	59971	9766	10993	6078

5—25 各地区二级企业负债及所有者权益

单位:万元

地　　区	负　债 合　计	流动负 债小计	长期负 债小计	所有者权 益合计	#实收资本
全国总计	**26332528**	**25052199**	**1280329**	**12872788**	**10435476**
北　　京	1474449	1444402	30048	532842	426547
天　　津	457689	448975	8714	145488	140533
河　　北	764524	731363	33161	586885	500253
山　　西	272640	255559	17082	82714	68757
内 蒙 古	258951	237328	21623	146226	114055
辽　　宁	1225475	1145692	79782	643558	493784
吉　　林	292516	286095	6421	103225	84223
黑 龙 江	1063332	1021725	41606	493234	416975
上　　海	1631304	1575965	55339	638437	552342
江　　苏	3472855	3385609	87246	1381680	1127056
浙　　江	2564730	2445009	119721	1281702	992055
安　　徽	639870	576546	63324	263619	241965
福　　建	1071279	1036775	34504	447229	389986
江　　西	232802	218302	14500	85114	66644
山　　东	1803324	1726357	76968	756582	533132
河　　南	466353	435972	30381	338982	263003
湖　　北	639047	582906	56141	464677	391419
湖　　南	475998	437361	38636	409916	319929
广　　东	3449202	3291476	157727	1160400	850708
广　　西	562028	500941	61086	802526	752158
海　　南	78662	74072	4591	54203	39355
重　　庆	628967	580460	48507	446801	364806
四　　川	1212050	1149157	62892	860343	683138
贵　　州	195510	180205	15305	62883	47097
云　　南	360687	333403	27284	249406	198762
西　　藏	23574	20291	3282	42384	22649
陕　　西	207476	186109	21367	94809	84210
甘　　肃	216983	203454	13528	113567	91355
青　　海	43926	42096	1830	29455	27374
宁　　夏	137176	134526	2650	35727	37489
新　　疆	409149	364070	45079	118171	113716

5—26 各地区二级企业工程结算收入及工程结算利润

地区	工程结算收入	工程结算成本	工程结算税金及附加	工程结算利润	管理费用	#税金	#财产保险费	#劳动、待业保险费
全国总计	**29136922**	**25751379**	**977326**	**2408216**	**1783244**	**60640**	**16092**	**173868**
北京	1282823	1112919	38506	131398	112113	1252	874	8760
天津	378464	331603	11735	35126	36111	1575	226	7304
河北	1451504	1297041	48305	106159	77563	3248	301	8726
山西	199840	176723	7251	15866	19261	515	34	1505
内蒙古	311106	268950	10178	31978	22954	988	94	1601
辽宁	1552956	1379988	45193	127775	103574	2522	625	8916
吉林	422579	384108	11432	27039	24971	678	82	2014
黑龙江	1174833	1044557	36940	93336	68536	1403	695	4155
上海	1452117	1290143	38793	123181	104997	1421	453	7300
江苏	3281109	2898548	114368	268193	201462	5158	849	17151
浙江	3882464	3458111	143718	280634	158726	5835	2395	19360
安徽	770087	690879	25660	53547	42745	1989	330	5045
福建	791742	715603	28218	47922	38920	1276	134	3864
江西	150588	132494	4634	13460	13635	500	34	2547
山东	1918536	1655772	61928	200836	127688	6025	1458	10866
河南	663206	579280	21640	62286	48337	2414	341	5848
湖北	847760	735120	29898	82741	67485	4040	652	5370
湖南	802774	711888	27364	63522	46024	1560	484	4726
广东	2579330	2280362	91912	207055	153682	5691	586	10763
广西	402300	357677	13350	31274	29344	1002	86	3840
海南	72511	64141	2554	5817	5657	374	26	329
重庆	1019798	906269	34789	78740	53942	1972	264	5544
四川	1807768	1586965	65250	155552	101051	4173	3376	10746
贵州	156766	138422	5486	12858	12064	518	56	1189
云南	537238	480718	17068	39452	29820	881	309	3236
西藏	32276	27316	1181	3778	2699	92	10	556
陕西	239433	209797	7306	22330	17214	761	197	1313
甘肃	310534	271044	12630	26860	15072	1686	696	1155
青海	51702	43001	1426	7275	4742	318	57	605
宁夏	82899	70395	2550	9954	7792	236	27	1092
新疆	509879	451546	16062	42271	35067	536	342	8441

5—27 各地区二级企业利润及税金总额

单位:万元

地区	利润总额	#应交所得税	税金总额	工程结算税金及附加	管理费用中的税金
全国总计	**578194**	**193780**	**1037966**	**977326**	**60640**
北京	25092	10522	39758	38506	1252
天津	—798	1946	13310	11735	1575
河北	26285	10187	51553	48305	3248
山西	—4002	435	7766	7251	515
内蒙古	5790	1921	11166	10178	988
辽宁	21866	8222	47715	45193	2522
吉林	1778	1536	12110	11432	678
黑龙江	21443	5475	38343	36940	1403
上海	33425	9006	40214	38793	1421
江苏	67132	20409	119525	114368	5158
浙江	114191	31385	149554	143718	5835
安徽	8418	4310	27649	25660	1989
福建	11178	4032	29494	28218	1276
江西	812	360	5134	4634	500
山东	68573	21050	67953	61928	6025
河南	13337	3975	24054	21640	2414
湖北	8392	4300	33938	29898	4040
湖南	13895	3727	28924	27364	1560
广东	46390	19564	97603	91912	5691
广西	360	1862	14352	13350	1002
海南	174	183	2928	2554	374
重庆	18701	5716	36761	34789	1972
四川	40928	13404	69423	65250	4173
贵州	—1299	190	6004	5486	518
云南	6611	3234	17949	17068	881
西藏	2264	178	1273	1181	92
陕西	4458	1292	8068	7306	761
甘肃	13202	2033	14316	12630	1686
青海	1579	254	1744	1426	318
宁夏	—758	648	2786	2550	236
新疆	8777	2424	16598	16062	536

5—28 各地区二级企业主要效益指标

地区	产值利润率(%)	产值利税率(%)	资本利润率(%)	资本利税率(%)	人均利润(元/人)	人均利税(元/人)	资产负债率(%)
全国总计	**1.7**	**4.7**	**5.5**	**15.5**	**957**	**2676**	**67.2**
北京	1.8	4.6	5.9	15.2	1847	4773	73.5
天津	−0.2	3.0	−0.6	8.9	−166	2601	75.9
河北	1.6	4.8	5.3	15.6	786	2327	56.6
山西	−1.9	1.8	−5.8	5.5	−607	571	76.7
内蒙古	1.7	5.0	5.1	14.9	900	2635	63.9
辽宁	1.4	4.4	4.4	14.1	797	2536	65.6
吉林	0.4	3.2	2.1	16.5	348	2716	73.9
黑龙江	1.8	4.9	5.1	14.3	1314	3663	68.3
上海	2.2	4.8	6.1	13.3	3238	7134	71.9
江苏	1.4	3.8	6.0	16.6	926	2576	71.5
浙江	2.3	5.3	11.5	26.6	1762	4070	66.7
安徽	0.9	4.0	3.5	14.9	390	1671	70.8
福建	1.4	5.0	2.9	10.4	913	3321	70.5
江西	0.4	3.0	1.2	8.9	187	1371	73.2
山东	2.7	5.4	12.9	25.6	1287	2562	70.4
河南	1.8	4.9	5.1	14.2	647	1813	57.9
湖北	0.8	4.1	2.1	10.8	378	1907	57.9
湖南	1.5	4.6	4.3	13.4	639	1969	53.7
广东	1.8	5.7	5.5	16.9	923	2866	74.8
广西	0.1	3.7	——	2.0	40	1625	41.2
海南	0.2	3.6	0.4	7.9	124	2213	59.2
重庆	1.3	4.0	5.1	15.2	694	2057	58.5
四川	1.7	4.6	6.0	16.2	699	1884	58.5
贵州	−0.7	2.5	−2.8	10.0	−262	948	75.7
云南	1.1	4.2	3.3	12.4	567	2106	59.1
西藏	6.5	10.2	10.0	15.6	5333	8332	35.7
陕西	1.6	4.5	5.3	14.9	761	2138	68.6
甘肃	3.7	7.6	14.5	30.1	1475	3075	65.6
青海	2.9	6.0	5.8	12.1	973	2049	59.9
宁夏	−0.8	2.0	−2.0	5.4	−589	1575	79.3
新疆	1.6	4.8	7.7	22.3	1558	4506	77.6

5—29　各地区二级建筑业企业亏损情况

地　　区	企业个数（个）	#亏损企业个数	亏损金额（万元）	亏损面（%）
全国总计	**8307**	**1844**	**179521**	**22.2**
北　京	397	120	11542	30.2
天　津	102	36	9631	35.3
河　北	410	70	7944	17.1
山　西	78	30	5637	38.5
内蒙古	96	15	1909	15.6
辽　宁	423	103	13581	24.3
吉　林	87	22	3218	25.3
黑龙江	329	78	6805	23.7
上　海	430	84	9216	19.5
江　苏	771	136	12967	17.6
浙　江	570	37	1739	6.5
安　徽	240	73	7750	30.4
福　建	314	68	2856	21.7
江　西	59	26	1837	44.1
山　东	670	136	6089	20.3
河　南	297	97	6092	32.7
湖　北	315	73	12178	23.2
湖　南	253	53	3592	20.9
广　东	613	142	18780	23.2
广　西	152	52	5935	34.2
海　南	62	27	1072	43.5
重　庆	349	66	3943	18.9
四　川	640	129	8612	20.2
贵　州	88	30	2612	34.1
云　南	178	41	4553	23.0
西　藏	19	——	——	
陕　西	98	25	1107	25.5
甘　肃	110	26	1014	23.6
青　海	297	384	24.1	
宁　夏	43	15	3704	34.9
新　疆	85	27	3224	31.8

5—30 各地区二级企业建筑材料消耗情况

地区	一、价值量				二、实物量		
	材料费用合计(万元)	钢材	木材	水泥	钢材(万吨)	木材(万立方米)	水泥(万吨)
全国总计	**16980620**	**4378364**	**1192086**	**2890177**	**1717.07**	**1173.60**	**9938.58**
北京	541961	137821	28166	54028	49.80	22.79	172.77
天津	163747	40782	7592	18834	15.37	6.29	63.30
河北	765023	194333	54905	121872	83.13	55.05	500.11
山西	74569	23854	4585	20347	9.12	4.58	81.57
内蒙古	223596	44042	17099	31673	17.53	17.73	105.65
辽宁	699264	183652	44583	97868	72.81	43.92	321.53
吉林	141192	41293	12358	27810	15.17	10.98	79.11
黑龙江	625925	117370	32948	100377	42.17	35.74	259.23
上海	573836	140073	32737	77544	53.87	22.02	239.25
江苏	2047767	586413	162380	385965	233.34	134.63	1408.15
浙江	2950134	767873	168470	562045	298.50	151.32	1924.34
安徽	470401	107422	39946	72681	41.29	35.35	267.23
福建	349247	130071	40620	77619	50.45	48.64	226.69
江西	71737	22718	6520	15054	8.58	9.72	47.99
山东	929570	255203	81194	146419	105.69	75.89	625.40
河南	393929	104778	31634	77489	41.64	27.69	293.20
湖北	950870	121972	43663	86112	47.91	43.97	311.31
湖南	454471	113323	32362	82374	41.97	53.39	309.79
广东	1251500	353699	118456	205233	136.14	124.23	624.29
广西	256177	69062	24434	67156	26.79	34.72	224.77
海南	25239	11578	3441	7798	4.50	6.33	27.34
重庆	612892	165435	37980	110763	65.88	38.73	420.86
四川	1376184	382240	104792	266509	149.23	106.18	826.02
贵州	74757	26270	5759	19380	10.23	5.01	62.01
云南	289004	69053	14368	59432	26.54	16.57	194.86
西藏	4919	1496	483	1782	0.92	0.63	3.23
陕西	106856	33208	12192	26429	12.53	11.60	86.31
甘肃	160447	66001	15991	28685	32.09	17.70	100.58
青海	21133	4929	1644	3906	1.78	1.25	11.50
宁夏	44350	9311	1821	5734	3.39	1.55	19.36
新疆	329926	53089	8963	31261	18.70	9.41	100.84

5—31 各地区三级企业建筑业总产值和竣工产值

单位:万元

地区	建筑业总产值	建筑工程产值	安装工程产值	房屋构筑物修理产值	非标准设备制造产值	竣工产值
全国总计	**24989355**	**21546491**	**2698615**	**618214**	**126035**	**19137843**
北京	709949	580955	95307	30008	3679	577587
天津	272384	178625	81039	11188	1532	232344
河北	836567	744684	78963	10172	2749	623480
山西	226121	194021	28807	2985	308	171065
内蒙古	337808	296564	34919	5976	348	271516
辽宁	1260592	1065838	156252	35570	2932	1174481
吉林	430242	389448	32904	6798	1093	367568
黑龙江	576199	459624	83922	30258	2396	468936
上海	1120794	909593	113760	90041	7400	758789
江苏	2984731	2622023	305679	42660	14369	2270878
浙江	2412966	1991851	370371	42435	8309	1825513
安徽	638423	551148	61101	23634	2540	511439
福建	784736	644578	129684	8698	1776	581506
江西	300374	281128	14011	3948	1287	224369
山东	1936479	1630752	231543	44437	29747	1328637
河南	678633	567846	89619	19386	1782	492682
湖北	937768	823619	73410	35324	5415	704169
湖南	888075	767168	81828	33702	5378	680918
广东	1687949	1497350	153168	31842	5589	1332516
广西	351281	311840	30067	7890	1484	260567
海南	49290	46365	2450	464	10	37880
重庆	1223224	1137898	68818	14646	1862	844860
四川	1895455	1711300	133403	39237	11516	1444621
贵州	208029	170232	34930	2294	573	146705
云南	854520	749411	76458	25017	3634	723946
西藏	38711	34605	2669	317	1121	35018
陕西	315750	278373	31193	4654	1531	227066
甘肃	252999	205074	42974	3116	1835	207004
青海	99455	88748	7254	1134	2319	77368
宁夏	170566	147251	20013	2185	1117	139978
新疆	509284	468580	32098	8200	405	394437

5—32　各地区三级企业单位工程个数及工程质量

地　区	单位工程施工个数（个）	#本年新开工个数	#投标承包个数	#本年新开工	单位工程竣工个数（个）	#优良品	工程质量优良品率（%）	投标承包个数占单位工程施工个数的比重（%）
全国总计	**210629**	**145143**	**83400**	**59555**	**148126**	**39195**	**26.5**	**39.6**
北　京	4628	2864	814	592	3171	529	16.7	17.6
天　津	4151	3058	741	522	3649	1007	27.6	17.9
河　北	7391	5326	3597	2630	5322	1866	35.1	48.7
山　西	3509	2647	1258	936	2614	764	29.2	35.9
内蒙古	2147	1708	807	646	1741	771	44.3	37.6
辽　宁	10689	8954	3578	2848	9234	2005	21.7	33.5
吉　林	2625	2327	1277	1084	2316	639	27.6	48.6
黑龙江	2912	2509	983	753	2532	598	23.6	33.8
上　海	7823	5251	2507	1822	4641	932	20.1	32.0
江　苏	19062	14383	8381	6402	14834	5321	35.9	44.0
浙　江	17419	11684	7089	4774	11969	2899	24.2	40.7
安　徽	7318	4996	3147	2186	5136	965	18.8	43.0
福　建	5678	3253	1682	1019	3508	1023	29.2	29.6
江　西	3592	2127	1576	997	2176	585	26.9	43.9
山　东	17581	12595	7914	5660	11668	2951	25.3	45.0
河　南	8946	6249	3722	2441	6151	1641	26.7	41.6
湖　北	8619	5773	3238	2212	5945	1461	24.6	37.6
湖　南	7938	4695	3571	2473	4776	1263	26.4	45.0
广　东	14602	8829	3330	2184	9013	2318	25.7	22.8
广　西	6076	3718	1697	1084	4186	586	14.0	27.9
海　南	677	489	213	157	479	104	21.7	31.5
重　庆	7865	5093	3452	2717	5240	1241	23.7	43.9
四　川	16559	11173	7735	5576	11377	3272	28.8	46.7
贵　州	3683	2508	1434	987	2469	359	14.5	38.9
云　南	6814	3997	2786	1882	4957	1785	36.0	40.9
西　藏	366	335	196	182	332	143	43.1	53.6
陕　西	3370	2051	1930	1129	2137	550	25.7	57.3
甘　肃	2449	1754	1263	952	1852	421	22.7	51.6
青　海	944	681	524	364	693	213	30.7	55.5
宁　夏	1656	1368	632	507	1324	203	15.3	38.2
新　疆	3540	2748	2326	1837	2684	780	29.1	65.7

5—33　各地区三级企业房屋建筑面积和工程质量

地　　区	房屋建筑施工面积(万平方米)	#本年新开工面积	#投标承包面积	#本年新开工	房屋建筑竣工面积(万平方米)	#优良品	房屋建筑面积优良品率(%)	投标承包面积占房屋建筑施工面积的比重(%)
全国总计	**40957.7**	**24613.7**	**23939.2**	**16285.7**	**23948.5**	**8125.7**	**33.9**	**58.4**
北　京	644.5	374.2	348.4	229.8	392.3	92.3	23.5	54.1
天　津	256.4	162.9	173.4	111.9	174.4	39.3	22.5	67.6
河　北	1488.7	961.2	1062.3	708.6	945.0	407.0	43.1	71.4
山　西	492.7	281.0	317.0	210.0	269.7	98.1	36.4	64.3
内蒙古	460.2	319.5	253.4	201.2	317.5	134.0	42.2	55.1
辽　宁	1659.5	1222.4	1151.2	875.6	1157.5	388.0	33.5	69.4
吉　林	592.0	464.0	455.3	376.6	464.1	169.3	36.5	76.9
黑龙江	698.0	523.9	444.6	338.8	480.5	140.7	29.3	63.7
上　海	1136.5	658.7	689.9	455.8	554.6	184.0	33.2	60.7
江　苏	4188.8	2959.6	2713.8	2043.4	2808.5	1266.0	45.1	64.8
浙　江	3156.8	1878.8	1884.4	1196.8	1612.7	610.7	37.9	59.7
安　徽	1225.0	770.4	706.6	496.6	725.1	191.3	26.4	57.7
福　建	1323.7	550.1	602.9	290.3	534.6	91.7	17.1	45.5
江　西	925.6	450.0	451.8	256.0	495.8	140.9	28.4	48.8
山　东	3403.7	2203.1	2117.8	1502.5	1908.9	600.5	31.5	62.2
河　南	1543.1	866.6	1024.3	638.1	888.9	319.9	36.0	66.4
湖　北	1778.4	1009.2	930.3	588.5	1112.6	251.9	22.6	52.3
湖　南	1724.2	996.4	1026.5	648.4	977.8	375.2	38.4	59.5
广　东	3385.4	1619.7	1088.2	695.6	1588.4	446.0	28.1	32.1
广　西	795.9	379.0	354.6	222.3	451.1	99.1	22.0	44.6
海　南	81.4	42.7	41.0	29.4	52.7	18.2	34.5	50.4
重　庆	2364.3	1410.1	1241.0	931.6	1407.7	367.9	26.1	52.5
四　川	3861.6	2363.4	2459.0	1698.1	2305.6	803.1	34.8	63.7
贵　州	480.0	268.8	283.1	175.3	260.9	67.3	25.8	59.0
云　南	1187.4	628.3	575.3	369.5	801.5	300.6	37.5	48.4
西　藏	28.2	26.5	15.0	14.5	26.6	9.0	33.6	53.4
陕　西	740.9	354.8	554.6	293.0	369.1	171.8	46.6	74.9
甘　肃	416.9	264.2	286.3	199.1	299.0	93.1	31.1	68.7
青　海	112.6	66.5	82.6	54.2	68.9	38.3	55.6	73.3
宁　夏	195.4	128.5	129.1	95.0	123.7	49.1	39.7	66.1
新　疆	609.9	409.0	475.4	339.2	372.6	161.2	43.3	77.9

5—34 各地区三级企业按主要用途分的房屋建筑竣工面积

单位:万平方米

地区	合计	厂房	住宅	办公用房	商业、居民服务业用房	文化教育用房	医疗用房	科研用房	其他用房
全国总计	**23948.5**	**2191.3**	**15431.4**	**1885.8**	**1901.1**	**1144.7**	**199.2**	**37.2**	**1157.7**
北京	392.3	43.0	260.2	32.7	16.8	16.0	3.2	0.3	20.0
天津	174.4	18.2	122.4	7.4	9.3	3.9	0.1	——	13.1
河北	945.0	66.7	622.4	89.5	59.0	38.4	7.5	0.2	61.3
山西	269.7	16.4	188.3	26.1	16.1	10.5	1.4	——	10.8
内蒙古	317.5	5.6	228.7	28.7	30.2	13.7	1.9	0.2	8.5
辽宁	1157.5	71.5	871.8	58.4	89.1	22.4	5.5	0.9	38.0
吉林	464.1	14.9	342.0	20.3	48.1	13.2	1.8	0.6	23.3
黑龙江	480.5	16.7	359.3	31.7	46.3	13.9	1.7	0.2	10.7
上海	554.6	137.6	306.7	24.9	28.3	30.2	2.6	0.6	23.8
江苏	2808.5	312.2	1686.3	224.3	251.6	148.3	23.6	8.8	153.4
浙江	1612.7	364.9	808.8	116.2	117.5	105.8	15.4	0.6	83.5
安徽	725.1	57.2	434.8	74.0	80.4	43.0	7.3	2.0	26.4
福建	534.6	57.5	324.6	48.8	41.8	27.6	3.4	0.3	30.6
江西	495.8	24.9	337.4	49.2	43.2	22.5	5.7	1.3	11.6
山东	1908.9	189.1	1253.5	146.0	157.9	65.5	17.7	1.9	77.4
河南	888.9	66.8	555.1	101.3	58.3	55.6	11.4	2.5	38.0
湖北	1112.6	67.4	745.5	110.2	54.5	40.0	13.0	2.0	80.1
湖南	977.8	47.3	614.4	80.5	77.3	60.0	12.3	2.6	83.4
广东	1588.4	251.5	979.6	86.2	111.9	79.7	8.6	0.6	70.4
广西	451.1	31.2	274.3	48.0	22.8	41.2	6.9	0.8	25.9
海南	52.7	1.9	31.8	3.9	5.5	4.2	0.5	——	5.0
重庆	1407.7	68.7	1012.6	96.7	125.6	55.0	9.5	0.9	38.6
四川	2305.6	147.9	1540.0	159.8	232.6	104.3	17.0	2.4	101.6
贵州	260.9	5.7	179.7	16.3	19.0	21.4	0.9	——	18.0
云南	801.5	56.3	472.6	96.6	61.6	40.5	7.7	3.2	63.0
西藏	26.6	0.4	9.9	5.6	3.9	2.0	0.6	——	4.2
陕西	369.1	9.9	282.2	31.1	24.7	16.8	0.7	0.7	3.0
甘肃	299.0	18.5	192.0	27.2	27.0	14.4	3.6	0.3	16.0
青海	68.9	1.0	49.3	2.0	6.9	3.4	2.7	1.2	2.3
宁夏	123.7	7.3	78.4	15.1	13.5	4.7	0.6	1.6	2.5
新疆	372.6	13.6	267.0	27.2	20.3	26.7	4.4	0.4	13.0

5—35 各地区三级企业各种用途的房屋建筑竣工面积占全部的比重

单位:%

地区	厂房	住宅	办公用房	商业、居民服务业用房	文化教育用房	医疗用房	科研用房	其他用房
全国总计	**9.2**	**64.4**	**7.9**	**7.9**	**4.8**	**0.8**	**0.2**	**4.8**
北京	11.0	66.3	8.3	4.3	4.1	0.8	0.1	5.1
天津	10.4	70.2	4.2	5.4	2.2	0.1	——	7.5
河北	7.1	65.9	9.5	6.2	4.1	0.8	——	6.5
山西	6.1	69.8	9.7	6.0	3.9	0.5	——	4.0
内蒙古	1.8	72.1	9.0	9.5	4.3	0.6	0.1	2.7
辽宁	6.2	75.3	5.0	7.7	1.9	0.5	0.1	3.3
吉林	3.2	73.7	4.4	10.4	2.8	0.4	0.1	5.0
黑龙江	3.5	74.8	6.6	9.6	2.9	0.4	0.1	2.2
上海	24.8	55.3	4.5	5.1	5.4	0.5	0.1	4.3
江苏	11.1	60.0	8.0	9.0	5.3	0.8	0.3	5.5
浙江	22.6	50.1	7.2	7.3	6.6	1.0	——	5.2
安徽	7.9	60.0	10.2	11.1	5.9	1.0	0.3	3.6
福建	10.7	60.7	9.1	7.8	5.2	0.6	0.1	5.7
江西	5.0	68.0	9.9	8.7	4.5	1.2	0.3	2.3
山东	9.9	65.7	7.6	8.3	3.4	0.9	0.1	4.1
河南	7.5	62.4	11.4	6.6	6.3	1.3	0.3	4.3
湖北	6.1	67.0	9.9	4.9	3.6	1.2	0.2	7.2
湖南	4.8	62.8	8.2	7.9	6.1	1.3	0.3	8.5
广东	15.8	61.7	5.4	7.0	5.0	0.5	——	4.4
广西	6.9	60.8	10.6	5.1	9.1	1.5	0.2	5.7
海南	3.5	60.3	7.5	10.4	7.9	1.0	——	9.5
重庆	4.9	71.9	6.9	8.9	3.9	0.7	0.1	2.7
四川	6.4	66.8	6.9	10.1	4.5	0.7	0.1	4.4
贵州	2.2	68.8	6.2	7.3	8.2	0.4	——	6.9
云南	7.0	59.0	12.0	7.7	5.1	1.0	0.4	7.9
西藏	1.4	37.2	20.9	14.7	7.5	2.4	——	15.9
陕西	2.7	76.4	8.4	6.7	4.6	0.2	0.2	0.8
甘肃	6.2	64.2	9.1	9.0	4.8	1.2	0.1	5.4
青海	1.5	71.6	2.9	10.1	5.0	3.9	1.7	3.4
宁夏	5.9	63.4	12.2	10.9	3.8	0.5	1.3	2.0
新疆	3.6	71.7	7.3	5.4	7.2	1.2	0.1	3.5

5—36 各地区三级企业机械设备装备情况

地　区	自有机械设备年末总台数(台)	自有机械设备年末总功率(万千瓦)	#施工机械功率	自有机械设备净值(万元)	技术装备率(元/人)	动力装备率(千瓦/人)
全国总计	**1930112**	**2142.0**	**1747.4**	**2794421**	**4992**	**3.8**
北　京	26507	42.8	32.0	50512	5788	4.9
天　津	21035	26.7	21.0	25293	6769	7.1
河　北	110962	124.3	106.0	110238	4837	5.5
山　西	25440	34.2	26.5	28194	4282	5.2
内蒙古	20438	35.8	30.9	35450	6196	6.3
辽　宁	84470	145.6	117.0	163480	5957	5.3
吉　林	22135	40.1	34.2	53221	5952	4.5
黑龙江	29895	51.7	43.9	81495	8952	5.7
上　海	25210	24.3	19.2	55886	5364	2.3
江　苏	157676	151.4	133.9	265490	4835	2.8
浙　江	129413	139.1	117.9	279211	7291	3.6
安　徽	75696	55.8	48.7	72200	3595	2.8
福　建	53086	62.0	50.7	105020	8014	4.7
江　西	35716	28.1	23.9	28265	2820	2.8
山　东	155854	163.2	132.2	178891	3174	2.9
河　南	80138	64.2	51.7	71654	3198	2.9
湖　北	114489	96.4	75.6	114131	4343	3.7
湖　南	94771	97.7	83.3	101784	4218	4.1
广　东	157825	186.4	149.2	209733	6589	5.9
广　西	67689	69.0	49.4	65059	6249	6.6
海　南	4747	10.6	6.3	9096	4816	5.6
重　庆	67497	82.6	70.5	141975	4642	2.7
四　川	136847	131.9	117.3	210478	3668	2.3
贵　州	16661	23.8	17.0	18246	3000	3.9
云　南	88222	99.2	75.1	152411	7182	4.7
西　藏	1347	4.6	1.9	2728	4287	7.2
陕　西	40035	32.6	25.4	38092	3933	3.4
甘　肃	36561	39.0	28.7	32631	3010	3.6
青　海	12602	13.4	9.6	11253	4445	5.3
宁　夏	15142	23.8	20.5	30921	10616	8.2
新　疆	22006	41.5	27.7	51384	10869	8.8

5—37 各地区三级企业建筑业增加值及其构成

单位:万元

地区	建筑业增加值合计	本年提取固定资产折旧	应付工资总额	应付福利费总额
全国总计	**6959501**	**360676**	**3479680**	**335858**
北京	194500	9007	79686	7277
天津	67947	3872	29415	1961
河北	231429	11646	114651	7025
山西	73806	4744	29716	2284
内蒙古	98104	5678	47092	4972
辽宁	375390	20709	174624	18967
吉林	127685	6042	64789	7017
黑龙江	156412	9847	75709	8933
上海	263774	11018	119001	8240
江苏	747884	34477	423881	41514
浙江	699797	35035	358722	34140
安徽	184004	10150	95019	8772
福建	196625	11146	101243	7104
江西	79535	4260	43990	2734
山东	570124	28593	286688	32641
河南	189772	11056	92313	6413
湖北	301743	14151	124358	33170
湖南	240374	12372	124891	9120
广东	454954	24684	219243	15659
广西	110958	5339	60297	3400
海南	14002	542	7091	277
重庆	316860	15025	167288	16603
四川	544141	28530	297594	28442
贵州	61113	2220	31255	2514
云南	246327	18217	111580	8299
西藏	13441	400	6025	47
陕西	91127	3899	47957	4438
甘肃	76636	3426	37808	2467
青海	35098	2370	16774	2313
宁夏	53894	2939	27053	1942
新疆	142045	9284	63925	7170

单位:万元

地　区	工程结算税金及附加	工程结算利润	管理费用中的税金	管理费用中的劳动、待业保险费
全国总计	**778804**	**1863997**	**63150**	**77336**
北　京	21228	73647	1702	1954
天　津	9303	20840	784	1772
河　北	28652	64860	2874	1720
山　西	9059	23414	2199	2391
内蒙古	10158	27486	1133	1584
辽　宁	43291	111216	1784	4799
吉　林	13899	32920	1077	1941
黑龙江	18264	41157	695	1807
上　海	34578	85083	2032	3822
江　苏	74048	165851	3241	4872
浙　江	78328	181717	4273	7581
安　徽	18777	47514	2141	1632
福　建	26964	46403	1297	2468
江　西	9792	16293	1303	1163
山　东	53364	157143	6150	5545
河　南	18534	55874	2184	3398
湖　北	35004	85744	4307	5009
湖　南	27954	61180	2869	1987
广　东	54841	129467	4554	6506
广　西	14595	24632	1365	1330
海　南	1903	3854	254	80
重　庆	36296	76815	3298	1535
四　川	56819	123661	4682	4413
贵　州	7100	16160	777	1088
云　南	26269	78300	2081	1581
西　藏	1912	4827	179	51
陕　西	10778	22039	1331	685
甘　肃	12592	18723	1211	409
青　海	2892	9916	298	535
宁　夏	5048	16079	295	538
新　疆	16563	41181	784	3138

5－38 各地区三级企业建筑业劳动生产率

地　区	建筑业企业个数（个）	计算劳动生产率的平均人数（万人）	按总产值计算的劳动生产率（元/人）	按增加值计算的劳动生产率（元/人）	人均竣工产值（元/人）	人均施工面积（平方米/人）	人均竣工面积（平方米/人）
全国总计	**19228**	**584.41**	**42760**	**11909**	**34187**	**73.2**	**42.8**
北　京	610	16.02	44311	12140	66179	73.8	44.9
天　津	191	4.57	59583	14863	62179	68.6	46.7
河　北	676	24.61	33987	9402	27359	65.3	41.5
山　西	345	7.71	29324	9571	25981	74.8	41.0
内蒙古	260	9.11	37061	10763	47454	80.4	55.5
辽　宁	968	30.83	40882	12174	42795	60.5	42.2
吉　林	319	11.95	35999	10683	41106	66.2	51.9
黑龙江	566	13.58	42444	11522	51509	76.7	52.8
上　海	742	14.10	79489	18707	72827	109.1	53.2
江　苏	1360	52.18	57197	14332	41356	76.3	51.1
浙　江	1397	37.36	64592	18733	47670	82.4	42.1
安　徽	549	19.91	32071	9243	25465	61.0	36.1
福　建	662	13.16	59614	14937	44376	101.0	40.8
江　西	316	9.72	30896	8181	22387	92.4	49.5
山　东	1730	58.38	33173	9766	23576	60.4	33.9
河　南	782	22.12	30680	8579	21987	68.9	39.7
湖　北	749	25.93	36162	11636	26794	67.7	42.3
湖　南	678	23.33	38067	10304	28219	71.5	40.5
广　东	1154	31.17	54145	14594	41862	106.4	49.9
广　西	544	10.24	34295	10833	25026	76.4	43.3
海　南	88	1.95	25224	7165	20057	43.1	27.9
重　庆	1004	28.46	42975	11132	27624	77.3	46.0
四　川	1650	56.61	33482	9612	25178	67.3	40.2
贵　州	249	5.88	35395	10398	24118	78.9	42.9
云　南	574	18.62	45892	13229	34113	56.0	37.8
西　藏	75	0.92	41945	14564	55034	44.3	41.9
陕　西	288	10.19	30978	8940	23442	76.5	38.1
甘　肃	201	9.36	27025	8186	19094	38.5	27.6
青　海	114	3.28	30353	10712	30558	44.5	27.2
宁　夏	181	4.45	38322	12109	48060	67.1	42.5
新　疆	206	8.68	58700	16372	83433	129.0	78.8

5－39　各地区三级企业实收资本及资产构成

单位:万元

地　区	实收资本	资产合计	#流动资产小计	#存 货	#在建工程	长期投资
全国总计	**7838067**	**26063382**	**18666278**	**7024513**	**4639775**	**531603**
北　京	240738	762094	587436	243216	114184	31980
天　津	76998	281991	222291	63473	33204	7573
河　北	280364	675412	412428	119308	61112	11266
山　西	95484	374657	250019	71130	39076	4228
内蒙古	96790	347437	239040	63457	33569	6458
辽　宁	425815	1403352	1009730	208073	97544	22593
吉　林	122625	416021	272706	54733	24355	3304
黑龙江	211025	631823	443948	109359	35031	5604
上　海	358643	1305617	1070616	420911	292878	40186
江　苏	705881	2503503	1925565	868688	610745	44288
浙　江	689653	2410892	1759937	705376	513122	63178
安　徽	223034	687557	479384	168537	91798	10363
福　建	332773	1461044	1155335	522781	406945	28707
江　西	106653	401382	294892	132001	104894	3001
山　东	453343	1947679	1448949	516712	297074	27229
河　南	199164	594549	387116	158187	99220	9806
湖　北	340790	872041	539916	187922	106959	13948
湖　南	295564	774936	488470	175170	120575	16609
广　东	553481	2727451	2152953	904956	700853	68303
广　西	171649	569618	405762	154677	116708	13011
海　南	27366	61376	39289	16299	12156	1839
重　庆	377180	880535	558177	247079	166866	13867
四　川	602786	1508510	965506	422820	264372	23772
贵　州	89126	283498	198804	70601	47276	8367
云　南	357231	869736	494237	168490	118898	23461
西　藏	18187	28908	11469	2687	903	1471
陕　西	88507	295328	199420	83904	48889	4692
甘　肃	72920	216227	142370	43760	24616	2145
青　海	41814	125353	79474	22265	12395	2916
宁　夏	80623	224219	138707	44270	21860	8688
新　疆	101861	420637	292336	53672	21699	8752

5－39 续表 单位:万元

地　区	固定资产小计	固定资产原价	#生产经营用	固定资产折旧	#本年折旧	无形及递延资产小计	#无形资产
全国总计	**6131526**	**7948112**	**6056026**	**2122640**	**360676**	**362585**	**243931**
北　京	127660	174262	121130	48775	9007	4282	2492
天　津	48612	62868	50773	17103	3872	2189	1599
河　北	231863	279130	216550	61874	11646	8815	4757
山　西	99600	129232	89975	34524	4744	13549	10948
内蒙古	93542	121484	98720	31822	5678	4105	3599
辽　宁	335452	476549	398446	150285	20709	24957	9571
吉　林	132193	177899	134889	50168	6042	3161	2373
黑龙江	173776	228623	191976	56543	9847	4842	1529
上　海	150826	206307	117767	60199	11018	12453	3980
江　苏	489608	651864	503716	188115	34477	22696	18282
浙　江	527878	686665	567554	190064	35035	33557	26710
安　徽	171415	231378	176718	59963	10150	8048	5118
福　建	225246	290367	222722	72104	11146	10423	5231
江　西	88626	111555	75366	27968	4260	5982	4133
山　东	417331	566954	410488	173552	28593	30016	23271
河　南	183894	228932	163816	57335	11056	6473	4683
湖　北	286527	356505	255725	93902	14151	17716	11365
湖　南	247280	308864	223354	79334	12372	8487	6309
广　东	430720	566228	395951	163324	24684	44820	22983
广　西	136412	161896	112813	36171	5339	7318	5597
海　南	18278	20421	15011	4949	542	894	770
重　庆	277477	340412	263660	74010	15025	11109	8298
四　川	454265	596763	483984	157274	28530	42628	36024
贵　州	67788	82609	51265	15837	2220	5140	3398
云　南	331234	412693	338740	97719	18217	11492	8962
西　藏	14836	14262	8683	2516	400	431	324
陕　西	80357	99401	79232	24438	3899	5070	4152
甘　肃	68294	82185	64591	20331	3426	1753	1457
青　海	39090	52474	40338	14513	2370	1875	113
宁　夏	72754	84809	67718	15342	2939	2232	1634
新　疆	108692	144517	114356	42587	9284	6072	4271

5—40 各地区三级企业负债及所有者权益

单位:万元

地　　区	负　债合　计	流动负债小计	长期负债小计	所有者权益合计	#实收资本
全国总计	**16551084**	**15597260**	**953825**	**9512297**	**7838067**
北　　京	459687	451263	8424	302407	240738
天　　津	189417	186473	2944	92574	76998
河　　北	337148	318581	18568	338264	280364
山　　西	259170	242064	17106	115488	95484
内 蒙 古	226922	206536	20386	120515	96790
辽　　宁	887107	831095	56011	516246	425815
吉　　林	277929	265063	12866	138092	122625
黑 龙 江	404800	386001	18799	227023	211025
上　　海	901303	860603	40700	404314	358643
江　　苏	1657188	1612582	44606	846315	705881
浙　　江	1530075	1492517	37558	880817	689653
安　　徽	430815	375224	55591	256742	223034
福　　建	1058646	1034808	23839	402398	332773
江　　西	283857	267756	16101	117525	106653
山　　东	1355461	1260644	94816	592218	453343
河　　南	344113	320241	23872	250435	199164
湖　　北	456203	419632	36570	415838	340790
湖　　南	416900	387086	29814	358036	295564
广　　东	2020684	1873546	147138	706767	553481
广　　西	360326	330209	30118	209291	171649
海　　南	30418	26337	4081	30958	27366
重　　庆	448924	391027	57897	431611	377180
四　　川	777974	718016	59959	730536	602786
贵　　州	167741	159919	7822	115757	89126
云　　南	449367	416027	33340	420369	357231
西　　藏	6867	6328	539	22041	18187
陕　　西	193236	176616	16620	102092	88507
甘　　肃	113452	105309	8143	102775	72920
青　　海	70648	64557	6092	54704	41814
宁　　夏	134442	126734	7709	89776	80623
新　　疆	300264	284466	15798	120373	101861

5—41 各地区三级企业工程结算收入及工程结算利润

单位:万元

地区	工程结算收入	工程结算成本	工程结算税金及附加	工程结算利润	管理费用	#税金	#财产保险费	#劳动、待业保险费
全国总计	**21071993**	**18429192**	**778804**	**1863997**	**1288219**	**63150**	**8369**	**77336**
北京	653067	558192	21228	73647	55727	1702	336	1954
天津	234202	204059	9303	20840	15576	784	66	1772
河北	754785	661274	28652	64860	43025	2874	241	1720
山西	245989	213516	9059	23414	21303	2199	124	2391
内蒙古	312741	275097	10158	27486	20069	1133	122	1584
辽宁	1195096	1040589	43291	111216	81384	1784	424	4799
吉林	413136	366317	13899	32920	26567	1077	89	1941
黑龙江	543307	483886	18264	41157	34765	695	160	1807
上海	1104252	984591	34578	85083	69306	2032	330	3822
江苏	1932586	1692688	74048	165851	118366	3241	612	4872
浙江	2034148	1774102	78328	181717	114743	4273	1034	7581
安徽	526582	460292	18777	47514	32033	2141	135	1632
福建	770686	697319	26964	46403	42264	1297	100	2468
江西	250659	224574	9792	16293	14390	1303	84	1163
山东	1547317	1336811	53364	157143	100093	6150	924	5545
河南	541698	467291	18534	55874	34812	2184	218	3398
湖北	826453	705705	35004	85744	53582	4307	437	5009
湖南	756130	666996	27954	61180	39692	2869	214	1987
广东	1455561	1271253	54841	129467	97472	4554	533	6506
广西	291976	252749	14595	24632	18020	1365	107	1330
海南	43298	37541	1903	3854	2622	254	16	80
重庆	938642	825531	36296	76815	49448	3298	306	1535
四川	1495709	1315229	56819	123661	76212	4682	682	4413
贵州	185433	162174	7100	16160	10251	777	128	1088
云南	768394	663825	26269	78300	40627	2081	280	1581
西藏	32353	25614	1912	4827	2188	1796	51	
陕西	273599	240782	10778	22039	15113	1331	76	685
甘肃	206232	174917	12592	18723	10675	1211	100	409
青海	93160	80351	2892	9916	6828	298	255	535
宁夏	161055	139928	5048	16079	10693	295	30	538
新疆	483746	426002	16563	41181	30374	784	200	3138

5—42 各地区三级企业利润及税金总额

单位:万元

地区	利润总额	#应交所得税	税金总额	工程结算税金及附加	管理费用中的税金
全国总计	**518705**	**148908**	**841954**	**778804**	**63150**
北京	21411	7861	22930	21228	1702
天津	6335	1667	10087	9303	784
河北	18211	5231	31526	28652	2874
山西	2580	821	11258	9059	2199
内蒙古	5402	1796	11291	10158	1133
辽宁	29017	8183	45075	43291	1784
吉林	4629	1433	14976	13899	1077
黑龙江	5708	1832	18959	18264	695
上海	22451	5363	36610	34578	2032
江苏	46000	12499	77288	74048	3241
浙江	71202	22445	82601	78328	4273
安徽	13216	3778	20917	18777	2141
福建	3966	3572	28261	26964	1297
江西	945	768	11094	9792	1303
山东	49247	12856	59514	53364	6150
河南	16149	3003	20718	18534	2184
湖北	27457	5393	39311	35004	4307
湖南	15164	3248	30823	27954	2869
广东	30232	11026	59395	54841	4554
广西	5825	2418	15959	14595	1365
海南	669	112	2157	1903	254
重庆	20322	5669	39594	36296	3298
四川	34654	10088	61501	56819	4682
贵州	6366	946	7876	7100	777
云南	25092	6942	28350	26269	2081
西藏	1844	147	2091	1912	179
陕西	4707	1170	12108	10778	1331
甘肃	13408	3332	13803	12592	1211
青海	2096	390	3190	2892	298
宁夏	4628	1091	5342	5048	295
新疆	9772	3830	17347	16563	784

5—43　各地区三级企业主要效益指标

地　区	产值利润率(%)	产值利税率(%)	资本利润率(%)	资本利税率(%)	人均利润(元/人)	人均利税(元/人)	资产负债率(%)
全国总计	**2.1**	**5.4**	**6.6**	**17.4**	**927**	**2431**	**63.5**
北　京	3.0	6.2	8.9	18.4	2453	5081	60.3
天　津	2.3	6.0	8.2	21.3	1695	4395	67.2
河　北	2.2	5.9	6.5	17.7	799	2183	49.9
山　西	1.1	6.1	2.7	14.5	392	2102	69.2
内蒙古	1.6	4.9	5.6	17.2	944	2917	65.3
辽　宁	2.3	5.9	6.8	17.4	1057	2700	63.2
吉　林	1.1	4.6	3.8	16.0	518	2192	66.8
黑龙江	1.0	4.3	2.7	11.7	627	2710	64.1
上　海	2.0	5.3	6.3	16.5	2155	5669	69.0
江　苏	1.5	4.1	6.5	17.5	838	2245	66.2
浙　江	3.0	6.4	10.3	22.3	1859	4016	63.5
安　徽	2.1	5.3	5.9	15.3	658	1700	62.7
福　建	0.5	4.1	1.2	9.7	303	2459	72.5
江　西	0.3	4.0	0.9	11.3	94	1201	70.7
山　东	2.5	5.6	10.9	24.0	874	1930	69.6
河　南	2.4	5.4	8.1	18.5	721	1645	57.9
湖　北	2.9	7.1	8.1	19.6	1045	2540	52.3
湖　南	1.7	5.2	5.1	15.6	628	1906	53.8
广　东	1.8	5.3	5.5	16.2	950	2816	74.1
广　西	1.7	6.2	3.4	12.7	559	2092	63.3
海　南	1.4	5.7	2.4	10.3	354	1497	49.6
重　庆	1.7	4.9	5.4	15.9	664	1959	51.0
四　川	1.8	5.1	5.7	16.0	604	1676	51.6
贵　州	3.1	6.8	7.1	16.0	1047	2341	59.2
云　南	2.9	6.3	7.0	15.0	1182	2518	51.7
西　藏	4.8	10.2	10.1	21.6	2898	6184	23.8
陕　西	1.5	5.3	5.3	19.0	486	1736	65.4
甘　肃	5.3	10.8	18.4	37.3	1237	2510	52.5
青　海	2.1	5.3	5.0	12.6	828	2088	56.4
宁　夏	2.7	5.8	5.7	12.4	1589	3423	60.0
新　疆	1.9	5.3	9.6	26.6	2067	5736	71.4

5－44　各地区三级建筑业企业亏损情况

地　　区	企业个数（个）	#亏损企业个数	亏损金额（万元）	亏损面（%）
全国总计	**19228**	**3902**	**127544**	**20.3**
北　京	610	167	6327	27.4
天　津	191	32	3396	16.8
河　北	676	104	4472	15.4
山　西	345	77	1898	22.3
内蒙古	260	41	1555	15.8
辽　宁	968	233	10248	24.1
吉　林	319	78	3815	24.5
黑龙江	566	151	2887	26.7
上　海	742	149	5417	20.1
江　苏	1360	212	5260	15.6
浙　江	1397	197	6348	14.1
安　徽	549	117	1976	21.3
福　建	662	229	8595	34.6
江　西	316	72	2757	22.8
山　东	1730	333	7091	19.2
河　南	782	209	4326	26.7
湖　北	749	108	8535	14.4
湖　南	678	116	3402	17.1
广　东	1154	263	12244	22.8
广　西	544	125	5538	23.0
海　南	88	18	480	20.5
重　庆	1004	167	3425	16.6
四　川	1650	313	5592	19.0
贵　州	249	46	867	18.5
云　南	574	121	3995	21.1
西　藏	75	4	51	5.3
陕　西	288	52	1640	18.1
甘　肃	201	29	629	14.4
青　海	114	32	570	28.1
宁　夏	181	49	1444	27.1
新　疆	206	58	2765	28.2

5—45　各地区三级企业建筑材料消耗情况

地　　区	一、价值量				二、实物量		
	材料费用合计(万元)	钢　材	木　材	水　泥	钢材(万吨)	木材(万立方米)	水泥(万吨)
全国总计	**11539024**	**3214870**	**965629**	**2201134**	**1287.47**	**1026.88**	**7835.84**
北　　京	251047	56472	15310	33031	20.72	15.02	114.62
天　　津	110909	31114	5602	18051	12.22	5.44	64.41
河　　北	385385	98861	32770	62111	44.26	33.03	255.45
山　　西	117758	37676	7183	20725	15.51	7.61	86.51
内 蒙 古	172800	33222	8618	23663	12.96	9.43	77.51
辽　　宁	567297	163084	43822	92553	65.64	43.04	308.55
吉　　林	236850	47702	22546	38163	18.92	22.47	111.93
黑 龙 江	314549	56194	17921	47032	21.20	21.66	125.32
上　　海	380787	120468	35859	73300	44.19	26.86	238.70
江　　苏	1176611	329997	94727	242061	132.43	74.91	911.04
浙　　江	1162035	293395	88139	237622	113.98	86.89	832.54
安　　徽	283995	86257	30668	60205	36.18	28.31	229.93
福　　建	452091	145805	36898	71538	58.71	44.33	209.96
江　　西	127412	41207	16607	33354	16.24	24.45	115.09
山　　东	786170	237340	87966	145552	96.49	83.83	623.28
河　　南	322224	93492	28573	66037	41.59	27.43	273.02
湖　　北	433562	115118	42035	83927	46.36	54.25	311.77
湖　　南	426401	108028	36477	85171	43.74	62.68	324.71
广　　东	736177	250766	79868	156952	97.34	92.17	520.68
广　　西	229867	76108	25196	30301	34.44	40.51	110.80
海　　南	18682	6747	2593	5470	3.05	3.24	17.11
重　　庆	588922	147666	40847	110444	58.34	42.65	421.46
四　　川	1109203	306085	100104	216859	120.76	101.33	734.28
贵　　州	82422	28162	7521	20860	11.61	8.30	71.72
云　　南	497009	151191	18868	119652	59.75	24.35	400.66
西　　藏	12800	3432	2186	4824	1.47	2.67	7.84
陕　　西	114702	37351	13184	27781	14.66	13.13	96.12
甘　　肃	77027	28355	7019	16550	12.32	7.61	56.99
青　　海	40890	10981	3594	8316	6.84	3.06	22.92
宁　　夏	78569	17861	5048	12365	6.77	4.51	45.86
新　　疆	244873	54733	7882	36664	18.79	11.72	115.06

5—46 各地区四级企业建筑业总产值和竣工产值

单位:万元

地　区	建筑业总产值	建筑工程产值	安装工程产值	房屋构筑物修理产值	非标准设备制造产值	竣工产值
全国总计	**10487660**	**9079086**	**1072760**	**293648**	**42165**	**8363975**
北　京	312710	192677	102092	17528	412	271602
天　津	39970	26688	10531	2730	21	31017
河　北	287525	262182	19380	5474	488	210344
山　西	126461	101919	20775	3678	89	94387
内蒙古	334776	314812	14960	4531	474	285694
辽　宁	493693	422280	52550	16873	1991	410344
吉　林	287738	252682	29936	4861	259	255082
黑龙江	364443	312738	31284	19997	424	315994
上　海	78827	51413	20676	6355	383	61900
江　苏	2114831	1917316	147317	36587	13611	1682126
浙　江	996454	759934	201777	31207	3536	765932
安　徽	385575	336903	33252	13184	2236	302203
福　建	179917	151517	23429	4762	208	138032
江　西	209754	192739	11439	5118	457	159843
山　东	737861	665553	55458	15677	1174	547787
河　南	316566	269026	35887	10227	1427	235903
湖　北	362885	319824	23384	17051	2627	281109
湖　南	420788	379440	23555	16330	1462	319224
广　东	507572	457163	31795	17630	985	439780
广　西	135541	99606	33072	2139	723	109246
海　南	10292	9686	50	5469	9902	
重　庆	170747	154281	13137	2799	529	126832
四　川	437788	387347	39605	9267	1570	341822
贵　州	112081	94481	15914	1523	164	73930
云　南	349249	302709	31235	12703	2602	310785
西　藏	27817	22840	2935	1831	211	24696
陕　西	169470	159602	8050	1648	172	132777
甘　肃	90205	77506	7898	1531	3270	81150
青　海	49754	44032	4616	972	135	46251
宁　夏	100849	89078	10773	802	195	87196
新　疆	275521	251114	15998	8088	320	211085

5－47　各地区四级企业单位工程个数及工程质量

地　区	单位工程施工个数（个）	＃本年新开工个数	＃投标承包个数	＃本年新开工	单位工程竣工个数（个）	＃优良品	工程质量优良品率（%）	投标承包个数占单位工程施工个数的比重（%）
全国总计	**135153**	**92850**	**41857**	**29961**	**100770**	**18658**	**18.5**	**31.0**
北　京	6305	3499	333	263	4933	931	18.9	5.3
天　津	924	632	145	58	748	168	22.5	15.7
河　北	3444	2685	1428	1015	2665	758	28.4	41.5
山　西	1687	1200	597	477	1257	323	25.7	35.4
内蒙古	2432	1827	922	714	1924	674	35.0	37.9
辽　宁	5683	3962	1554	1270	4199	750	17.9	27.3
吉　林	2590	1820	816	623	2240	557	24.9	31.5
黑龙江	3271	2850	660	544	2921	772	26.4	20.2
上　海	1784	1290	178	155	1378	118	8.6	10.0
江　苏	18561	14897	5508	4309	15628	2960	18.9	29.7
浙　江	14173	9126	3341	2283	10095	1354	13.4	23.6
安　徽	7053	4852	2448	1875	5221	688	13.2	34.7
福　建	3851	2427	869	591	2583	336	13.0	22.6
江　西	3896	2441	1551	1001	2566	444	17.3	39.8
山　东	9307	6826	3306	2463	6370	1072	16.8	35.5
河　南	4527	3300	1960	1422	3382	1009	29.8	43.3
湖　北	5410	3216	1531	994	3696	422	11.4	28.3
湖　南	4625	2927	2100	1395	3053	650	21.3	45.4
广　东	4888	2834	1273	917	3220	542	16.8	26.0
广　西	4299	2485	1578	557	3107	350	11.3	36.7
海　南	470	455	34	32	441	29	6.6	7.2
重　庆	2300	1530	710	561	1693	176	10.4	30.9
四　川	6229	3897	1888	1423	4322	1016	23.5	30.3
贵　州	2255	1560	1098	749	1479	320	21.6	48.7
云　南	5722	3162	1562	1034	4414	829	18.8	27.3
西　藏	241	219	116	104	221	88	39.8	48.1
陕　西	2403	1611	1323	826	1647	274	16.6	55.1
甘　肃	1188	923	618	511	931	253	27.2	52.0
青　海	634	497	355	287	469	171	36.5	56.0
宁　夏	1843	1525	470	358	1669	175	10.5	25.5
新　疆	3158	2375	1585	1150	2298	449	19.5	50.2

5－48　各地区四级企业房屋建筑面积和工程质量

地　区	房屋建筑施工面积(万平方米)	＃本年新开工面积	＃投标承包面积	＃本年新开工	房屋建筑竣工面积(万平方米)	＃优良品	房屋建筑面积优良品率(%)	投标承包面积占房屋建筑施工面积的比重(%)
全国总计	**17778.7**	**11687.0**	**9097.4**	**6428.2**	**11668.3**	**3025.6**	**25.9**	**51.2**
北　京	156.7	111.0	58.7	42.9	125.9	17.7	14.1	37.5
天　津	97.5	83.6	33.5	21.7	77.5	5.1	6.6	34.4
河　北	524.1	323.4	400.9	245.5	332.3	121.0	36.4	76.5
山　西	226.2	151.7	132.1	102.1	155.2	61.6	39.7	58.4
内蒙古	570.0	396.6	289.8	214.8	394.5	145.3	36.8	50.9
辽　宁	776.0	579.9	460.3	366.9	555.9	168.1	30.2	59.3
吉　林	367.6	284.8	239.6	182.3	282.6	97.3	34.4	65.2
黑龙江	419.8	339.4	215.3	167.2	323.8	86.5	26.7	51.3
上　海	24.7	14.8	13.5	6.6	12.7	2.4	19.0	54.7
江　苏	3009.9	2283.8	1604.5	1256.2	2198.2	668.4	30.4	53.3
浙　江	1221.9	751.6	570.3	398.5	683.1	200.1	29.3	46.7
安　徽	882.3	558.3	403.0	286.4	629.2	104.6	16.6	45.7
福　建	315.9	180.6	147.8	98.0	173.3	18.1	10.4	46.8
江　西	664.5	369.1	316.3	197.9	422.4	82.6	19.5	47.6
山　东	1578.1	1080.7	809.2	582.7	950.9	207.3	21.8	51.3
河　南	719.7	461.4	363.6	252.2	444.4	140.1	31.5	50.5
湖　北	896.3	492.7	365.0	212.4	629.4	73.9	11.7	40.7
湖　南	939.3	533.9	509.1	296.6	573.0	148.0	25.8	54.2
广　东	1031.6	601.2	292.5	199.9	518.8	129.5	25.0	28.4
广　西	218.6	125.6	87.6	62.5	146.1	31.8	21.8	40.1
海　南	16.1	15.4	1.1	0.9	15.5	3.0	19.1	7.0
重　庆	367.2	225.4	142.1	106.5	235.9	26.7	11.3	38.7
四　川	800.5	522.9	438.4	309.8	547.8	123.1	22.5	54.8
贵　州	268.2	160.8	157.3	103.5	140.0	24.7	17.7	58.7
云　南	493.0	280.5	203.3	133.5	345.8	96.9	28.0	41.2
西　藏	34.6	26.2	12.3	11.7	32.0	14.9	46.6	35.5
陕　西	388.2	220.8	290.2	185.7	220.4	62.5	28.4	74.8
甘　肃	165.4	110.8	116.7	87.6	118.3	39.5	33.3	70.5
青　海	66.2	41.3	46.4	32.1	39.1	17.5	44.9	70.1
宁　夏	136.8	85.4	80.0	56.9	100.0	28.0	28.0	58.5
新　疆	401.9	273.4	296.8	206.7	244.4	79.4	32.5	73.9

5—49 各地区四级企业按主要用途分的房屋建筑竣工面积

单位:万平方米

地区	合计	厂房	住宅	办公用房	商业、居民服务业用房	文化教育用房	医疗用房	科研用房	其他用房
全国总计	**11668.3**	**1128.3**	**7207.3**	**924.0**	**1020.4**	**681.8**	**94.8**	**19.2**	**592.5**
北京	125.9	39.6	53.6	7.3	5.8	5.6	0.6	——	13.4
天津	77.5	43.4	14.7	3.2	1.4	1.3	0.2	——	13.4
河北	332.3	16.7	221.6	30.9	33.4	12.7	1.7	0.4	15.0
山西	155.2	9.8	99.5	16.5	14.0	9.8	1.2	0.6	3.8
内蒙古	394.5	15.9	268.3	35.8	42.8	15.7	1.3	——	14.8
辽宁	555.9	33.1	418.6	19.3	44.4	22.3	1.3	0.5	16.4
吉林	282.6	8.9	223.9	8.8	21.2	10.1	2.7	0.2	6.7
黑龙江	323.8	8.7	228.2	26.6	37.2	11.2	2.1	0.4	9.4
上海	12.7	3.6	1.2	0.9	4.6	1.5	——	——	0.9
江苏	2198.2	239.3	1400.8	139.0	192.9	104.5	13.3	4.4	104.1
浙江	683.1	153.6	343.6	44.4	43.0	41.8	8.9	0.9	47.0
安徽	629.2	69.8	328.1	70.4	75.9	47.1	11.0	0.3	26.6
福建	173.3	34.4	73.4	21.0	12.6	18.1	1.4	0.3	12.0
江西	422.4	17.7	271.1	44.1	31.6	36.6	4.2	——	17.1
山东	950.9	105.1	620.7	55.7	96.7	27.2	4.7	0.3	40.4
河南	444.4	45.6	242.1	54.5	35.9	42.1	5.4	0.7	18.1
湖北	629.4	31.1	407.6	51.0	49.3	23.8	2.9	6.0	57.8
湖南	573.0	24.2	377.0	49.8	45.4	37.5	7.3	1.1	30.7
广东	518.8	121.2	270.5	32.5	41.5	35.2	1.7	1.3	14.9
广西	146.1	5.5	77.0	17.4	9.9	28.1	1.1	0.1	7.1
海南	15.5	——	11.1	0.9	1.0	0.7	0.2	——	1.6
重庆	235.9	11.7	158.4	20.8	21.1	11.6	1.8	0.2	10.3
四川	547.8	43.6	345.9	43.6	54.5	30.8	6.1	——	23.1
贵州	140.0	4.6	75.2	15.8	11.1	21.7	2.3	——	9.2
云南	345.8	15.4	192.3	38.5	27.6	33.1	4.3	0.9	33.6
西藏	32.0	0.9	10.9	6.4	4.3	1.7	0.4	——	7.3
陕西	220.4	8.7	151.4	28.1	14.4	13.3	1.5	——	2.8
甘肃	118.3	5.3	69.9	11.4	15.1	8.0	1.4	0.1	6.9
青海	39.1	0.7	20.6	4.8	5.0	4.2	1.4	0.2	2.1
宁夏	100.0	2.6	62.1	7.9	11.6	6.8	0.9	——	8.1
新疆	244.4	7.7	167.7	16.8	15.1	17.2	1.8	0.4	17.8

5—50 各地区四级企业各种用途的房屋建筑竣工面积占全部的比重

单位:%

地区	厂房	住宅	办公用房	商业、居民服务业用房	文化教育用房	医疗用房	科研用房	其他用房
全国总计	**9.7**	**61.8**	**7.9**	**8.7**	**5.8**	**0.8**	**0.2**	**5.1**
北京	31.5	42.6	5.8	4.6	4.4	0.5	——	10.7
天津	55.9	19.0	4.1	1.8	1.7	0.2	——	17.2
河北	5.0	66.7	9.3	10.0	3.8	0.5	0.1	4.5
山西	6.3	64.1	10.6	9.0	6.3	0.8	0.4	2.5
内蒙古	4.0	68.0	9.1	10.9	4.0	0.3	——	3.7
辽宁	6.0	75.3	3.5	8.0	4.0	0.2	0.1	2.9
吉林	3.2	79.2	3.1	7.5	3.6	0.9	0.1	2.4
黑龙江	2.7	70.5	8.2	11.5	3.5	0.7	0.1	2.9
上海	28.1	9.4	7.3	36.2	11.5	0.3	——	7.1
江苏	10.9	63.7	6.3	8.8	4.8	0.6	0.2	4.7
浙江	22.5	50.3	6.5	6.3	6.1	1.3	0.1	6.9
安徽	11.1	52.1	11.2	12.1	7.5	1.7	——	4.2
福建	19.9	42.3	12.1	7.3	10.5	0.8	0.2	6.9
江西	4.2	64.2	10.4	7.5	8.7	1.0	——	4.1
山东	11.1	65.3	5.9	10.2	2.9	0.5	——	4.2
河南	10.3	54.5	12.3	8.1	9.5	1.2	0.2	4.1
湖北	4.9	64.8	8.1	7.8	3.8	0.5	0.9	9.2
湖南	4.2	65.8	8.7	7.9	6.5	1.3	0.2	5.4
广东	23.4	52.1	6.3	8.0	6.8	0.3	0.2	2.9
广西	3.8	52.7	11.9	6.8	19.3	0.8	——	4.8
海南	0.1	72.0	5.9	6.3	4.3	1.0	——	10.5
重庆	4.9	67.2	8.8	9.0	4.9	0.8	0.1	4.4
四川	8.0	63.2	8.0	10.0	5.6	1.1	——	4.2
贵州	3.3	53.7	11.3	7.9	15.5	1.6	——	6.6
云南	4.5	55.6	11.1	8.0	9.6	1.3	0.2	9.7
西藏	2.7	34.2	20.0	13.5	5.5	1.4	——	22.8
陕西	4.0	68.7	12.8	6.6	6.1	0.7	——	1.3
甘肃	4.5	59.1	9.6	12.8	6.8	1.2	0.1	5.8
青海	1.8	52.8	12.3	12.9	10.8	3.5	0.5	5.5
宁夏	2.6	62.1	7.9	11.6	6.8	0.9	——	8.1
新疆	3.2	68.6	6.9	6.2	7.0	0.7	0.2	7.3

5—51 各地区四级企业机械设备装备情况

地　　区	自有机械设备年末总台数(台)	自有机械设备年末总功率(万千瓦)	#施工机械功率	自有机械设备净值(净值)	技术装备率(元/人)	动力装备率(千瓦/人)
全国总计	**851454**	**856.0**	**716.9**	**1090484**	**4002**	**3.1**
北　京	9283	13.5	11.1	14154	3819	3.6
天　津	2550	4.0	3.4	3407	4199	5.0
河　北	37983	41.4	33.0	35874	4088	4.7
山　西	12579	13.0	10.4	13839	3708	3.5
内蒙古	20561	31.4	27.5	30701	4422	4.5
辽　宁	34520	55.1	46.6	55796	4512	4.5
吉　林	11111	19.9	16.7	28080	6486	4.6
黑龙江	19974	31.2	26.5	44231	7437	5.2
上　海	1859	1.3	1.2	4156	4542	1.5
江　苏	97493	84.8	75.8	146528	3149	1.8
浙　江	63390	59.4	49.4	107390	5773	3.2
安　徽	45639	26.1	22.3	40588	2784	1.8
福　建	22437	25.0	19.5	24702	3759	3.8
江　西	27279	22.1	18.6	20735	2407	2.6
山　东	68892	69.9	59.3	75217	2927	2.7
河　南	33398	29.9	23.2	34208	2894	2.5
湖　北	51210	43.5	35.5	45453	3686	3.5
湖　南	55575	52.1	44.1	49318	3420	3.6
广　东	47926	42.9	37.0	72485	7412	4.4
广　西	19076	17.5	13.9	16018	4023	4.4
海　南	912	1.7	1.2	1100	2567	4.1
重　庆	10485	12.5	10.5	21092	4062	2.4
四　川	35186	30.1	25.6	47208	3240	2.1
贵　州	9828	8.7	7.2	10454	3066	2.5
云　南	38591	37.3	30.9	47186	4591	3.6
西　藏	1684	1.4	1.1	2383	3588	2.1
陕　西	23694	15.7	13.9	21718	3453	2.5
甘　肃	12757	11.5	9.7	12581	3348	3.1
青　海	5888	7.6	5.5	9850	5139	4.0
宁　夏	11472	14.1	12.1	19933	9380	6.7
新　疆	18222	31.1	24.3	34098	9980	9.1

5—52　各地区四级企业建筑业增加值及其构成

单位:万元

地　区	建筑业增加值合计	本年提取固定资产折旧	应付工资总额	应付福利费总额
全国总计	**3030218**	**140688**	**1533924**	**130064**
北　京	94519	3932	37632	4045
天　津	13159	771	5054	215
河　北	96681	4149	42884	2455
山　西	39400	1970	17605	1319
内蒙古	98732	3912	55906	4578
辽　宁	152453	7683	74706	8248
吉　林	85799	2625	42095	5142
黑龙江	107773	5786	52806	4827
上　海	23186	966	10568	686
江　苏	505318	18015	293817	24874
浙　江	304653	14452	151882	14038
安　徽	119499	4862	62609	5582
福　建	61854	2919	32819	1592
江　西	60554	2090	31790	1874
山　东	224773	11215	113704	10826
河　南	99994	4147	45510	3048
湖　北	108597	5383	49807	3674
湖　南	116674	5633	59702	4094
广　东	147650	7461	66858	4897
广　西	46235	2474	23467	1436
海　南	3055	74	1740	140
重　庆	50650	2635	25913	2553
四　川	130055	6767	69180	6901
贵　州	32215	1192	16461	1153
云　南	102160	7151	47721	3433
西　藏	9622	420	3068	106
陕　西	47748	1983	24441	2104
甘　肃	27861	1510	14957	926
青　海	14896	796	7554	665
宁　夏	32181	2408	15870	1391
新　疆	72275	5306	35798	3243

5—52 续表

单位:万元

地　　区	工程结算税金及附加	工程结算利润	管理费用中的税金	管理费用中的劳动、待业保险费
全国总计	**337162**	**827214**	**34445**	**26722**
北　　京	9432	38136	550	792
天　　津	1388	5429	83	218
河　　北	13518	31318	1431	926
山　　西	5123	11783	1141	460
内 蒙 古	9968	22921	957	490
辽　　宁	17791	41138	1011	1876
吉　　林	9972	24072	534	1358
黑 龙 江	11321	30673	1331	1029
上　　海	2734	8019	156	57
江　　苏	48452	113475	3998	2688
浙　　江	32921	86472	2219	2669
安　　徽	13386	30641	1659	760
福　　建	7591	15974	464	496
江　　西	7910	15506	989	394
山　　东	21214	63111	2984	1718
河　　南	11544	32962	1415	1368
湖　　北	12845	33807	2154	925
湖　　南	14813	29835	1597	1000
广　　东	21942	42034	2153	2305
广　　西	4612	12540	718	990
海　　南	437	576	82	6
重　　庆	6130	12764	430	225
四　　川	13079	31465	1453	1210
贵　　州	4332	8176	513	389
云　　南	10912	30963	1318	661
西　　藏	1400	3897	614	117
陕　　西	5094	12936	975	215
甘　　肃	3108	6744	464	151
青　　海	1730	3696	278	176
宁　　夏	2907	9269	224	114
新　　疆	9556	16883	549	940

5—53 各地区四级企业建筑业劳动生产率

地　区	建筑业企业个数（个）	计算劳动生产率的平均人数（万人）	按总产值计算的劳动生产率（元/人）	按增加值计算的劳动生产率（元/人）	人均竣工产值（元/人）	人均施工面积（平方米/人）	人均竣工面积（平方米/人）
全国总计	**17562**	**287.01**	**36542**	**10558**	**30692**	**65.2**	**42.8**
北　京	521	4.42	70770	21391	73285	42.3	34.0
天　津	90	0.95	42176	13885	38227	120.2	95.6
河　北	540	9.67	29723	9994	23972	59.7	37.9
山　西	316	4.31	29355	9146	25293	60.6	41.6
内蒙古	528	10.47	31973	9429	41154	82.1	56.8
辽　宁	846	14.42	34239	10573	33183	62.8	45.0
吉　林	312	6.88	41845	12478	58924	84.9	65.3
黑龙江	673	9.55	38146	11280	53132	70.6	54.4
上　海	175	1.14	69025	20303	67643	27.0	13.8
江　苏	1615	43.19	48968	11700	36148	64.7	47.2
浙　江	1511	18.26	54557	16680	41173	65.7	36.7
安　徽	708	14.36	26843	8319	20726	60.5	43.2
福　建	662	7.45	24166	8308	21003	48.1	26.4
江　西	604	8.10	25885	7473	18552	77.1	49.0
山　东	1676	26.89	27439	8359	21318	61.4	37.0
河　南	703	11.11	28487	8998	19956	60.9	37.6
湖　北	815	12.74	28493	8527	22794	72.7	51.0
湖　南	752	14.08	29885	8286	22135	65.1	39.7
广　东	669	9.99	50820	14783	44967	105.5	53.0
广　西	347	4.00	33846	11545	27436	54.9	36.7
海　南	40	0.42	24295	7212	23115	37.7	36.1
重　庆	338	4.92	34712	10297	24423	70.7	45.4
四　川	901	13.91	31476	9351	23459	54.9	37.6
贵　州	257	3.37	33239	9554	21681	78.7	41.1
云　南	596	9.28	37622	11005	30237	48.0	33.6
西　藏	45	0.78	35504	12280	37187	52.0	48.2
陕　西	406	6.41	26457	7454	21108	61.7	35.0
甘　肃	160	4.42	20393	6298	21593	44.0	31.5
青　海	115	2.19	22691	6794	24128	34.5	20.4
宁　夏	271	3.17	31767	10137	41033	64.4	47.1
新　疆	370	6.13	44927	11785	61780	117.6	71.5

5—54 各地区四级企业实收资本及资产构成

单位:万元

地 区	实收资本	资产合计	#流动资产小计	#存 货	#在建工程	长期投资
全国总计	**2928864**	**9754582**	**6854664**	**2520510**	**1492960**	**256314**
北 京	75036	419448	356568	159782	42053	10677
天 津	17684	52130	41700	13656	5364	1194
河 北	95614	225439	138015	44617	23605	7957
山 西	32818	134089	92109	27974	10089	2613
内蒙古	86416	258315	170735	51909	24013	1988
辽 宁	151649	482447	355814	86661	38574	4841
吉 林	64680	258856	188255	24565	8369	1509
黑龙江	95867	341516	244101	47414	19495	3014
上 海	29727	93870	77438	23513	15513	2243
江 苏	351669	1290234	955097	431312	303299	32318
浙 江	285281	1021021	755451	288900	174811	28989
安 徽	108547	346728	241959	76689	40968	3428
福 建	109380	414373	327152	150743	116423	13348
江 西	68612	261449	199102	80154	55460	3660
山 东	176596	732002	540708	208058	122024	8473
河 南	81895	243888	156393	59427	32816	5242
湖 北	137825	338179	196339	64466	35142	7648
湖 南	142033	364576	219534	86871	64505	12575
广 东	137309	714432	499922	234334	142540	70862
广 西	69707	178424	113873	33720	22062	5259
海 南	3041	6634	2609	437	354	603
重 庆	62245	123488	69981	27046	12778	1427
四 川	146769	350891	224740	80681	50076	6331
贵 州	36862	106637	73865	30586	23442	1982
云 南	129621	337217	199268	72976	53886	6277
西 藏	12293	21653	9790	2622	373	1413
陕 西	55406	144683	93877	36566	20718	970
甘 肃	22746	65405	36708	12254	6820	1485
青 海	21521	61920	40798	15151	7002	921
宁 夏	48111	128283	79301	18940	7746	2046
新 疆	71904	236351	153462	28484	12641	5022

单位:万元

地区	固定资产小计	固定资产原价	#生产经营用	固定资产折旧	#本年折旧	无形及递延资产小计	#无形资产
全国总计	**2421623**	**3058826**	**2323741**	**802457**	**140688**	**114313**	**77947**
北京	46485	66482	42261	20396	3932	1266	564
天津	8979	12367	9227	3682	771	1074	
河北	75789	94504	77240	28067	4149	2094	1069
山西	35727	45358	30161	11453	1970	1604	887
内蒙古	79109	94771	67889	18183	3912	5452	4710
辽宁	115356	154260	130829	42932	7683	3542	2293
吉林	62072	80726	62913	21268	2625	5532	1216
黑龙江	90436	121054	105560	32402	5786	2036	638
上海	10040	15637	9948	5698	966	647	392
江苏	277282	351652	283958	94275	18015	14234	11921
浙江	210400	267423	209334	66941	14452	14598	9461
安徽	92702	116409	85620	23707	4862	4342	2640
福建	66374	83794	63143	23100	2919	3994	2673
江西	54025	65731	43748	16035	2090	1845	1363
山东	169456	224971	167978	64474	11215	6097	3780
河南	75844	92589	67993	21784	4147	2697	1512
湖北	121790	144653	100328	33190	5383	8662	6307
湖南	121863	145842	108714	34065	5633	3546	2161
广东	125685	157740	112039	41664	7461	10991	8159
广西	55761	67173	46840	15437	2474	855	602
海南	3294	3514	2556	552	74	——	——
重庆	45573	55032	39344	11808	2635	1509	871
四川	105163	140583	112996	46367	6767	10049	9009
贵州	26853	32516	22971	6332	1192	1566	1110
云南	126465	149983	111454	45255	7151	2592	1574
西藏	10090	9479	6159	8677	420	52	30
陕西	46731	57150	43244	11932	1983	1077	607
甘肃	26158	31621	23781	7424	1510	258	87
青海	18087	22871	17835	5172	796	342	144
宁夏	44632	54943	42509	11330	2408	1073	754
新疆	73402	98000	75170	28855	5306	1654	1408

5—55 各地区四级企业负债及所有者权益

单位:万元

地区	负债合计	流动负债小计	长期负债小计	所有者权益合计	#实收资本
全国总计	**6118377**	**5744625**	**373752**	**3636205**	**2928864**
北京	306846	303528	3319	112602	75036
天津	26152	26068	84	25978	17684
河北	109246	97759	11487	116193	95614
山西	93193	84733	8460	40896	32818
内蒙古	156189	143485	12704	102126	86416
辽宁	308823	300408	8415	173624	151649
吉林	184195	174101	10094	74661	64680
黑龙江	229178	220113	9065	112338	95867
上海	59440	57668	1772	34430	29727
江苏	842173	810542	31631	448061	351669
浙江	645258	626195	19062	375763	285281
安徽	220824	195459	25364	125905	108547
福建	289054	274173	14881	125319	109380
江西	181458	171964	9494	79992	68612
山东	504256	466479	37777	227747	176596
河南	142669	131460	11209	101220	81895
湖北	168900	143535	25365	169279	137825
湖南	192099	172354	19744	172478	142033
广东	502236	467181	35055	212196	137309
广西	94276	83222	11054	84148	69707
海南	2583	2071	512	4051	3041
重庆	51347	47834	3513	72142	62245
四川	182050	168096	13954	168841	146769
贵州	60300	55218	5082	46336	36862
云南	180459	168135	12324	156758	129621
西藏	9429	8941	488	12225	12293
陕西	75486	66740	8746	69198	55406
甘肃	31950	27883	4067	33455	22746
青海	39737	35530	4207	22183	21521
宁夏	72716	68609	4107	55567	48111
新疆	155856	145140	10716	80495	71904

5—56 各地区四级企业工程结算收入及工程结算利润

单位:万元

地区	工程结算收入	工程结算成本	工程结算税金及附加	工程结算利润	管理费用	#税金	#财产保险费	#劳动、待业保险费
全国总计	**8645723**	**7481348**	**337162**	**827214**	**550483**	**34445**	**4272**	**26722**
北京	294815	247247	9432	38136	29771	550	116	792
天津	37236	30419	1388	5429	4087	834	218	
河北	280095	235259	13518	31318	14683	1431	298	926
山西	112956	96050	5123	11783	8323	1141	257	460
内蒙古	297405	264516	9968	22921	15562	957	101	490
辽宁	483697	424768	17791	41138	29665	1011	104	1876
吉林	280581	246536	9972	24072	16453	534	75	1358
黑龙江	337983	295989	11321	30673	26195	1331	82	1029
上海	82224	71471	2734	8019	7251	156	43	57
江苏	1268506	1106579	48452	113475	78430	3998	295	2688
浙江	855302	735909	32921	86472	56461	2219	461	2669
安徽	333879	289852	13386	30641	18280	1659	141	760
福建	176931	153366	7591	15974	12637	464	110	496
江西	184468	161052	7910	15506	10270	989	55	394
山东	598066	513741	21214	63111	39001	2984	513	1718
河南	289116	244610	11544	32962	18752	1415	142	1368
湖北	315204	268552	12845	33807	18785	2154	224	925
湖南	358434	313785	14813	29835	17964	1597	229	1000
广东	434399	370423	21942	42034	30939	2153	188	2305
广西	94320	77169	4612	12540	9145	718	123	990
海南	10240	9227	437	576	286	82	4	6
重庆	140474	121581	6130	12764	7074	430	52	225
四川	336987	292443	13079	31465	18990	1453	163	1210
贵州	95243	82736	4332	8176	5191	513	60	389
云南	316341	274466	10912	30963	16061	1318	148	661
西藏	19756	14459	1400	3897	2172	614	11	117
陕西	138820	120790	5094	12936	7018	975	64	215
甘肃	78181	68329	3108	6744	3670	464	59	151
青海	44979	39552	1730	3696	3699	278	34	176
宁夏	93006	80830	2907	9269	6932	224	25	114
新疆	256080	229641	9556	16883	16734	549	92	940

5—57 各地区四级企业利润及税金总额

单位:万元

地　区	利润总额	#应交所得税	税金总额	工程结算税金及附加	管理费用中的税金
全国总计	**254256**	**63386**	**371606**	**337162**	**34445**
北　京	11476	3806	9982	9432	550
天　津	2006	671	1471	1388	83
河　北	10646	2923	14949	13518	1431
山　西	2932	473	6264	5123	1141
内蒙古	6319	1512	10925	9968	957
辽　宁	12592	3261	18801	17791	1011
吉　林	7112	1886	10506	9972	534
黑龙江	3607	1304	12652	11321	1331
上　海	1854	516	2890	2734	156
江　苏	33131	9424	52450	48452	3998
浙　江	30024	8259	35140	32921	2219
安　徽	9528	2454	15046	13386	1659
福　建	4566	1720	8055	7591	464
江　西	4104	954	8898	7910	989
山　东	22063	5387	24199	21214	2984
河　南	11020	1519	12960	11544	1415
湖　北	11901	1966	14999	12845	2154
湖　南	9914	1714	16410	14813	1597
广　东	16479	3536	24094	21942	2153
广　西	3566	977	5329	4612	718
海　南	126	24	519	437	82
重　庆	4380	780	6560	6130	430
四　川	9408	2508	14532	13079	1453
贵　州	2372	263	4844	4332	513
云　南	12302	2758	12230	10912	1318
西　藏	1462	303	2014	1400	614
陕　西	4015	626	6069	5094	975
甘　肃	2430	324	3572	3108	464
青　海	161	148	2009	1730	278
宁　夏	1991	660	3131	2907	224
新　疆	767	730	10105	9556	549

5—58 各地区四级企业主要效益指标

地　区	产值利润率(%)	产值利税率(%)	资本利润率(%)	资本利税率(%)	人均利润(元/人)	人均利税(元/人)	资产负债率(%)
全国总计	**2.4**	**6.0**	**8.7**	**21.4**	**933**	**2297**	**62.7**
北　京	3.7	6.9	15.3	28.6	3097	5790	73.2
天　津	5.0	8.7	11.3	19.7	2472	4285	50.2
河　北	3.7	8.9	11.1	26.8	1213	2917	48.5
山　西	2.3	7.3	8.9	28.0	786	2464	69.5
内蒙古	1.9	5.2	7.3	20.0	910	2484	60.5
辽　宁	2.6	6.4	8.3	20.7	1018	2539	64.0
吉　林	2.5	6.1	11.0	27.2	1643	4070	71.2
黑龙江	1.0	4.5	3.8	17.0	607	2734	67.1
上　海	2.4	6.0	6.2	16.0	2026	5184	63.3
江　苏	1.6	4.0	9.4	24.3	712	1839	65.3
浙　江	3.0	6.5	10.5	22.8	1614	3503	63.2
安　徽	2.5	6.4	8.8	22.6	653	1685	63.7
福　建	2.5	7.0	4.2	11.5	695	1920	69.8
江　西	2.0	6.2	6.0	19.0	476	1509	69.4
山　东	3.0	6.3	12.5	26.2	859	1800	68.9
河　南	3.5	7.6	13.5	29.3	932	2029	58.5
湖　北	3.3	7.4	8.6	19.5	965	2181	49.9
湖　南	2.4	6.3	7.0	18.5	687	1825	52.7
广　东	3.2	8.0	12.0	29.5	1685	4149	70.3
广　西	2.6	6.6	5.1	12.8	895	2234	52.8
海　南	1.2	6.3	4.1	21.2	295	1507	38.9
重　庆	2.6	6.4	7.0	17.6	844	2107	41.6
四　川	2.1	5.5	6.4	16.3	646	1643	51.9
贵　州	2.1	6.4	6.4	19.6	696	2116	56.5
云　南	3.5	7.0	9.5	18.9	1197	2387	53.5
西　藏	5.3	12.5	11.9	28.3	2202	5234	43.5
陕　西	2.4	6.0	7.2	18.2	638	1603	52.2
甘　肃	2.7	6.7	10.7	26.4	647	1597	48.8
青　海	0.3	4.4	0.7	10.1	84	1132	64.2
宁　夏	2.0	5.1	4.1	10.6	937	2410	56.7
新　疆	0.3	3.9	1.1	15.1	224	3182	65.9

5—59 各地区四级建筑业企业亏损情况

地　　区	企业个数（个）	#亏损企业个数	亏损金额（万元）	亏损面（%）
全国总计	**17562**	**3171**	**51338**	**18.1**
北　京	521	131	2907	25.1
天　津	90	22	286	24.4
河　北	540	64	1965	11.9
山　西	316	49	372	15.5
内蒙古	528	95	1127	18.0
辽　宁	846	204	3378	24.1
吉　林	312	79	1460	25.3
黑龙江	673	146	2379	21.7
上　海	175	26	1112	14.9
江　苏	1615	301	5104	18.6
浙　江	1511	229	3297	15.2
安　徽	708	118	1218	16.7
福　建	662	175	1745	26.4
江　西	604	105	748	17.4
山　东	1676	241	3376	14.4
河　南	703	126	1528	17.9
湖　北	815	97	1434	11.9
湖　南	752	100	807	13.3
广　东	669	150	5641	22.4
广　西	347	63	1623	18.2
海　南	40	2	68	5.0
重　庆	338	42	607	12.4
四　川	901	146	1390	16.2
贵　州	257	40	391	15.6
云　南	596	88	1186	14.8
西　藏	45	1	12	2.2
陕　西	406	58	754	14.3
甘　肃	160	21	228	13.1
青　海	115	35	586	30.4
宁　夏	271	85	1536	31.4
新　疆	370	132	3074	35.7

5—60 各地区四级企业建筑材料消耗情况

地区	一、价值量				二、实物量		
	材料费用合计(万元)	钢材	木材	水泥	钢材(万吨)	木材(万立方米)	水泥(万吨)
全国总计	**5043300**	**1301307**	**416034**	**975710**	**524.00**	**456.68**	**3511.51**
北京	117648	20172	7072	10526	7.07	7.05	37.57
天津	11847	3288	764	2649	1.28	0.63	9.45
河北	136078	28975	10195	22332	14.13	10.88	93.04
山西	44284	14480	3384	10209	5.79	4.14	43.25
内蒙古	193569	35962	9955	27713	14.94	12.08	92.82
辽宁	227555	59222	17840	40744	25.08	19.79	140.68
吉林	155238	31908	12662	21950	11.58	14.22	64.52
黑龙江	181261	37459	11557	30858	13.53	14.21	83.83
上海	31119	5862	1875	4135	2.54	1.55	12.98
江苏	836579	254584	82819	183308	101.94	62.34	692.11
浙江	445471	113548	31448	94935	44.74	30.65	330.43
安徽	173300	52758	18815	40977	22.07	19.39	158.28
福建	72984	28408	8517	19717	11.46	11.07	60.88
江西	104387	33305	13142	29782	13.61	19.86	100.70
山东	307964	82988	31997	62829	35.13	30.66	276.44
河南	165353	42860	12810	35270	18.04	13.83	140.16
湖北	396109	47386	18142	40183	20.10	20.58	150.87
湖南	228579	51514	20552	40995	20.89	35.70	157.24
广东	218924	76909	23781	54947	30.51	28.62	175.10
广西	85154	25298	7365	13503	9.95	12.06	45.06
海南	2955	1060	299	1061	0.43	0.30	3.55
重庆	79906	21642	7422	17645	9.18	7.77	70.71
四川	259337	62971	23399	51172	26.63	26.04	179.57
贵州	49417	13800	4285	10709	5.60	5.02	38.44
云南	174702	62531	12609	41485	24.09	21.91	136.98
西藏	15634	3618	2008	4615	1.17	2.57	7.27
陕西	65594	20990	7878	16708	8.49	7.95	59.26
甘肃	53452	13098	3107	9844	5.15	3.01	34.33
青海	20544	4412	1785	3978	1.71	1.75	11.72
宁夏	45660	10944	2307	7731	4.15	2.16	29.49
新疆	142699	39354	6243	23199	13.00	8.89	74.79

六
各行业、国务院有关部门建筑业企业

6—1　各行业建筑业总产值和竣工产值

单位：万元

地　　区	建筑业总产值	建筑工程产值	安装工程产值	房屋构筑物修理产值	非标准设备制造产值	竣工产值
总　　计	**124975961**	**108452657**	**13943775**	**1921038**	**658491**	**89782611**
土木工程建筑业	109778964	102217773	5581527	1623423	356242	78331038
房屋	83306321	77499941	4130548	1461900	213932	60075082
矿山	1219854	1045168	119910	40740	14036	954735
铁路公路隧道桥梁	17066506	16743068	274574	26716	22148	11253268
堤坝电站码头	4399974	3758852	563650	12515	64957	3045706
其他土木工程	3786308	3170745	492844	81552	41168	3002246
线路管道设备安装业	10914629	2952224	7577387	92982	292037	8487590
线路管道安装业	5655821	1804453	3714376	25489	111503	4651049
设备安装业	5258808	1147770	3863010	67494	180534	3836541
装修装饰业	4282368	3282661	784862	204633	10213	2963984

6—2　各行业单位工程个数及工程质量

地　　区	单位工程施工个数（个）	#本年新开工个数	#投标承包个数	#本年新开工	单位工程竣工个数（个）	#优良品	工程质量优良品率（%）	投标承包个数占单位工程施工个数的比重（%）
总　　计	**774942**	**455875**	**330861**	**215743**	**534319**	**155172**	**29.0**	**42.7**
土木工程建筑业	546506	349491	303158	196915	341558	118224	34.6	55.5
房屋	418427	265147	243042	161548	257050	86285	33.6	58.1
矿山	8536	5563	3689	2546	4862	1625	33.4	43.2
铁路公路隧道桥梁	61719	37445	36564	19849	37311	18684	50.1	59.2
堤坝电站码头	15375	8580	8655	4613	8782	3959	45.1	56.3
其他土木工程	42449	32756	11208	8359	33553	7671	22.9	26.4
线路管道设备安装业	226134	104820	27191	18493	191445	36742	19.2	12.0
线路管道安装业	171484	67287	14379	10029	150842	22762	15.1	8.4
设备安装业	54650	37533	12812	8464	40603	13980	34.4	23.4
装修装饰业	2302	1564	512	335	1316	206	15.7	22.2

6—3　各行业房屋建筑面积和工程质量

地　　区	房屋建筑施工面积（万平方米）	#本年新开工面积	#投标承包面积	#本年新开工	房屋建筑竣工面积（万平方米）	#优良品	房屋建筑面积优良品率(%)	投标承包面积占房屋建筑施工面积的比重(%)
总　　计	**160141.1**	**86948.5**	**108535.5**	**63515.4**	**80714.9**	**35843.5**	**44.4**	**67.8**
土木工程建筑业	158629.6	86049.2	107756.9	63000.2	79824.5	35494.1	44.5	67.9
房屋	154085.6	83566.2	104825.9	61235.6	77595.1	34612.3	44.6	68.0
矿山	415.6	203.4	267.7	139.2	194.5	85.9	44.2	64.4
铁路公路隧道桥梁	1743.1	962.6	1197.7	716.0	822.6	406.4	49.4	68.7
堤坝电站码头	584.0	244.4	412.1	191.6	204.5	105.6	51.6	70.6
其他土木工程	1801.3	1072.6	1053.4	717.9	1007.9	283.8	28.2	58.5
线路管道设备安装业	1313.1	794.9	688.3	465.7	787.9	327.1	41.5	52.4
线路管道安装业	555.5	344.8	318.5	216.0	305.0	135.2	44.3	57.3
设备安装业	757.7	450.2	369.8	249.8	482.9	191.9	39.7	48.8
装修装饰业	198.4	104.4	90.3	49.4	102.5	22.3	21.8	45.5

6—4　各行业按主要用途分的房屋建筑竣工面积

单位:万平方米

地　区	合　计	厂　房	住　宅	办　公用　房	商业、居民服务业用房	文化教育用房	医　疗用　房	科　研用　房	其　他用　房
总　　计	**80714.9**	**7362.9**	**49668.0**	**6934.3**	**7131.1**	**4346.7**	**844.0**	**253.6**	**4174.2**
土木工程建筑业	79824.5	7109.8	49279.3	6844.6	7069.7	4322.9	834.7	250.5	4113.1
房屋	77595.1	6738.4	48144.3	6677.6	6902.3	4233.0	820.0	236.9	3842.5
矿山	194.5	31.4	128.6	8.6	7.4	11.4	2.1	——	4.9
铁路公路隧道桥梁	822.6	65.6	399.2	73.6	64.2	27.1	7.3	3.3	182.2
堤坝电站码头	204.5	61.8	99.8	12.6	14.0	4.0	0.2	2.9	9.1
其他土木工程	1007.9	212.6	507.4	72.1	81.7	47.3	5.0	7.3	74.5
线路管道设备安装业	787.9	237.9	347.5	74.0	41.9	18.5	8.4	3.2	56.4
线路管道安装业	305.0	53.7	155.9	34.6	18.9	10.6	2.4	——	28.9
设备安装业	482.9	184.2	191.6	39.4	23.0	7.9	6.0	3.2	27.5
装修装饰业	102.5	15.1	41.1	15.7	19.5	5.4	1.0	——	4.7

6—5 各行业各种用途的房屋建筑竣工面积占全部的比重

单位:%

地 区	厂 房	住 宅	办 公 用 房	商业、居民服务业用房	文化教育用房	医 疗 用 房	科 研 用 房	其 他 用 房
总 计	**9.1**	**61.5**	**8.6**	**8.8**	**5.4**	**1.0**	**0.3**	**5.2**
土木工程建筑业	8.9	61.7	8.6	8.9	5.4	1.0	0.3	5.2
房屋	8.7	62.0	8.6	8.9	5.5	1.1	0.3	5.0
矿山	16.1	66.1	4.4	3.8	5.9	1.1	——	2.5
铁路公路隧道桥梁	8.0	48.5	8.9	7.8	3.3	0.9	0.4	22.2
堤坝电站码头	30.2	48.8	6.2	6.9	2.0	0.1	1.4	4.4
其他土木工程	21.1	50.3	7.2	8.1	4.7	0.5	0.7	7.4
线路管道设备安装业	30.2	44.1	9.4	5.3	2.3	1.1	0.4	7.2
线路管道安装业	17.6	51.1	11.4	6.2	3.5	0.8	——	9.5
设备安装业	38.2	39.7	8.2	4.8	1.6	1.3	0.7	5.7
装修装饰业	14.8	40.1	15.3	19.0	5.2	0.9	——	4.6

6—6 各行业机械设备装备情况

地 区	自有机械设备年末总台数(台)	自有机械设备年末总功率(万千瓦)	#施工机械功率	自有机械设备净值(净值)	技术装备率(元/人)	动力装备率(千瓦/人)
总 计	**6259885**	**9228.1**	**7100.1**	**12572317**	**6304**	**4.6**
土木工程建筑业	5581490	8317.0	6442.1	11253803	6179	4.6
房屋	4685573	5445.9	4268.3	7029351	4614	3.6
矿山	72901	273.7	176.2	197688	7504	10.4
铁路公路隧道桥梁	420200	1515.1	1161.8	2408958	14531	9.1
堤坝电站码头	201236	648.1	496.7	996738	20447	13.3
其他土木工程	201580	434.3	339.1	621068	10918	7.6
线路管道设备安装业	469471	786.7	556.6	1069793	8211	6.0
线路管道安装业	198464	386.4	270.4	483773	7874	6.3
设备安装业	271007	400.3	286.2	586020	8512	5.8
装修装饰业	208924	124.4	101.5	248721	5804	2.9

6—7 各行业建筑业增加值及其构成

单位:万元

地　　区	建筑业增加值合计	本年提取固定资产折旧	应付工资总额	应付福利费总额
总　　计	**33410864**	**2115372**	**15305078**	**1601086**
土木工程建筑业	28685112	1817272	13532333	1385400
房 屋	21376018	1052305	10853177	1061891
矿 山	530254	46246	281987	37490
铁路公路隧道桥梁	4162258	429673	1440929	172029
堤坝电站码头	1512538	197112	516273	64347
其他土木工程	1104045	91936	439967	49644
线路管道设备安装业	3673424	242415	1385962	179504
线路管道安装业	1890930	119870	683184	86429
设备安装业	1782494	122545	702778	93075
装修装饰业	1052327	55685	386782	36182

6—7 续表

单位:万元

地　　区	工程结算税金及附加	工程结算利润	管理费用中的税金	管理费用中的劳动、待业保险费
总　　计	**3621939**	**9435591**	**249631**	**1082167**
土木工程建筑业	3197079	7646499	211775	894755
房 屋	2467224	5235530	154947	550946
矿 山	21975	104949	2516	35092
铁路公路隧道桥梁	471908	1437361	37156	173202
堤坝电站码头	128866	502519	8713	94708
其他土木工程	107107	366140	8443	40808
线路管道设备安装业	300656	1362828	28638	173421
线路管道安装业	161743	735444	18510	85750
设备安装业	138913	627384	10128	87672
装修装饰业	124204	426264	9218	13990

6—8 各行业建筑业劳动生产率

地　　区	建筑业企业个数（个）	计算劳动生产率的平均人数（万人）	按总产值计算的劳动生产率（元/人）	按增加值计算的劳动生产率（元/人）	人均竣工产值（元/人）	人均施工面积（平方米/人）	人均竣工面积（平方米/人）
总　　计	**47518**	**2097.42**	**59585**	**15929**	**45020**	**80.3**	**40.5**
土木工程建筑业	37889	1907.28	57558	15040	43012	87.1	43.8
房屋	31924	1604.70	51914	13321	39435	101.1	50.9
矿山	200	18.48	65992	28686	36242	15.8	7.4
铁路公路隧道桥梁	2448	174.44	97838	23861	67880	10.5	5.0
堤坝电站码头	696	48.21	91259	31371	62481	12.0	4.2
其他土木工程	2621	61.45	61620	17968	52776	31.7	17.7
线路管道设备安装业	4523	139.46	78262	26340	65146	10.1	6.0
线路管道安装业	2298	68.47	82601	27616	75704	9.0	5.0
设备安装业	2225	70.99	74077	25109	55724	11.0	7.0
装修装饰业	5106	50.69	84490	20762	69162	4.6	2.4

6—9 各行业负债及所有者权益

单位：万元

地　　区	负债合计	流动负债小计	长期负债小计	所有者权益合计	#实收资本
总　　计	**103452169**	**98021479**	**5430601**	**42331517**	**32198390**
土木工程建筑业	89562597	84750436	4812073	36064665	27413342
房屋	64761102	61663399	3097614	25268439	19624819
矿山	1492728	1392625	100104	1101867	875146
铁路公路隧道桥梁	14981112	14154649	826463	6255897	4320384
堤坝电站码头	4542827	3975310	567517	1719380	1189262
其他土木工程	3784827	3564452	220375	1719082	1403730
线路管道设备安装业	10883404	10386912	496492	4370172	3131875
线路管道安装业	5487381	5238504	248876	2203665	1531734
设备安装业	5396024	5148408	247616	2166506	1600141
装修装饰业	3006168	2884131	122037	1896680	1653173

6—10 各行业实收资本及资产构成

单位:万元

地　　区	实收资本	资产合计	#流动资产小计	#存货	#在建工程	长期投资
总　　计	**32198390**	**145783686**	**105875191**	**32805041**	**20578414**	**5529437**
土木工程建筑业	27413342	125627262	90958661	28477777	18263288	4714442
房屋	19624819	90029542	67458891	22881420	14831359	3057471
矿山	875146	2594595	1308481	265428	110412	104639
铁路公路隧道桥梁	4320384	21237009	14462348	3390448	2259500	1109288
堤坝电站码头	1189262	6262208	3799210	808457	372155	302442
其他土木工程	1403730	5503909	3929732	1132024	689862	140604
线路管道设备安装业	3131875	15253576	11110984	3023400	1675052	624514
线路管道安装业	1531734	7691046	5581294	1587857	883251	332216
设备安装业	1600141	7562530	5529690	1435543	791801	292298
装修装饰业	1653173	4902848	3805545	1303864	640075	190480

6—10 续表

单位:万元

地　　区	固定资产小计	固定资产原价	#生产经营用	固定资产折旧	#本年折旧	无形及递延资产小计	#无形资产
总　　计	**29697772**	**42047138**	**31920059**	**13734676**	**2115372**	**2281582**	**1789879**
土木工程建筑业	25905759	36538409	27723492	11784306	1817272	2014109	1595710
房屋	16588521	22461948	16519829	6705684	1052305	1527031	1216854
矿山	1128189	1712550	1249862	683276	46246	40816	22802
铁路公路隧道桥梁	5059105	7329998	5961128	2411518	429673	266782	228832
堤坝电站码头	1861789	3199486	2584331	1368845	197112	104691	71668
其他土木工程	1268154	1834428	1408344	614982	91936	74788	55554
线路管道设备安装业	3022961	4485503	3454359	1656317	242415	201179	154940
线路管道安装业	1513845	2207199	1655242	758590	119870	96375	73091
设备安装业	1509116	2278303	1799117	897727	122545	104804	81849
装修装饰业	769053	1023226	742207	294052	55685	66295	39230

6—11 各行业工程结算收入及工程结算利润

单位:万元

地　区	工程结算收入	工程结算成本	工程结算税金及附加	工程结算利润	管理费用	#税　金	#财产保险费	#劳动、待业保险费
总　计	**110030241**	**96972710**	**3621939**	**9435591**	**7382291**	**249631**	**53025**	**1082167**
土木工程建筑业	96009723	85166146	3197079	7646499	5897659	211775	42420	894755
房屋	70071769	62369015	2467224	5235530	3866452	154947	28612	550946
矿山	1391596	1264673	21975	104949	163061	2516	729	35092
铁路公路隧道桥梁	16661120	14751852	471908	1437361	1134540	37156	8797	173202
堤坝电站码头	4350095	3718710	128866	502519	430726	8713	2228	94708
其他土木工程	3535142	3061895	107107	366140	302881	8443	2053	40808
线路管道设备安装业	10281894	8618410	300656	1362828	1152553	28638	8428	173421
线路管道安装业	5343667	4446479	161743	735444	601359	18510	3520	85750
设备安装业	4938227	4171930	138913	627384	551194	10128	4909	87672
装修装饰业	3738623	3188155	124204	426264	332078	9218	2177	13990

6—12 各行业利润及税金总额

单位:万元

地　区	利润总额	#应交所得税	税金总额	工程结算税金及附加	管理费用中的税金
总　计	**1920635**	**653388**	**3871570**	**3621939**	**249631**
土木工程建筑业	1554555	525598	3408854	3197079	211775
房屋	1262517	403083	2622170	2467224	154947
矿山	—91841	1942	24491	21975	2516
铁路公路隧道桥梁	280068	81240	509063	471908	37156
堤坝电站码头	47315	18407	137579	128866	8713
其他土木工程	56496	20926	115550	107107	8443
线路管道设备安装业	273277	101220	329294	300656	28638
线路管道安装业	177404	63283	180253	161743	18510
设备安装业	95872	37936	149041	138913	10128
装修装饰业	92803	26570	133422	124204	9218

6—13 各行业主要效益指标

地 区	产值利润率(%)	产值利税率(%)	资本利润率(%)	资本利税率(%)	人均利润(元/人)	人均利税(元/人)	资产负债率(%)
总 计	**1.5**	**4.6**	**6.0**	**18.0**	**963**	**2904**	**71.0**
土木工程建筑业	1.4	4.5	5.7	18.1	854	2725	71.3
房屋	1.5	4.7	6.4	19.8	829	2550	71.9
矿山	—7.5	—5.5	—10.5	—7.7	—3486	—2557	57.5
铁路公路隧道桥梁	1.6	4.6	6.5	18.3	1689	4760	70.5
堤坝电站码头	1.1	4.2	4.0	15.5	971	3793	72.5
其他土木工程	1.5	4.5	4.0	12.3	993	3024	68.8
线路管道设备安装业	2.5	5.5	8.7	19.2	2098	4625	71.3
线路管道安装业	3.1	6.3	11.6	23.3	2888	5822	71.3
设备安装业	1.8	4.7	6.0	15.3	1392	3557	71.4
装修装饰业	2.2	5.3	5.6	13.7	2165	5279	61.3

6—14 各行业建筑业企业亏损情况

地 区	企业个数(个)	#亏损企业个数	亏损金额(万元)	亏损面(%)
总 计	**47518**	**9470**	**765188**	**19.9**
土木工程建筑业	37889	6788	623287	17.9
房屋	31924	5457	389843	17.1
矿山	200	70	101514	35.0
铁路公路隧道桥梁	2448	430	67376	17.6
堤坝电站码头	696	145	27347	20.8
其他土木工程	2621	686	37207	26.2
线路管道设备安装业	4523	1025	99456	22.7
线路管道安装业	2298	436	44209	19.0
设备安装业	2225	589	55247	26.5
装修装饰业	5106	1657	42446	32.5

6—15 各行业建筑材料消耗情况

地　　区	一、价值量			
	材料费用合计(万元)	钢　材	木　材	水　泥
总计	**57960826**	**16220274**	**3609926**	**9733449**
土木工程建筑业	52206555	14921841	3343553	9445318
房屋	41725310	12085762	3014856	7324051
矿山	529725	195971	13103	50950
铁路公路隧道桥梁	6888076	1739353	206079	1499800
堤坝电站码头	1633144	457057	51915	279652
其他土木工程	1430300	443698	57599	290865
线路管道设备安装业	4104323	1161102	64954	193515
线路管道安装业	2136405	538310	36710	106593
设备安装业	1967918	622791	28244	86922
装修装饰业	1649948	137331	201419	94615

6—15 续表

地　　区	二、实物量		
	钢材(万吨)	木材(万立方米)	水泥(万吨)
总计	**6237.94**	**3681.03**	**33311.26**
土木工程建筑业	5811.97	3451.01	32383.64
房屋	4816.52	3105.59	25436.53
矿山	45.52	12.02	166.87
铁路公路隧道桥梁	619.95	218.10	4896.98
堤坝电站码头	166.60	53.59	885.39
其他土木工程	163.37	61.71	997.87
线路管道设备安装业	371.88	63.06	629.47
线路管道安装业	176.02	35.01	342.25
设备安装业	195.86	28.05	287.23
装修装饰业	54.09	166.96	298.15

6－16　各部门建筑业总产值和竣工产值

地　区	建筑业总产值	建筑工程产值	安装工程产值	房屋构筑物修理产值	非标准设备制造产值	竣工产值
中央部直属单位合计	**18005705**	**14211820**	**3570261**	**51372**	**127988**	**11842632**
中建总公司	2256108	2092734	163186	91	96	1398532
冶金部	1115813	906956	179680	19509	7777	648616
有色金属总公司	369590	292780	70048	1032	5730	176359
煤碳工业运营中心	847769	727926	112589	6248	1006	577253
石油天然气总公司	871548	227714	558862	8079	34982	722780
电力企业联合会	2611980	1002380	1606430	200	2980	2627168
石化总公司	263867	28097	218052	8517	9201	178055
水电工程总公司	879845	792546	57009	1389	28901	522307
核工业总公司	319655	217402	101054	134	1065	97516
电子系统总公司	20085	117	19882	——	86	14217
机械安装总公司	43119	7377	29986	84	5673	34679
化学工程总公司	350595	93800	245319	102	10907	188002
建材建设总公司	53745	18162	35583	——	——	26440
铁 道 部	7043855	6933735	102664	5637	1819	4022269
通信建设总公司	103190	54161	49028	——	——	76449
港湾建设总公司	854940	815934	20889	352	17766	531989

6—17　各部门单位工程个数及工程质量

地　区	单位工程施工个数（个）	＃本年新开工个数	＃投标承包个数	＃本年新开工	单位工程竣工个数（个）	＃优良品	工程质量优良品率（%）	投标承包个数占单位工程施工个数的比重（%）
中央部直属单位合计	**71738**	**36649**	**53395**	**27296**	**35733**	**28853**	**80.7**	**74.4**
中建总公司	4083	1868	3733	1750	1347	809	60.1	91.4
冶金部	3239	1811	2624	1558	1045	854	81.7	81.0
有色金属总公司	1866	1170	1214	695	939	440	46.9	65.1
煤碳工业运营中心	7854	5085	3830	2501	4431	1962	44.3	48.8
石油天然气总公司	2221	1816	1036	809	1760	1049	59.6	46.6
电力企业联合会	11426	5910	7773	4118	6094	5978	98.1	68.0
石化总公司	1201	746	780	413	833	769	92.3	64.9
水电工程总公司	1181	439	955	366	461	247	53.6	80.9
核工业总公司	777	346	700	309	206	103	50.0	90.1
电子系统总公司	228	170	74	46	119	61	51.3	32.5
机械安装总公司	681	567	521	428	359	277	77.2	76.5
化学工程总公司	2367	1027	1857	853	701	602	85.9	78.5
建材建设总公司	321	206	311	205	167	149	89.2	96.9
铁 道 部	32759	14477	27293	12870	16562	15035	90.8	83.3
通信建设总公司	598	489	51	49	387	243	62.8	8.5
港湾建设总公司	936	522	643	326	322	275	85.4	68.7

6—18 各部门房屋建筑面积和工程质量

地区	房屋建筑施工面积（万平方米）	#本年新开工面积	#投标承包面积	#本年新开工	房屋建筑竣工面积（万平方米）	#优良品	房屋建筑面积优良品率（%）	投标承包面积占房屋建筑施工面积的比重（%）
中央部直属单位合计	**8959.6**	**2912.8**	**6587.2**	**1962.5**	**2451.4**	**1666.4**	**68.0**	**73.5**
中建总公司	5059.0	1266.2	3671.7	1193.0	917.3	700.5	76.4	72.6
冶金部	551.0	201.6	464.0	176.3	146.0	105.7	72.4	84.2
有色金属总公司	254.5	131.5	197.6	88.5	106.8	50.7	47.5	77.6
煤碳工业运营中心	648.4	316.0	420.1	213.9	372.2	188.3	50.6	64.8
石油天然气总公司	97.1	64.2	52.8	50.3	79.0	31.5	39.9	54.4
电力企业联合会	363.4	117.0	262.2	89.5	119.3	90.1	75.5	72.2
石化总公司	8.3	4.7	4.9	3.4	9.5	6.9	72.5	59.0
水电工程总公司	77.9	37.0	54.3	27.4	42.7	21.3	50.0	69.6
核工业总公司	217.5	81.9	191.1	78.6	67.4	30.5	45.2	87.9
电子系统总公司	0.4	——	——	——	0.4	——	——	——
机械安装总公司	0.4	0.4	0.4	0.4	0.3	0.3	100.0	100.0
化学工程总公司	90.7	45.5	79.4	39.3	28.4	22.7	80.0	87.5
建材建设总公司	——	——	——	——	——	——	——	——
铁道部	1576.8	644.5	1175.0	——	558.9	415.1	74.3	74.5
通信建设总公司	——	——	——	——	——	——	——	——
港湾建设总公司	14.1	2.2	13.7	1.9	3.0	2.7	89.2	97.7

6—19 各部门按主要用途分的房屋竣工面积

单位:万平方米

地区	合计	厂房	住宅	办公用房	商业、居民服务业用房	文化教育用房	医疗用房	科研用房	其他用房
中央部直属单位合计	**2451.4**	**440.5**	**1092.7**	**228.5**	**282.7**	**108.7**	**23.5**	**8.6**	**264.0**
中建总公司	917.3	98.3	388.0	136.3	154.5	44.1	6.4	4.0	85.7
冶金部	146.0	64.8	41.9	4.2	16.4	10.8	——	——	6.1
有色金属总公司	106.8	28.4	45.9	14.7	8.2	3.7	1.4	——	4.5
煤碳工业运营中心	372.2	49.8	228.0	15.2	27.1	19.5	7.3	0.2	25.1
石油天然气总公司	79.0	24.8	41.5	1.8	9.6	——	——	——	1.3
电力企业联合会	119.3	91.7	19.9	2.8	2.7	——	0.1	——	2.2
石化总公司	9.5	7.0	2.0	0.1	——	——	——	——	——
水电工程总公司	42.7	2.8	27.9	3.1	4.8	0.8	——	0.2	3.0
核工业总公司	67.4	21.7	24.1	4.1	5.7	3.1	2.6	1.3	4.7
电子系统总公司	0.4	——	0.4	——	——	——	——	——	——
机械安装总公司	0.3	——	0.3	——	——	——	——	——	——
化学工程总公司	28.4	20.5	5.3	——	0.5	2.1	——	——	——
建材建设总公司	——	——	——	——	——	——	——	——	——
铁道部	558.9	30.1	267.4	46.1	53.1	24.5	5.8	2.8	129.0
通信建设总公司	——	——	——	——	——	——	——	——	——
港湾建设总公司	3.0	0.5	——	0.2	——	——	——	——	2.4

6—20　各部门各种用途的房屋建筑竣工面积占全部的比重

单位：%

地　区	厂　房	住　宅	办　公 用　房	商业、居 民服务 业用房	文化教 育用房	医　疗 用　房	科　研 用　房	其　他 用　房
中央部直属单位合计	**18.0**	**44.6**	**9.3**	**11.5**	**4.4**	**1.0**	**0.3**	**10.8**
中建总公司	10.7	42.3	14.9	16.8	4.8	0.7	0.4	9.3
冶金部	44.4	28.7	2.8	11.3	7.4	——	——	4.2
有色金属总公司	26.6	43.0	13.8	7.6	3.5	1.3	——	4.2
煤碳工业运营中心	13.4	61.3	4.1	7.3	5.2	2.0	0.1	6.7
石油天然气总公司	31.4	52.5	2.3	12.2	——	——	——	1.6
电力企业联合会	76.8	16.6	2.4	2.3	——	0.1	——	1.8
石化总公司	73.6	20.9	0.5	——	——	——	——	——
水电工程总公司	6.6	65.5	7.2	11.3	2.0	——	0.4	7.1
核工业总公司	32.2	35.8	6.0	8.5	4.6	3.9	2.0	6.9
电子系统总公司	——	100.0	——	——	——	——	——	——
机械安装总公司	8.6	100.0	——	——	——	——	——	——
化学工程总公司	72.2	18.7	——	1.8	7.3	——	——	——
建材建设总公司	——	——	——	——	——	——	——	——
铁 道 部	5.4	47.8	8.3	9.5	4.4	1.0	0.5	23.1
通信建设总公司	——	——	——	——	——	——	——	——
港湾建设总公司	16.5	——	5.7	——	——	——	——	77.8

6—21 各部门机械设备装备情况

地　　区	自有机械设备年末总台数(台)	自有机械设备年末总功率(万千瓦)	#施工机械功率	自有机械设备净值(净值)	技术装备率(元/人)	动力装备率(千瓦/人)
中央部直属单位合计	**454107**	**1352.9**	**981.2**	**1501153**	**8658**	**7.8**
中建总公司	25932	62.5	29.9	93054	5554	3.7
冶金部	34928	90.9	66.6	116431	9992	7.8
有色金属总公司	15874	34.8	21.7	34537	7526	7.6
煤碳工业运营中心	67381	158.9	125.8	155256	7227	7.4
石油天然气总公司	26142	92.9	64.6	157368	29567	17.5
电力企业联合会	94413	188.4	134.0	338439	18688	10.4
石化总公司	11954	14.6	8.7	23859	8428	5.2
水电工程总公司	42865	171.2	121.1	229765	18890	14.1
核工业总公司	18316	23.1	11.1	46695	15620	7.7
电子系统总公司	1135	0.5	0.2	1778	8689	2.6
机械安装总公司	2440	3.4	1.7	2620	4581	6.0
化学工程总公司	13246	25.8	13.1	30781	5382	4.5
建材建设总公司	2143	6.0	2.8	10310	19755	11.5
铁 道 部	78841	363.7	283.2	71299	1083	5.5
通信建设总公司	2932	4.7	3.5	6387	7323	5.4
港湾建设总公司	15565	111.6	93.2	182574	48296	29.5

6—22 各部门建筑业增加值及其构成

单位：万元

地　区	建筑业增加值合计	本年提取固定资产折旧	应付工资总额	应付福利费总额
中央部直属单位合计	**3821605**	**354792**	**1376370**	**184314**
中建总公司	499074	26017	185538	22122
冶金部	375687	45035	109468	15312
有色金属总公司	98591	7306	37318	4663
煤碳工业运营中心	313158	23820	116404	15611
石油天然气总公司	239337	22973	100183	15109
电力企业联合会	1063882	73765	398669	54116
石化总公司	120699	6684	45034	5826
水电工程总公司	306563	60612	105651	13933
核工业总公司	117912	11212	49326	6855
电子系统总公司	7150	333	2241	276
机械安装总公司	14408	812	5773	837
化学工程总公司	126420	9511	46388	5997
建材建设总公司	24597	2097	7660	1073
铁 道 部	191040	20318	60246	7647
通信建设总公司	30778	3733	11267	1571
港湾建设总公司	292308	40564	95205	13365

6—22 续表

单位:万元

地　　区	工程结算税金及附加	工程结算利润	管理费用中的税金	管理费用中的劳动、待业保险费
中央部直属单位合计	**325994**	**1258251**	**23182**	**298702**
中建总公司	72036	168493	1716	23152
冶金部	31211	121075	2449	51136
有色金属总公司	9854	26168	926	12355
煤碳工业运营中心	23916	93804	2305	37299
石油天然气总公司	13911	71348	1997	13816
电力企业联合会	76440	390774	7551	62567
石化总公司	7615	42926	591	12024
水电工程总公司	24584	76788	926	24070
核工业总公司	9542	30516	344	10117
电子系统总公司	743	2893	31	634
机械安装总公司	1075	4505	63	1342
化学工程总公司	9452	38592	973	15508
建材建设总公司	1494	10373	161	1740
铁 道 部	20110	69525	1512	11681
通信建设总公司	1518	10247	182	2260
港湾建设总公司	22493	100224	1456	19001

6—23　各部门建筑业劳动生产率

地　区	建筑业企业个数（个）	计算劳动生产率的平均人数（万人）	按总产值计算的劳动生产率（元/人）	按增加值计算的劳动生产率（元/人）	人均竣工产值（元/人）	人均施工面积（平方米/人）	人均竣工面积（平方米/人）
中央部直属单位合计	**470**	**175.94**	**88979**	**21721**	**68300**	**51.7**	**14.1**
中建总公司	69	16.94	133152	29455	83469	301.9	54.7
冶金部	12	12.09	92330	31087	55663	47.3	12.5
有色金属总公司	11	5.06	73099	19500	38429	55.5	23.3
煤碳工业运营中心	100	18.58	45618	16851	26871	30.2	17.3
石油天然气总公司	40	7.29	119508	32818	135797	18.2	14.8
电力企业联合会	86	20.29	128740	52436	145065	20.1	6.6
石化总公司	5	2.74	96460	44123	62899	2.9	3.4
水电工程总公司	15	8.97	98075	34172	42942	6.4	3.5
核工业总公司	8	4.02	79548	29343	32621	72.8	22.6
电子系统总公司	4	0.18	112208	39944	69488	2.1	2.1
机械安装总公司	10	0.62	69885	23352	60638	0.8	0.6
化学工程总公司	14	5.86	59812	21567	32870	15.9	5.0
建材建设总公司	1	0.54	98779	45207	50661	——	——
铁 道 部	82	66.93	105238	2854	61104	24.0	8.5
通信建设总公司	6	0.93	110921	33084	87661	——	——
港湾建设总公司	7	4.90	174492	59660	140727	3.7	0.8

6－24 各地区实收资本及资产构成

单位：万元

地 区	实收资本	资产合计	#流动资产小计	#存 货	#在建工程	长期投资
中央部直属单位合计	**2538064**	**15495475**	**10720520**	**1709310**	**569148**	**503031**
中建总公司	193132	2819526	2363078	271621	50105	74058
冶金部	239464	1709964	1186744	322777	93855	87138
有色金属总公司	73411	477307	323620	46292	18252	6684
煤碳工业运营中心	424703	1477838	930547	157879	34654	38857
石油天然气总公司	237620	1076928	807772	91854	16578	8305
电力企业联合会	568372	3008030	2119914	319533	134961	110549
石化总公司	81561	673938	166119	21003	8477	16932
水电工程总公司	170748	1205584	769449	124691	47993	37517
核工业总公司	50445	400561	276016	52066	13517	14485
电子系统总公司	4914	26964	23602	5141	475	266
机械安装总公司	15965	62414	38459	6369	2880	12508
化学工程总公司	71260	373396	291840	41619	17866	5370
建材建设总公司	22617	93542	73843	19682	——	545
铁 道 部	114896	758410	554496	103846	49004	7500
通信建设总公司	14496	56043	27877	4965	3967	4818
港湾建设总公司	254461	1275031	767144	119971	76564	77500

6—24续表 单位:万元

地区	固定资产小计	固定资产原价	#生产经营用	固定资产折旧	#本年折旧	无形及递延资产小计	#无形资产
中央部直属单位合计	**3422539**	**5750374**	**4156728**	**2472768**	**354792**	**145866**	**102741**
中建总公司	272438	430880	253983	188219	26017	13026	3730
冶金部	393099	673956	410782	298879	45035	7130	4698
有色金属总公司	134138	196254	106485	64110	7306	2479	480
煤碳工业运营中心	447429	642373	401065	208894	23820	25933	19510
石油天然气总公司	243664	431568	327470	201409	22973	17163	15507
电力企业联合会	690802	1096231	860269	439170	73765	26182	23535
石化总公司	76778	119537	90146	50994	6684	5442	4387
水电工程总公司	366150	652014	509731	290106	60612	9783	6770
核工业总公司	92040	140451	113109	50842	11212	6559	1760
电子系统总公司	2988	5020	4116	2095	333	46	38
机械安装总公司	9544	14832	8047	5604	812	980	534
化学工程总公司	102229	165948	114331	65554	9511	4036	3739
建材建设总公司	18794	34357	26608	16308	2097	334	334
铁道部	175780	256200	143511	85662	20318	10274	9378
通信建设总公司	20435	35298	26393	14972	3733	1080	945
港湾建设总公司	376231	855457	760682	489950	40564	15417	7396

6—25 各部门负债及所有者权益

单位:万元

地区	负债合计	流动负债小计	长期负债小计	所有者权益合计	#实收资本
中央部直属单位合计	**11922047**	**11168629**	**753413**	**3049970**	**2538064**
中建总公司	2536208	2462227	73981	283317	193132
冶金部	1431932	1348496	83430	274200	239464
有色金属总公司	413241	399182	14059	64066	73411
煤碳工业运营中心	1052552	965998	86554	425286	424703
石油天然气总公司	768226	719207	49020	306334	237620
电力企业联合会	2248442	2205157	43285	759588	568372
石化总公司	171741	168768	2973	98450	81561
水电工程总公司	979344	892946	86398	226240	170748
核工业总公司	363039	339469	23570	37522	50445
电子系统总公司	21905	21012	892	5059	4914
机械安装总公司	40612	40248	364	21585	15965
化学工程总公司	294858	268231	26627	110884	71260
建材建设总公司	70431	69431	1000	23111	22617
铁道部	612770	604214	8556	——	114896
通信建设总公司	33208	31363	1844	22836	14496
港湾建设总公司	883538	632679	250859	391493	254461

6—26 各部门工程结算收入及工程结算利润

单位:万元

地 区	工程结算收入	工程结算成本	工程结算税金及附加	工程结算利润	管理费用	#税 金	#财产保险费	#劳动、待业保险费
中央部直属单位合计	**11193785**	**9611046**	**325994**	**1258251**	**1174671**	**23182**	**5199**	**298702**
中建总公司	2203974	1963445	72036	168493	137448	1716	392	23152
冶金部	1040548	887544	31211	121075	130894	2449	418	51136
有色金属总公司	343170	307147	9854	26168	32122	926	215	12355
煤碳工业运营中心	786565	668845	23916	93804	101156	2305	383	37299
石油天然气总公司	911396	828713	13911	71348	69090	1997	516	13816
电力企业联合会	2376709	1909495	76440	390774	334885	7551	1408	62567
石化总公司	225014	174473	7615	42926	35908	591	481	12024
水电工程总公司	897741	796369	24584	76788	88871	926	206	24070
核工业总公司	303379	263321	9542	30516	29305	344	120	10117
电子系统总公司	23413	19778	743	2893	2026	31	45	634
机械安装总公司	42129	36548	1075	4505	4220	63	24	1342
化学工程总公司	315335	267292	9452	38592	36034	973	176	15508
建材建设总公司	53235	41017	1494	10373	8423	161	114	1740
铁 道 部	701398	611764	20110	69525	64550	1512	265	11681
通信建设总公司	55211	43446	1518	10247	9550	182	94	2260
港湾建设总公司	914567	791850	22493	100224	90190	1456	339	19001

6—27 各部门利润及税金总额

单位:万元

地　　区	利润总额	#应交所得税	税金总额	工程结算税金及附加	管理费用中的税金
中央部直属单位合计	**67606**	**38576**	**349176**	**325994**	**23182**
中建总公司	13038	3277	73752	72036	1716
冶金部	—4031	1005	33660	31211	2449
有色金属总公司	—12236	124	10780	9854	926
煤碳工业运营中心	—14917	2474	26220	23916	2305
石油天然气总公司	20008	334	15908	13911	1997
电力企业联合会	46961	21292	83991	76440	7551
石化总公司	3726	2917	8206	7615	591
水电工程总公司	680	617	25510	24584	926
核工业总公司	—3942	527	9886	9542	344
电子系统总公司	482	187	774	743	31
机械安装总公司	158	102	1138	1075	63
化学工程总公司	—249	326	10424	9452	973
建材建设总公司	1162	610	1655	1494	161
铁 道 部	6067	1901	21622	20110	1512
通信建设总公司	1272	441	1700	1518	182
港湾建设总公司	9428	2444	23949	22493	1456

6—28 各部门主要效益指标

地　区	产值利润率(%)	产值利税率(%)	资本利润率(%)	资本利税率(%)	人均利润(元/人)	人均利税(元/人)	资产负债率(%)
中央部直属单位合计	**0.4**	**2.7**	**2.7**	**16.4**	**390**	**2404**	**76.9**
中建总公司	0.6	3.8	6.8	44.9	778	5180	90.0
冶金部	−0.4	2.7	−1.7	12.4	−346	2543	83.7
有色金属总公司	−3.3	−0.4	−16.7	−2.0	−2666	−317	86.6
煤碳工业运营中心	−1.8	1.3	−3.5	2.7	−694	526	71.2
石油天然气总公司	2.3	4.1	8.4	15.1	3759	6748	71.3
电力企业联合会	1.8	5.1	8.3	23.0	2593	7231	74.7
石化总公司	1.4	4.5	4.6	14.6	1316	4215	25.5
水电工程总公司	0.1	3.0	0.4	15.3	56	2153	81.2
核工业总公司	−1.2	1.9	−7.8	11.8	−1319	1988	90.6
电子系统总公司	2.4	6.3	9.8	25.6	2356	6138	81.2
机械安装总公司	0.4	3.0	1.0	8.1	275	2266	65.1
化学工程总公司	−0.1	2.9	−0.3	14.3	−44	1779	79.0
建材建设总公司	2.2	5.2	5.1	12.5	2227	5398	75.3
铁 道 部	0.1	0.4	5.3	24.1	92	421	80.8
通信建设总公司	1.2	2.9	8.8	20.5	1458	3408	59.3
港湾建设总公司	1.1	3.9	3.7	13.1	2494	8829	69.3

6—29 各部门建筑业企业亏损情况

地　　区	企业个数（个）	#亏损企业个数	亏损金额（万元）	亏损面（%）
中央部直属单位合计	**470**	**93**	**62837**	**19.8**
中建总公司	69	22	6534	31.9
冶金部	12	4	7636	33.3
有色金属总公司	11	8	12565	72.7
煤碳工业运营中心	100	38	22480	38.0
石油天然气总公司	40	1	276	2.5
电力企业联合会	86	3	2881	3.5
石化总公司	5			
水电工程总公司	15	4	3597	26.7
核工业总公司	8	5	4814	62.5
电子系统总公司	4			
机械安装总公司	10	1	277	10.0
化学工程总公司	14	6	1772	42.9
建材建设总公司	1			
铁 道 部	82	1	5	1.2
通信建设总公司	6			
港湾建设总公司	7			

6－30　各部门建筑材料消耗情况

地　　区	一、价值量				二、实物量		
	材料费用合计(万元)	钢　材	木　材	水　泥	钢材(万吨)	木材(万立方米)	水泥(万吨)
中央部直属单位合计	**4711114**	**1447258**	**94144**	**455527**	**653.77**	**135.72**	**2629.28**
中建总公司	831632	268987	26800	81840	102.81	18.89	263.53
冶金部	466702	177181	7945	46155	62.47	5.82	127.26
有色金属总公司	212631	72646	2913	19745	20.33	2.82	62.42
煤碳工业运营中心	372252	103841	13434	50928	33.31	17.36	171.85
石油天然气总公司	334486	104862	2000	14701	24.55	1.29	35.11
电力企业联合会	996094	299583	7248	53181	95.00	6.64	167.89
石化总公司	85698	39188	491	2441	12.37	0.28	5.89
水电工程总公司	242822	90042	10882	56474	30.95	10.87	141.63
核工业总公司	112416	33925	2485	8118	10.38	1.02	24.40
电子系统总公司	2481	18555	32	0.54	0.01	0.18	
机械安装总公司	15173	7477	14	36	2.66	——	0.15
化学工程总公司	109583	54763	7523	11803	15.71	1.81	16.90
建材建设总公司	14973	9838	55	228	3.05	0.05	0.78
铁道部	604382	85497	9180	68835	210.85	66.38	1494.41
通信建设总公司	28671	420	30	592	0.06	0.04	1.36
港湾建设总公司	281118	97154	3138	40418	28.73	2.45	115.51